# 核に立ち向かう国際法

## 原点からの検証

藤田久一 著

法律文化社

## はしがき——核問題を原点から考える

　21世紀に入ってすでに10年以上経過した今日の国際社会において，なお多くの犠牲者を出す戦争や武力紛争は絶えず，とくに9・11後，テロリズムと反テロ戦争が頻発してきた。このような状況において，最も懸念すべきは，核兵器の使用または威嚇の政策がなお存続していることである。ひとたび起これば核戦争は敵味方をこえて人類社会の崩壊，そして人類の滅亡という最悪のシナリオを現実のものにしかねない。核戦争ならぬ最近の東京電力福島第一原発事故による放射能汚染・被曝でさえ，広範な地域の住民の命と暮らしに計り知れない深刻な影響を及ぼし続け，世界中の人々に大きな衝撃を与えている。

　他方，オバマ米大統領の2009年プラハ宣言を契機として，核兵器全廃の明るい見通しが語られ，これを機に国際世論も完全核軍縮の条約締結を求めてきた。しかしながら，昨今の国際状況の中で，必ずしも核廃絶への道程が加速しているようには思えない。

　そのため，広島・長崎原爆以来半世紀以上にわたる「核時代」はなお継続し，国際社会には核戦争ないし核兵器使用の危険が今日も消去されないのみならず，核兵器のより使いやすい状況さえ現出している。すなわち，テロ集団による核の取得・使用のおそれの増大，また，逆に，「テロとの戦い」において，核抑止の効かないテロリストに対する核の先制使用の可能性の増大である。このような状況下において，核軍縮（条約）とともに，あるいはそのための前提として検討すべきは，核兵器「使用」の規制ないし禁止の問題である。広島・長崎原爆以来，核兵器の軍事的使用は辛ろうじて食い止められてきた。しかし，朝鮮戦争，キューバ危機，ベトナム戦争などの核使用直前の事態を想起すれば，その危うさは明らかである。今日の頻発する武力紛争や事態の中で，核兵器使用の危険は去らないどころか，以前にもまして大きい。それを防止するために，核兵器国の一方的政策判断に委ねるにはことは余りにも重大である。核兵器使用の問題は，国際社会が守るべき国際法で規制するしかないのであ

る。核兵器を「害敵手段」とみなす限り（実は，核「兵器」という呼び名に疑問がないとはいえないが，その問題提起は当面差し控えておきたい），その規制については，国際法の一分野である戦争法（最近は人道法と呼ばれることが多い）の取り扱う問題として，核兵器の登場以前から議論されてきたものである。

　本書は，核兵器使用の原点から，慎重に国際法的検討を加えることを目指している。すなわち，第二次世界大戦末における核兵器の開発とその最初の戦時使用にはじまり，半世紀以上にわたる国際状況の変化，つまり，冷戦期からポスト冷戦期における核戦略の展開，それに対応するかたちでの国際法（国連憲章を含む）とくに人道法による核兵器使用・威嚇の規制の展開とその問題状況を検討するものである。

　本書の構成は，歴史的展開の順序にそって，4つの章および補論からなる。まず，第Ⅰ章は，この問題の原点に立ちかえって，広島・長崎への原爆投下行為の国際法的検討を世界で唯一の裁判判決である「原爆判決」（「下田判決」とも呼ばれる）を手がかりに行う。次いで，第Ⅱ章は，第二次世界大戦後の国際人道法の発展の中で，核兵器使用がどのように位置づけられたかを，とくに1977年ジュネーブ諸条約追加議定書の起草過程の分析を通じて検討する。第Ⅲ章は，冷戦期，とくにその後半のいわゆる平和共存期に生み出されてきた核兵器先制不使用提案を紹介し，その国際法的評価を試みる。第Ⅳ章は，ポスト冷戦期に入って出された国際司法裁判所の核兵器使用・威嚇の合法性についての勧告的意見の問題点を，とくに自衛と核抑止の観点を含めて検討する。最後の補論は，半世紀に及ぶ日米安保条約の歴史において，核抑止と集団的自衛の関係がどのように展開してきたかを検討する。

　各章および補論は，著者がこれまで発表してきた関連諸論文（巻末「参考文献一覧」の「著者の関係論文一覧」参照）の中から，とくに核兵器の使用規制に関するものを中心に編集し直したものである。編集に際して，初出論文の字句や文章を補正し，読者の便宜のために，文中に適宜「小見出し」をつけた。また，注は，本文の理解のために不可欠なものを除き，大幅に削減した。削除した部分については，それぞれの初出論文を参照していただきたい。付属の「関係年表」および「参考文献一覧」は，その理解を助けるためのものである。

困難な諸事情の下で本書の出版を快諾していただいた法律文化社の秋山泰元社長に感謝するとともに，錯綜した原稿を手際よく整理しかつ助言していただき，校正はじめ面倒な作業を引き受けていただいた同社編集部の舟木和久氏に厚く御礼申し上げたい。

　本書が軍縮問題および国際法の専門家や研究者，学生のみならず，一般読者，なかでも核兵器廃絶を願う多くの方々，NGO等で活動している多くの方々にご利用いただき，何らかの示唆を汲み取っていただくことができれば，著者の喜びこれに過ぐるものはない。なお，本書の分析にも誤りや不十分な点が多々あると思われるが，読者諸賢から御叱責や御意見をいただければ幸いである。

　　　2011年8月6日　　　広島原爆記念日に，京都にて

　　　　　　　　　　　　　　　　　　　　　　　　　　　　藤　田　久　一

# 目　　次

はしがき——核問題を原点から考える

## 第Ⅰ章　広島・長崎原爆と国際法 ———————————— 1
　　——原爆判決を手がかりに

はじめに ………………………………………………………… 1

1　原爆訴訟の経緯とその反響 ………………………………… 2
　(1)　訴訟の背景　*2*
　(2)　訴訟の経緯　*4*
　(3)　判決の反響と批評　*11*

2　判決理由の検討 …………………………………………… 18
　(1)　判決の構造と問題点　*18*
　(2)　太平洋戦争における戦争法の適用可能性　*20*
　(3)　害敵手段に関する規則からみた原爆の評価　*25*
　(4)　爆撃に関する規則からみた原爆の評価　*34*
　(5)　その他の戦争法規およびジェノサイド罪との関連における
　　　 原爆の評価　*44*
　(6)　違法性阻却事由の存否——原爆投下正当化論の法的検討　*52*
　(7)　原爆投下責任追及の可能性　*62*

　　むすび ……………………………………………………… 66


## 第Ⅱ章　核兵器と国際人道法 ———————————————— 77
　　——1977年追加議定書の適用問題

はじめに ………………………………………………………… 77

v

1　国際人道法の再確認と発展の作業における核兵器をめぐる議論 … 78
　　(1)　1949年ジュネーブ外交会議における核兵器問題　*78*
　　(2)　その後の核兵器問題の取扱──赤十字の提案　*80*
　　(3)　国際人道法外交会議における核兵器問題　*83*
　2　追加議定書における核兵器の位置 …………………………… 92
　　　──「核兵器ぬき」の法的意味
　　(1)　核兵器使用禁止明文規定の不存在は国際法上その使用の自由を
　　　　引出すか　*93*
　　(2)　核兵器使用はジュネーブ条約および追加議定書の諸規定と抵触
　　　　しないか　*94*
　　(3)　「核兵器ぬき」の合意の存否とその意味　*99*
　　(4)　宣言の性質および法的効果　*104*
　　む　す　び ……………………………………………………………… 109


第Ⅲ章　冷戦（平和共存）期における
　　　　核兵器先制不使用と国際法 ────── 115
　は　じ　め　に ………………………………………………………… 115
　1　核兵器先制不使用（No First Use）の意味 ………………… 116
　2　核兵器先制不使用の諸提案 ……………………………………… 118
　　(1)　諸国の提案　*118*
　　(2)　議会における決議──アメリカの場合　*126*
　　(3)　私的提言　*133*
　3　核兵器先制不使用の法的評価 …………………………………… 145
　　(1)　武力行使禁止原則との関係　*147*
　　(2)　人道法との関係　*155*
　　(3)　軍縮法との関係　*160*
　　む　す　び ……………………………………………………………… 164

# 第Ⅳ章 核の脅威に取組む国際司法裁判所 ── 171
　　　　── 核抑止と自衛の議論

はじめに……………………………………………………………171

1 核兵器威嚇・使用合法性に関する国際司法裁判所の勧告的意見…171
　(1) 勧告的意見の経緯　171
　(2) 勧告的意見の内容　172
　(3) 勧告的意見の論点　177

2 核兵器使用への人道法アプローチ── ICJ 意見論評 1 …………179
　(1) 核兵器の性質・効果　179
　(2) 人道法アプローチ　180

3 核抑止の位置づけ── ICJ 意見論評 2 ………………………181
　(1) ICJ 意見における核抑止政策　181
　(2) 抑止政策・戦略と法の関連づけ　182

4 武力行使禁止原則と核兵器── ICJ 意見論評 3 ……………184

5 自衛と核兵器── ICJ 意見論評 4 ……………………………185
　(1) 自衛権から核兵器使用の権利を引き出す議論　186
　(2) 復仇理論における核兵器使用の許容性　190

むすび──核軍縮交渉完結義務と核抑止政策 …………………191


# 補論　核抑止論と集団的自衛条約 ── 197
　　　　── 安保条約体制50年の軌跡

はじめに──「核兵器のない世界」と核抑止の関係 ……………197

1 核抑止論の展開──冷戦期からポスト冷戦期へ ……………198

2 日米安保体制の展開と核抑止論 ………………………………201
　(1) 国連の集団的安全保障体制と集団的自衛条約の関係　201
　(2) 1960年安保条約と核兵器「持込み」問題　203
　(3) 沖縄返還協定と非核 3 原則の表明　205

(4) 「持込み」の意味と核兵器の所在秘匿政策　*206*
　3　**NPT 体制と核抑止論** ……………………………………207
　4　**冷戦後の核抑止と安保条約体制の変容** ……………209
　**む　す　び** ………………………………………………………211

# むすびに代えて
――21世紀における核禁止の構図：核テロと反テロ核戦争，違法から犯罪へ

**関係年表**

**参考文献一覧**

# 第 I 章

# 広島・長崎原爆と国際法
## 原爆判決を手がかりに

### はじめに

　広島・長崎への原爆投下が，現代の国際法とくに武力紛争における戦争法（または人道法）の有効性さらに妥当性自体にも大きな衝撃を与えてきたことは否定しえない。爾来，将来起こる恐れのある核戦争を防止するためのさまざまの法的規制が模索されてきたが，今日に至るまで核軍縮領域での積極的成果はなく，他方核兵器の著しい技術的進歩のため人類の運命自身この兵器にかかっているといっても誇張ではない。このような状況に直面して，この核時代における国際法（戦争法）の妥当性，より直接には核兵器使用の合法性の検討こそ国際法研究者に課せられた重大な課題といえよう。もっともこれまですでに多くの学者がこの問題についてさまざまの意見を述べてきた。その多数意見はたとえ現在の実定国際法における核兵器使用の違法性を支持していると解しうるとしても（もっともその論拠は一様ではない），一致した学説として違法性を確認するには至っていない。またこの点についての諸国政府の明白な意思表示はあまりなく，若干の国の軍事提要などで触れられている程度である。

　ところで，核兵器の合法性の検討に際しての困難さの1つは，その分析や議論が抽象に流れるきらいがあることである。それは幸いにも第二次世界大戦後の武力紛争において核兵器使用の実例がないことにもよるといえる。しかし，抽象的議論の投げ合いから抜け出すためにまずなすべきことは，唯一の使用例

である広島・長崎の原爆攻撃をふり返って検討することであろう。この検討が現代の核兵器の合法性の問題一般についての結論を引き出すに十分であるわけではないが，少くともその一部として必要不可欠であることは疑いえない。後にみるように若干の学者が広島・長崎問題を取り上げたことはあるが，内外の国際法学界でこの事例が正面から詳しく検討されたことはほとんどなかったといってよい。その理由のなかには，この原爆が全体主義国家に対する勝利の武器とみなされたことや戦後の軍事裁判でもその使用が法的批評の対象とならなかったことなどもあげられよう。

ところが，この事例の検討ははからずも1963年12月7日の東京地方裁判所判決[1]，いわゆる原爆判決によってなされた。この判決は第二次世界大戦の敗戦国でありかつ原爆被害国である日本の下級裁判所が原爆投下後かなりの歳月を経てから下した判決であるという意味での特殊性や限界のあることはいうまでもない。しかし，この判決理由は広島・長崎原爆の合法性の問題を真正面から取り扱った唯一の公式の文書として貴重であることもまた否めない。

原爆判決は内外の国際法学者の注目を引き，判決内容についてさまざまの意見も寄せられた。本章はこの判決理由を当時の戦争法の観点から再検討し，広島・長崎原爆攻撃の合法性についての詳細な実証的研究の契機とすることを目的としている。

## 1　原爆訴訟の経緯とその反響

### (1)　訴訟の背景

**原爆報道規制**　原爆問題は対日平和条約締結後まで日本においては詳しく報道されず，研究や批判の対象とされない状態が続いた。この状態は日本の敗戦までは政府（軍部）の報道統制，また連合国の日本占領後はその報道規制の結果もたらされたとみてよいであろう。広島原爆投下直後の大本営発表（1945年8月7日15時30分）は「新型爆弾を使用せるものの如きも詳細目下調査中なり」として，「原子爆弾」という表現やその被害の甚大さについての説明を避けた[2]。長崎原爆についての報道も同様である[3]。当時「原子爆

弾」の字句を使った新聞の発禁さえ行われた。もっとも対外的には，日本政府は1945年8月10日米国政府に抗議文を提出している（後述）。

　日本の無条件降伏後は原爆記事も自動的に解禁となったが，その取材報道の自由はまもなく占領軍の命令で封じられた。1945年9月10日の「言論及新聞ノ自由二関スル覚書」，これをより具体化した9月19日の「日本新聞規制二関スル覚書」（いわゆるプレス・コード），9月22日の「日本ラジオ規制二関スル覚書」が出された。これら覚書には原爆報道を直接禁止する項目はないが，原爆の被害やその非人道性を訴える記事や報道はプレスコード等に違反するものとして取締りの対象とされた。さらに連合軍総司令部による規制は原子力，医学，文芸などの研究，発表の禁止制限という形でも行われた。占領期間中，日本の国際法学者も広島・長崎の原爆問題を法的側面から検討し発表した形跡はない。

　原爆の被害が公然と報道され，批判や研究が自由に行われうるようになるのは，実際には対日平和条約締結後であったといってよいであろう（巻末「参考文献一覧」参照）。問題の原爆訴訟の計画もこの時期になってようやく実現の第一歩が踏み出された。

**原爆訴訟**　この訴訟は大阪弁護士会の岡本尚一弁護士が思い立ったもので，その動機は彼が1953年に広島・長崎の全弁護士に送った「原爆民訴惑問」と題するパンフレットの中に述べられている。それによれば「私は当時から講和条約が発効した後においては，尠くとも広島及び長崎に対する原爆の投下についてはこの責任を民事不法行為の面において採りあげて原爆投下の決定に参与した指導者等及び国家に対して不法行為の管轄裁判所に対し提訴致し度いと念願し」ていたのであり，「この提訴はこれによって今も悲惨な状態のままにおかれている被害者又はその遺族が損害の賠償を受けるということだけでなく，この賠償責任が認められることによって原爆の使用が禁止せらるべきである天地の公理を世界の人類に印象づけるでありましょう」とある。

　1954年1月同弁護士を発起人代表とする原爆求償同盟が結成された。この同盟は訴訟において原告となるべき被爆者を「原爆被害者の会」を通してさがし

てもらい,他方米国の裁判所への提訴の道を求めた。しかし,米法曹会からの否定的返答のため果せず,結局日本の裁判所への提起に切りかえられた。<sup>(6)</sup>

　こうして1955年4月25日,同弁護士は3人の被爆関係者を原告として東京地方裁判所に訴状を提出し,その2日後の27日には2人の被爆関係者を原告として大阪地方裁判所に同様の提訴を行った。これらは1957年から併合訴訟事件として東京地方裁判所で併合審理されることになった。

　**ビキニ事件**　この提訴を促した契機として1954年ビキニ環礁での米国の水爆実験により被災した第五福竜丸事件があげられよう。また提訴後,それを励ます動機となったのは,ビキニ事件以後急速に高まった日本における原水爆禁止運動,なかでも原水爆禁止世界大会での討論や決議であろう。1957年第3回世界大会における「国際法と軍縮に関する法律家会議」では,原爆訴訟の経過報告のあと,核実験禁止問題のみならず原水爆使用の違法性をめぐる議論が展開され,現行国際法上その違法性を宣言する全会一致の声明が出された。さらに翌年第4回世界大会の法律家会議の声明は,核兵器使用の違法性に関する前年の声明を再確認するとともに,さらに核兵器の使用は「第二次大戦後確立された人道に対する罪や集団殺害罪の如き全人類に対する重大な犯罪を構成すると確信する」と述べている。

　対日平和条約発効後,日本の国際法学者もようやく広島・長崎問題を法的に検討し,発表するようになった。こうした国内外での核問題をめぐる状況の展開やその批判の声を背景にして原爆訴訟は進められた。

## (2) 訴訟の経緯

　本訴訟の原告は広島・長崎の被爆関係者5人で,各々被告である国に対して原爆により引き起こされた損害賠償として一定金額の支払いを請求した。被告(国)はその請求の棄却を求めた。<sup>(7)</sup>

　第1回裁判は1955年7月16日開かれ,ただちに準備手続に付された。この訴訟では原爆被災の事実そのものは明瞭でほとんど争いがなく(もっとも広島・長崎の原爆による死傷者数について原告と被告の主張にかなりの差はみられる——後述),結局27回の準備手続,10回の口頭弁論による審理はほとんど法律解釈の問題に

しぼられた。

　また鑑定人として，被告側は高野雄一教授（東京大学），田畑茂二郎教授（京都大学）を申請し，原告側は安井郁教授（法政大学）を申請した。3教授はそれぞれ鑑定事項（なかでも，原爆の国際法上の違法性の問題および国民の損害賠償請求権の問題）について鑑定書を提出した。1963年3月5日，最後の口頭弁論（最終準備書面（弁論））が行われ，訴訟提起以来8年半経過した1963年12月7日東京地方裁判所民事第24部の古関裁判長は原告の請求を棄却する判決を言い渡した。この判決に対し原告，被告とも控訴せず，したがって第一審判決が確定判決となった。

　この訴訟における最大の焦点は広島・長崎原爆の国際法上の評価に関する争いであった。以下この点を中心に原告，被告の相対立した主張と判決理由の要点をみておこう。

**原告の主張**　原告はまず訴状の中で「請求の原因」として17項目にわたり説明を加えたが，最初に原爆投下事実と効果を述べ，広島・長崎の被害結果のうち死傷者のみにつき別表に略述する一方「然しながら原子爆弾投下後の惨状は数字等のよく尽すところではない」と断って，その恐ろしさを「人は垂れたる皮膚を襤褸として屍の間を彷徨号泣し，焦熱地獄なる形容を超越して人類史上に於ける従来の想像を絶した惨鼻なる様相を呈した」と描写している。その原爆投下は「人類に対する鏖殺行為であって，之を敵国戦闘力の破壊を目的とする戦闘行為とは認めることができないことは文明国民の争い得ないところである」という。「若し萬一右原子爆弾の投下が米国の行った日本に対する戦闘行為であると仮定しても」その使用は実定国際法（条約および慣習国際法）に違反するとして①ハーグ陸戦条規第23条(イ)，(ホ)，同第27条，ダムダム弾禁止宣言，1925年ガス議定書，②ハーグ陸戦条規第25条，③同条規第26，27条を列挙している。これらの規定の適用可能性について「戦争手段に関する関係条約が原子爆弾の出現によってその適用ないし準用が全然無理な場合には，当該条約を原型の儘では用い得ないが，その場合でも関係条項を含む条規全体の立法精神に則って当該条項の適用ないし準用を判定すべきである。したがってかかる見地からは前掲の諸条約は原子爆弾の出現によって事情変更

によって無効とならないと解すべきである。」さらに原爆の「その広域破壊力と人体に対する特殊加害影響力は人類の滅亡をさえ予測せしめるのであるから」国際法と到底相容れないのであって,「仮りに前記実定国際法が適用せらるべきでないとしても,その使用は自然法乃至条理国際法の厳禁するものであると解すべきである」としている。

こうした訴状中の見解は求釈明申立書や原告準備書面において被告の主張に反論しつつさらに詳しく展開された。

求釈明申立書では,原爆投下直後の1945年8月10日帝国政府がスイス政府を通じて米国政府に対し提出した広島への「新型」爆弾投下に対する抗議文(その全文は判決理由付表の第三表に示されている)を示し,これが現在の国(被告)の主張と異なることが指摘された。

また原告提出の準備書面は10回に及び内容の重複もかなりあるが,そこで展開されている原爆の違法性に関連する法論理を要約すれば次のようである。すなわち,トルーマンら加害者は原爆の危険を知り,人類の種に対する影響力を知りながら広島・長崎にそれを投下したのであり(「準備書面第二」,以下同じ),これは国際法上の害敵手段ではなく,平和的人民に対する残虐な鏖殺行為(皆殺し行為)とくに一都市住民の集団殺害であって国際法の適用対象となりえず,それ以前の問題である(第一一五,七一八)。では投下行為は何らの法適用の対象とならないかについて,とくに原爆の加害からみて社会倫理観念,条理はこれを黙認できず(第三),条理としてはジェノサイド条約があげられる。同条約は「本件鏖殺行為の行われた以後にできたものであるけれどもこの内容が条理国際法として本件原爆投下以前から人類の間に存在する条理である」(第四)とみなければならない。なお,「国際法以前の問題」というこの見解は準備書面第一〇で撤回された。また,この原爆投下が害敵手段と認められるとしても,この投下は前記諸規則から国際法違反である(第一,五)。なお空戦規則案第22,24条も列挙されているが,これは条理国際法として認められ慣習法としての効力も有する(第五)とみなされている。さらに「原爆使用の違法性は,安井,田畑,高野氏等国際法学者の一致して認めるところである」(第一〇)として原告の主張の補強をはかった。

**被告の主張**　　被告は訴状に対する答弁書と5度に及ぶ準備書面の中でその見解を表明した。答弁書では，まず原爆投下による多数人の殺傷という事実については，被告もそれを認める。しかし，その被害結果および原爆の性能については知らないとし，死傷者数についても経済安定本部の調査結果によるものを示している（判決理由の付表第二表）が，原告の示す数よりかなり少ない。

　原爆の国際法的評価については，その使用が「国際法に違反する違法なものであることは直ちに断定できない」とし，次のように述べる。「原子兵器は，原告等の主張されるとおり，それが広島に使用されるまで世界の人類によって未だ一般に知られなかったものであるから，その当時原子兵器使用の規制について実定国際法が存在しなかったことは当然であるし，また現在においてもこれに関する国際的合意は成立していない。従ってかかる意味の国際法違反という問題は起り得ないことはいうまでもない。しかして，原告等は，海牙陸戦法規その他挙示の条約の解釈上当然これに違反すると主張されるがこれら諸条約はほんらい原子兵器をその対象とするものではないのみならず，その条約の趣旨を拡大してこれを包含するものと解釈することもできないと思う。」

　また準備書面第一では，原告の言及した対米抗議文書について「被告は，原子爆弾使用の問題を交戦国として抗議するという立場を離れてこれを客観的に眺めると，原子兵器の使用が国際法上なお未だ違法であると断定されないことに鑑み，にわかにこれを違法と断定はできないとの見解に達し」たとして，政府の見解変更を理由づける。

　さらに，準備書面第四では答弁書よりかなり慎重にこの問題を論じている。すなわち，当時原爆の禁止または許容を明示した条約はなく，またこの兵器についての国際慣習法は何等存在しなかったのであるから「広島及び長崎に対する原子爆弾の投下が国際法上違法か否かの問題は，戦時国際法の法理に照らし，決定せらるべきである」とし，戦争の目的や手段についての国際法的観察を行っている。その中で戦争の手段として，敵兵力の撃破の他「敵国の戦闘継続の源泉である経済力を破壊することとまた敵国民の間に敗北主義を醸成せしめることも，敵国の屈服を早めるために効果があり」これらの目的を達するた

めに必要な害敵手段が行使される，と述べる。そして広島・長崎の原爆については一方でその破壊力は有史以来のもので多数の死傷者が出たことを痛恨事としながら，他方でこれら両都市への原爆投下を「直接の契機として，日本はそれ以上の抵抗をやめ，ポツダム宣言を受諾することになり，連合軍の意図する日本の無条件降伏の目的は達せられ今次大戦は終結することになったものであるから，原子爆弾の使用は日本の屈服を早め，戦争継続による，より以上の交戦国双方の人命殺傷を防止する効果を招来したものである」と述べて，「かかる事情を客観的に考慮するときは」この原爆投下が国際法上違法であるか否かについて俄かに断定しがたいとし，結局，国際法専門学者の鑑定の結果にまつの外ないとしている。

**判決の要点** 判決理由は，「一，原子爆弾の投下とその効果」，「二，国際法による評価」，「三，国内法による評価」，「四，被害者の損害賠償請求権」，「五，対日平和条約による請求権の放棄」，「六，請求権の放棄による被告の責任」，「七，結び」からなるが，ここでは一，二についてのみ取りあげる。

まず，「一，原子爆弾の投下とその効果」では，当事者間で争いのない事実——死傷者数については判決理由は，「軍関係者を除いて広島市においては少くとも死者七万人以上，負傷者五万人以上，長崎市においては死者二万人以上，負傷者四万人以上」と見積る——および原爆の効果を略述し，「このように破壊力，殺傷力において，従来の兵器よりはるかに大きいだけでなく，人体に種々の苦痛ないし悪影響をもたらす点において，原子爆弾は従来のあらゆる兵器と異なる特質を有するものであり，まさに残酷な兵器といわなければならない」と原爆を性質づける。

**国際法による評価** ついで「二，国際法による評価」では，3鑑定人の意見[8]を参照あるいは援用しながら，結論的には広島・長崎に対する原爆投下行為を違法と断定している。その意味で判決理由は原告の主張にそっているといえるが，原告側が原爆投下を国際法上の害敵手段ではなくむしろ集団殺害であって国際法の適用対象外という見方を大前提とし，にもかかわらずなおかつ条理国際法を含む一定の戦争法規の違反ともなるという論

理を使うのに対し，判決理由は次のように原爆投下行為を戦闘行為としての害敵手段とみなして当時妥当した国際法の枠の中で終始考察している点に注意しなければならない。

すなわち，米国の広島・長崎への原爆投下行為が「当時の実定国際法によって違法とされるかどうか」に局限して考察すればそれで十分である，とまず考察対象と方法が限定される。そして，この考察の前提として戦闘行為に関する国際法を年代順に列挙し，これらが新兵器である原爆につき何の規定も設けていないことから，当時それを禁止する慣習国際法も条約も存在しなかったという被告の主張に対して，次のように批判する。すなわち「そこにいう禁止とは，直接禁止する旨の明文のある場合だけを指すものではなく，既存の国際法規（慣習法と条約）の解釈及び類推適用からして，当然禁止されているとみられる場合を含むと考えられる。さらに，それらの実定国際法規の基礎となっている国際法の諸原則に照してみて，これに反するものと認められる場合をも含むと解さなければならない」とみる。

ついで，原爆投下行為に関連する当時の実定国際法規（空襲および害敵手段に関するもの）について順次検討が加えられる。まず，原爆投下行為は軍用航空機による戦闘行為としての爆撃であるとし，空襲に関する法規から検討される。空襲に関する一般条約は成立していないが，慣習法によれば陸海軍による砲撃については防守都市（地域）と無防守都市（地域）の区別がなされ，前者に対しては無差別爆撃が許されるが後者においては戦闘員および軍事施設（軍事目標）に対してのみ砲撃が許され非戦闘員および非軍事施設（非軍事目標）に対する砲撃は当然違法な戦闘行為となる。

この原則はハーグ陸戦規則第25条，1907年「戦時海軍力をもってする砲撃に関する条約」第1，2条から明らかである。

空戦に関しては「空戦に関する規則案」第24，22条が無差別爆撃を禁止し軍事目標主義を規定するとともに，陸上軍隊の作戦行動の直近地域とそうでない地域とを区別して，前者に対しては無差別爆撃を認めるが，後者に対しては軍事目標の爆撃のみを許すものとしている。結局その意味するところは防守都市（地域）と無防守都市（地域）の区別と同様である。空戦規則案はまだ条約とし

て発効していないから実定法とはいえないが,「国際法学者の間では空戦に関して権威のあるものとして評価されており,この法規の趣旨を軍隊の行動の規範としている国もあり,基本的な規定はすべて当時の国際法規及び慣習に一貫して従っている。それ故,そこに規定されている無防守都市に対する無差別爆撃の禁止,軍事目標の原則は,それが陸戦及び海戦における原則と共通している点からみても,これを慣習国際法といって妨げないであろう。」したがって,無防守都市——逆に防守都市とは「地上兵力による占領の企図に対し抵抗しつつある都市をいうのであって,単に防衛施設や軍隊が存在しても,戦場から遠く離れ,敵の占領の危険が迫っていない都市は,これを無差別に砲撃しなければならない軍事的必要はないから,防守都市ということはでき」ない——に対しては無差別爆撃は許されず,ただ軍事目標の爆撃しか許されないのが空襲に関する国際法の原則である。だから無防守都市において非軍事目標を直接対象とした爆撃やいわゆる盲爆は許されない,と結論づける。

　ところで,原爆は広島・長崎に投下された小規模のものでも従来のTNT爆弾2万トンに相当するエネルギーを放出し軍事目標と非軍事目標との区別はおろか,中規模の都市が全滅するほどの効果をもつから,無防守都市に対する原爆投下行為は盲目爆撃と同視すべきである。広島・長崎両市は高射砲などで防衛され軍事施設があったとしても防守都市には該当せず,さらに広島市には約35万,長崎市には約27万の一般市民がその住居を構えていた。「従って,原子爆弾による爆撃が仮に軍事目標のみをその攻撃の目的としたとしても,原子爆弾の巨大な破壊力から盲目爆撃と同様な結果を生ずるものである以上,広島・長崎両市に対する原子爆弾による爆撃は,無防守都市に対する無差別爆撃として,当時の国際法からみて,違法な戦闘行為であると解するのが相当である。」

　この結論に対して,当時の戦争は総力戦であったことを理由とする反対論があるが——判決理由によれば——,軍事目標の概念は総力戦の下ではその範囲が次第に広まってゆくことは否定しえないとしても,軍事目標と非軍事目標の区別が全くなくなったということはできない。さらに第二次世界大戦中に行われたいわゆる目標区域爆撃はたとえ軍事目標主義の枠からはみ出ていてもこれを合法視する余地がないとはいえないが,「広島・長崎両市がこのような軍事

目標の集中している地域といえないことは明らかであるから，これについて目標区域爆撃の法理を適用することはできない。」

そのほか，害敵手段に関する原則に照らしても，原爆投下は「戦争に際して不必要な苦痛を与えるもの，非人道的なものは害敵手段としても禁止される，という国際法上の原則にも違反すると考えられる。」この点について，ハーグ規則第23条(a)，1899年毒ガス禁止宣言，1925年ガス議定書の各禁止規定との関係では，判決理由は「毒，毒ガス，細菌等と原子爆弾との差異をめぐって，国際法学者の間にもまだ定説がない」としながら，サンクト・ペテルブルク宣言前文，ハーグ規則第23条(e)からみて，毒，毒ガス，細菌以外にも，少くともそれと同等或いはそれ以上の苦痛を与える害敵手段は国際法上その使用を禁止されているとみても差支えないとし，「広島・長崎両市に対する原子爆弾の投下により，多数の市民の生命が失われ，生き残った者でも，放射線の影響により一八年後の現在においてすら，生命をおびやかされている者のあることは，まことに悲しむべき現実である」と述べ，「この意味において，原子爆弾のもたらす苦痛は，毒，毒ガス以上のものといっても過言ではなく，このような残虐な爆弾を投下した行為は不必要な苦痛を与えてはならないという戦争法の基本原則に違反している」と結んでいる。(9)

(3) 判決の反響と批評

長期間の準備手続の後やっと下されたこの原爆判決は訴訟当事者の間のみならず世間でも大きな反響を呼びおこし，また内外の国際法学者の注意を引いた。

原告側は判決理由の前半（国際法による評価）を高く評価しながら，それだけに賠償責任の追求ができない点につき不満を表明したが，現在の日本の法律ではこれ以上に上訴してもよい判決は期待できないとして，後に控訴を断念した。他方被告側は，結論的には国側が勝ったのだから控訴しないとしながら，当時の黒金官房長官は記者会見で，「……原爆投下が国際法上違反だという点だが直ちに違法というのは無理である。核実験，核兵器の使用禁止を国連で決めるよう努力しつづけている。このような国際協定が存在すれば，原爆投下で

は違反といえるが，国際協定のない場合違法とはいえない」と述べた。このように判決理由に対する原告と被告（国）の評価は対照的である。[10]

しかし一般的にいって，判決理由——とくに原爆投下が国際法違反と断定された点——について，原告のみならず，日本の世論によっても一般に好感をもって迎えられたように思われる。またこの判決に対する外国（とくに米国）からの反応も示された。さらにこの判決が以後の被爆者救援問題に何ほどかの影響を及ぼしてきたことは否定できないであろう。

また，内外の国際法学者も判決理由についてさまざまの論評を行った。次にそれらの論評の内容に若干立入って紹介しておこう。

**日本の国際法学者による論評**　原爆判決後，新聞や雑誌に日本の国際法学者の談話，記事，論文などの形での数多くの論評が掲載された。[11]そのほとんどすべては判決理由の前半を支持し，判決全体を国際法上高く評価する態度を示した。判決理由の後半については，多数の学者は現行法上やむをえないとの態度でそれを肯定したが，かなりの異論もみられた。しかしこの点についてはここでの検討は差控えたい。

判決理由の前半についても，個々の論旨や理由づけの不十分さの指摘や批判はかなりみられる。次にその若干の例をあげてみよう。

まず，寺沢一教授は，この判決では「原子爆弾そのものの国際法上の許容性がとりあげられたのではな」く，「具体的事件，すなわち，広島・長崎に対する原爆投下の国際法上の違法性」が指摘されたことを看過して，原爆投下一般の違法性を判示したかのような誤解や錯覚がみられることは法的には十分要心を要する点と考えられると述べ，判決にも行論の過程で原爆そのものの違法性にまで言及したかのような筆のはしりがあるところとして2点，すなわち原爆を毒ガスと対比しそれ以上の苦痛をもたらす残酷な爆弾であるとしている点および原爆投下の実定法上の評価の前提として新兵器の使用に言及した部分をあげている。[12]同様の観点から，高野雄一教授も判決は①原爆使用はそもそも禁止されているかと②広島・長崎に対する原爆使用は違法かという2つの論点の関連を明確にしていないと指摘し，[13]②を肯定しても①が肯定されるとは必ずしもいえないという。それらは判決理由の論証の仕方そのものに対する基本的批判

であるともみることができるが，この点については後に検討したい。

　次に目につくのは，判決そのものの批判というよりもむしろ被告（国）側の主張や判決後の政府見解にも示されたように，原爆（新兵器）は国際法上直接それを禁止する協定がないかぎりその使用は違法ではないとする見方に対する批評である。石本泰雄教授は，政府のいうように核兵器禁止条約が結ばれていないことはそれらの兵器の使用が許されることを意味するのではなく「そのことを判決は明快にのべている」と評している(14)。しかしこの点について，高野教授の見解は微妙である。同教授によれば，判決で一般に原爆投下の違法性が明らかならそれを禁止する決議や条約をつくる意味はないが，それをつくろうとする世界の動きが意味をもつのは現行法の下での原爆使用が当然に違法といえないからだともいえるのであって，「そうすると，政府の右の見解に理由がないとはいえない。」換言すれば，原爆や新兵器は新しい条約で禁止されていない限り合法であるとは必ずしもいえないが，他方で，その使用は違法であるという議論も成りたたない(15)。この点についても後に検討するが，この問題は当然個々の害敵手段や攻撃方法の禁止制限に関する規則の検討の必要性へと導くことになる。

　そのほか，判決が原爆投下の評価を引き出すための前提とされた法原則（不必要な苦痛を与える兵器や無差別爆撃の禁止）の存在（否）やその解釈についても，大多数の学者は判決の論旨が法的評価に十分耐えうることを疑いもなく認めているが，その論旨に対する若干の批評や不満もみられる。

　害敵手段（非人道兵器）の禁止規則の側面について，山手治之教授は，広島・長崎原爆が不必要な苦痛を与える兵器禁止の原則に違反するだけでなく，毒または施毒兵器の使用を禁止したハーグ規則第23条(a)および1925年ジュネーブ議定書の類推適用としても国際法に違反する，という(16)。逆に高野教授は，害敵手段の禁止に関する国際法規の各々が原爆に直接適用困難なこと，とくに問題となる毒および毒を施したる兵器禁止規定も原爆にあてはめるには問題があるといい，不必要な苦痛を与える兵器禁止規定についても「原爆の非人道性は充分に認めなくてはならないが，その軍事的効果の著大なことが認められる以上」この禁止規定に入ると断定するには根拠が十分でない，とみる。こうして同教

授は「原爆は，それ自体として違法性をもつ疑いは相当あるが，今日の戦時法の下においては，特別の協定でもないかぎり，原爆の使用を一般に違法とすることは無理であるという判断に達する」と結論する。[17]

　また，無防守都市の無差別爆撃禁止の原則の側面については，判決の論証を支持する見解が圧倒的である。しかし，詳細にみていくと，この点についても問題が全くないわけではない。第二次世界大戦がいわゆる総力戦であったことは誰もが認めており，このために軍事目標と非軍事目標の区別という基本原則が消滅したことを意味しないことも大抵の学者が認めている。また，無防守都市（地域）に対する無差別爆撃禁止もハーグ規則や海軍力をもってする砲撃に関する条約で認められていることについては異論はないが，問題は「防守」の概念についてである。この概念は「地上兵力による占領の企図に対して抵抗する」都市（地域）という意味——判決はこの意味で使っている——のほか，「陸，海，空軍それぞれの攻撃者に対して防衛されている都市」という意味を与える見解（いわゆる相対的防守説）も主張される。

　高野教授は後者の見解に理解を示しつつ，原爆に関する軍事目標主義も総力戦の状況に適合する具体的内容をもつものとみるなら「軍事目標地域（Target Area）」はそれに該当する，とみる。なお同教授はこの基準に基づいても広島・長崎原爆は正当化されないとし「両地に対する原爆攻撃が軍事目標主義（それを若干緩かに理解したとしても）の下に現行法上適法として評される空爆の限度を超えていることは確かであるように考えられる」と述べている。

　最後に，判決理由を全体的にみて，高野教授は，広島・長崎の原爆攻撃につき国際法規の判断にさらさるべき諸要素が原被告両当事者によっても十分明らかにされず，判決も具体的に取り上げて判断しているとはいえない，と評している。

　以上見てきたように，日本の国際法学者の原爆判決に対する論評は一般的にいって原爆に対する被爆国の法的判断が下級審においてではあるが判決理由のように示されたことに好意的である。これは唯一の被爆国の学者という感傷的な面が多少とも作用しているためか，それともそれとは無関係に各々の厳格な法的分析の結果が判決理由の分析や結論と一致したがためであろうか。後に判

決理由の論点の整理と再検討を行う過程で、これらの学者の見解もあわせて検討してみたい。ここではさしあたり、日本の学者の判決論評と外国の学者のそれとの間に大きな相違が見出されるかどうか、という点に注目しよう。とくに原爆使用国である米国の学者の見解がわれわれの興味を引くのは当然といえよう。

**外国の国際法学者による論評** この判決に法的論評を行った外国の学者は案外少ない。ましてこれを正面から取り上げ詳しい分析を行ったものとしては、筆者の知る限り、フォーク（R. A. Falk）の論文を除いて見当らない。ここでは彼の「下田ケース、広島および長崎に対する原爆攻撃の法的評価」[18]による判決の論評の要点を以下に示そう。

フォークは最初にこの判決が国際法学者の注目を引く理由を8点にわたり指摘し、判決理由を詳細に引用しつつ逐次批評を加えている。

まず、判決理由が国際法上の評価の冒頭に核兵器一般の評価ではなく広島・長崎原爆攻撃の当時の実定国際法による違法性の評価の問題に限ると述べている箇所をとらえ、にもかかわらず判決理由では第二次世界大戦での攻撃という事実をこえていかなる都市であれ人口稠密な都市に対する原子兵器または核兵器の使用に対する国際法の適切性を明らかにするための分析が行われている、という。この点はすでにみたように寺沢、高野両教授も類似の指摘をしているところである。

次いで、判決理由のあげている関連戦争法規の列挙について、彼は判決理由が法的権威をもつこれらの法規の間に区別を設けずかつ拘束力ある条約義務と正式の批准を得ることを意図されていたのではない宣言的基準（declaratory standards）との間の明確な区別をしていない点を指摘する。ハーグ空戦規則案についても、判決理由は資料文献をあげずに「国際法学者の間では空戦に関して権威のあるものと評価されており、この法規の趣旨を軍隊の行動の規範としている国もあ」ると述べ、こうした理由から同規則案が慣習国際法を構成するものとして取り扱われている、という。この拘束力のない規則の権威性のために有利な主張がなされるのは、この規則案が不必要な空爆を禁止しとくに軍事目標主義の原則を規定しているとややルーズに結論づけるためである、とフ

ォークはみる。そして，無防守都市に対する原爆攻撃は盲目爆撃とみなされ国際法に反するということから，ただちに裁判所が広島・長崎は無防守都市で両市とも国際法に反する盲目爆撃に等しい爆撃を蒙ったと結論づけるのは早急にすぎる，と批判する。なおまた，総力戦に関する判決の行論にもフォークは若干の混乱があるとみている。

　最後に，不必要な苦痛を与える害敵手段禁止の問題について，フォークはガス議定書を日米両国とも当時批准していないことがその権威を減じるようには判決理由では思われていないことを指摘し，またある兵器が不必要な苦痛を与えるかどうかは軍事的破壊と非軍事的破壊の間の均衡に基づくと思われるが（判決理由もそのことを認めている），判決理由は放射能障害に言及するものの広島・長崎攻撃が終戦を早め双方の生命を救ったかどうかについては検討する努力をしていない，と述べている。この点については，すでにあげた日本の学者による言及や論評はあまりない。ただこの訴訟で被告（国）側はすでにみたように準備書面の中で原爆使用が終戦を早め双方の多数の人命殺傷を防止したという理由で原爆使用をむしろ擁護した。被告のこの見解をとらえて，フォークは「日本政府が補償請求の訴訟における弁論のためとはいえ，米国の採用してきた原子兵器使用の公式の正当化に喜んで組していることは興味深い」と皮肉っている。

　以上のような判決理由の紹介と批評のあと，フォークは「先例としての下田ケース」の章において，この時点で原爆判決が核戦争の諸条件に適用される発展的戦争国際法に適合するかどうかにつき検討するのはなお時期尚早であるとしながらも，次のように判決を評価している。

　「「下田ケース」の法的先例としての限界のうちには，その範囲が狭く限定されていることおよび審理する法廷が国際法事件を取扱う特別の経験をもたない下級裁判所であることがあげられる。これらのハンディキャップは「下田ケース」の意見がこの事件において提起された法問題の徹底的かつ公平な分析として読者を印象づけるであろうということによってある程度補われる。その法的権威としての価値は，裁判所による理由づけが裁判所に鑑定を与えるために指名された専門家の付託した3つの報告書から大きな影響を受けたという事実に

よってさらに高められた。3専門家の各々は係争中の法問題を分析する十分な能力を備えた有名な日本の国際法の教授である。これら専門家の一致とそのガイダンスの裁判所による受け入れは，たしかに「下田ケース」の権威性の評価に関連しているように思われる。」

上に紹介したフォークの論文以後も原爆判決についての外国の学者による詳細な批評は見当らない。しかし，判決後発表された核兵器に関する論文や見解の中で，同判決が直接間接に評価され，あるいは何らかの影響を及ぼしていると思われる場合は少なくない。[19]

ところで，外国の学者として右にみたフォークの論評と先にみた日本の学者のそれとの間に相容れない距りがあるようには思えない。

むしろ両者の判決評価にはかなり類似した面がみられる。もっとも個々の法的問題の評価は学者により異なることがあるが，それは日本の学者と外国の学者の間の相違とは限らない。たしかにフォークの論評には，その方法論に由来する評価（後にみるように一定の戦争法規の有効性に対する懐疑を含め），主に米英の学者の見解のみの引用，原爆投下の日本の敗戦に及ぼした影響ないし軍事的効果のかなり積極的評価が色濃く出ていることは事実である。こうしたフォークの論評の特徴だけをみて外国の学者一般の判決評価の特色を推測することはもちろんできないが，また逆に彼の見解は外国の学者としてきわめて異例であるとみなすことも誤りであろう。客観的にみた場合これまであげた内外の学者の判決論評のうちでフォークの論文が最も綿密に分析を加えていることは疑いえない。

以上のような，判決理由に対するさまざまの反響や論評はたしかに原爆問題の法的評価の必要性ないし重要性を国際的に再認識させる契機をつくったとはいえ，若干の論評の中で指摘されたように，広島・長崎原爆をめぐる客観的な状況（事実）把握とそれに基づく綿密な国際法的分析は今日までほとんど手のつけられていない分野として残っていることも明らかとなった。この分野の本格的研究は後日を期するとして，その手がかりをつくるために以下に問題点の指摘をかねて若干の検討を加えてみたい。

## 2 判決理由の検討

### (1) 判決の構造と問題点

　ここでも判決理由中引き続き「国際法による評価」の箇所を中心に取りあげる。寺沢，高野，フォーク各教授の指摘したように，判決理由は広島・長崎への原爆投下行為そのものの違法性を論証しようとする過程で，たしかに核兵器一般の違法性の問題とはっきり区別していないところがある。しかし両者はもちろん無関係ではなく，それどころか前者の評価のためには後者の分析が必要かつ有益であることは否定できない。もっとも後者の一般的な法的結論がそのまま前者の具体的場合に妥当するとは限らず，前者の事実に即した検討をも必要とすることはいうまでもない。

　ところで，判決理由が広島・長崎原爆を国際法上違法とする論拠を整理すれば次のような構造になるであろう。

　①原爆のような新兵器は，新しいというだけで適法となるのではなく，既存の国際法規の解釈・類推適用から，また実定国際法の基礎にある国際法の諸原則に照らして，その合法性が判断されなければならない。

　②広島・長崎に対する原爆攻撃は無防守都市に対する無差別爆撃禁止，軍事目標主義の原則に照らして，違法な戦闘行為である。

　③第二次世界大戦は総力戦であり，またいわゆる目標区域爆撃の合法化の余地もなくはないが，それらは当時の広島・長崎への原爆使用を正当化するものではない。

　④原爆は不必要な苦痛を与える害敵手段（兵器）の使用を禁止する戦争法の基本原則に反するから違法である。

　右のうち①は兵器（原爆）そのものの国際法上の合法性の問題であり，②，③は爆撃方法の制限，攻撃目標選択の合法性の問題とみなしうるであろう。これらはともにまず一般問題として論じられ，広島・長崎への原爆投下という具体的事例への適用という論法をとっている。この論法自体は妥当といえる。しかし判決理由で物足りなく思われるのは，抽象的規定の適用にあたり考察さる

べき事例の事実やそれをめぐる状況の分析が不十分な点であろう。判決理由の冒頭（「一,原子爆弾の投下とその効果」）で,米国のテキストに依拠しつつ原爆の一般的効果が概説されているが,具体的に広島・長崎の場合の被害については付表として原被告それぞれの提出した死傷者数が掲げられているにすぎない。こうした事例についての具体的検討の欠如は,原被告とも原爆投下事実については争わなかったこと,また,今日まで正確な被害結果がなお把握できないとはいえ少くとも日本ではこの原爆の効果や被害は人類史上空前の恐るべきものであるという暗黙の了解があることにもよると思われる。しかし,当時の国際法の観点から原爆投下の合法性を冷静に検討するためには,第二次世界大戦ないし太平洋戦争における政治,軍事,経済など全般的状況の中での原爆投下の意味とその効果,被害をみておくことが必要であろう。こうした状況の的確な把握は多方面からのアプローチを必要とするきわめて困難な作業であり,それは本章の範囲を逸脱するが,個々の法的分析にとって必要不可欠なかぎりにおいてすでになされた諸分野の研究に依拠しつつ若干の試みはしてみるつもりである。

　次に,判決理由中に触れられていないまたはほとんど検討されていない点で,広島・長崎原爆の国際法的評価のためには見落しえないあるいはその評価から当然引き出されるはずのいくつかの問題点について指摘しておきたい。

　まず,判決理由は原爆投下行為に対する当時の戦争法規の適用可能性を当然のこととみなしているが,第二次世界大戦の状況およびとくに日本の行為の侵略性に照らして,右の行為を含む連合国の対日敵対行動に対してはたして戦争法が（平等に）適用されえたかまたさるべきであったかという大前提の問題が検討されなければならないはずである。また,判決理由のあげる論理で原爆投下行為が国際法違反であったとしても,その行為の違法性を阻却する何らかの理由がなかったかどうかといった点についても一応の考察は必要であろう。そして,この違法性阻却事由が認められないとき,原爆投下という違法行為に対する国際法上の責任の問題が生ずることになる。裁判所は損害賠償請求訴訟という民事事件の性質上,加害者の民事責任問題（とくに日本国民に対するもの）のみを取扱っており,刑事責任もしくは戦争犯罪責任の問題は未検討のまま残

されている。

以上に述べたいくつかの問題点について、次に簡単に検討を行うが、問題の複雑さと筆者の資料蒐集不足から明確な結論がなお引き出せない箇所もあることを予めお断りしておきたい。

## (2) 太平洋戦争における戦争法の適用可能性

問題の原爆投下行為を当時の国際法(戦争法)に照らして法的判断を行う前提として、そもそもこの行為に当時戦争法が適用さるべき状態にあったかどうかがまず問われなければならない。こうした疑問が生ずるのは、第1に侵略国とその犠牲国との間の戦闘行為に戦争法は平等に適用されるかどうかという問題、第2に第二次世界大戦のような総力戦的状況に戦争法は実効性をもっていたかどうかという問題に由来する。

**侵略国に対する戦争法の平等適用の問題** 検討を要する点は、まず太平洋戦争ないし第二次世界大戦において日本が当時の国際法違反の戦争に訴えた侵略国として認定されうるものであったかどうか、ついでもしそうなら、戦争法は日本と連合国(とくに米国)との敵対行為に平等に適用されるものとみなされるべきであったかまたみなされていたか、という問題である。

原爆判決自身はこの問題に取り組んだわけではなく、日米間の敵対行為したがって原爆投下行為にも戦争法が平等に適用されることを当然の前提としている。もっとも判決理由は最後に「国家は自らの権限と自らの責任において開始した戦争により、国民の多くの人々を死に導き、傷害を負わせ、不安な生活に追い込んだのである」として、日本の戦争開始責任を認めているが、そのことが原爆投下行為の国際法的評価に対して何らかの影響を及ぼしたとはみていないといえる。またこの問題を本格的にとりあげた論文もあまり見当らない。[20]

ところで、第二次世界大戦当時の国際社会において侵略戦争の確定的定義やその認定機関が存在しなかったことは事実であるが、国際連盟規約や不戦条約による戦争の禁止・制限が国際的に確立していたことは否定しえない。この戦争違法化の下において、当時日本が自衛という名目ではじめた一連の行動——1931年満州事変、1937年日華事変、1941年パールハーバー攻撃など——が国際

法違反ないし侵略戦争としての烙印を押される可能性は十分あったといえよう。この点の詳細な検討は本章では省くが，日本の中国における軍事行動に対する国際連盟の非難，極東国際軍事裁判所の判決などが参考になる。

たとえば後者の判決における多数意見は日本が1941年12月7日に開始した攻撃について，これは「挑発を受けない攻撃であり，その動機はこれらの諸国の領土を占拠しようとする欲望であった。『侵略戦争』の完全な定義を述べることがいかにむずかしいものであるにせよ，右の動機で行われた攻撃は，侵略戦争と名づけないわけにはいかない[21]」と述べた。当時の日本の行動を侵略戦争とみなすこうした見解の妥当性は戦後疑問が提起されるよりもむしろ一層確定し定着化したと思われる。[22]

では次に，太平洋戦争中，侵略戦争を勃発させた日本（ないし枢軸国側）と連合国側との敵対行動において，当時の戦争法は平等に適用されず，日本は戦争法に基づく一定の保護や権利を享有しえないとみなされえたであろうか。この問題は一般化すれば，第一次世界大戦後の戦争違法化（*jus contra bellum*）がその下で発生する武力紛争（侵略国とその犠牲国の存在が当然想定される）に対する戦争法（*jus in bello*）の適用に何らかの影響を及ぼしたか，という問題である。たしかに戦争法規は無差別戦争観時代に発展しまたは法典化されたものが多く，それらが戦争違法化時代の武力紛争にそのまま適用可能かどうかについて理論的検討が加えられたことはあった。しかし，それまで確立していた戦争法の紛争当事者への平等適用の原則が崩れたことを立証する材料は見当らない。敵対行為における非人道性の緩和という戦争法規の目的や役割をみても，それは差別戦争観の下でも一般に十分機能しうるものであり，また連盟規約や不戦条約にも *jus in bello* の差別適用を示唆する表現は存在しない。それどころか，これらの文書による *jus ad bellum* の変化（*jus contra bellum*）にかかわらず *jus in bello* の存続ないしその平等適用を支持する見解が国際連盟においても一般的であった。

また，太平洋戦争ないし第二次世界大戦の実行において，交戦国は双方とも多くの戦争法違反行為を行い，それらに対し相互に相手を非難した。しかし，米国を含む連合国側は日本を含む枢軸国の行動の侵略性のゆえに日本などが戦

争法の保護や利益を享有しえないとかまたは連合国自らは戦争法に拘束されず自由に敵対行為を行いうるとかいう趣旨の意思表示をしたことはない。逆に，たとえば阿波丸事件のように，米国がその戦争法違反行為を戦争中に日本に対して自ら認めその賠償問題を戦後に交渉することを約束した事例さえある。[23]

戦後の軍事裁判においても，戦争中の行為について敗北した侵略国に対する戦争法の差別適用ないし不適用を認めた判例はほとんどない。

ニュールンベルグと東京の国際軍事裁判所が平和に対する罪と区別して戦争法違反行為としての通常の戦争犯罪概念の適用を認めたのも，当時の戦争法規の同大戦における平等適用を前提としているからであると解しうる。同裁判所が敗戦侵略国の被告のみを処罰したのはその管轄権が敗戦国の行為に対してのみ認められたものであったからであって，戦勝国の敵対行為は侵略犠牲国であるからという理由で戦争法の規制を受けないことを意味するものではなかった。なお戦争違法化をより一層徹底させた国際連合憲章体制の下で作成された戦争法規（たとえば1949年ジュネーブ条約）においても，その差別適用を示唆する表現はない。

上にみてきたことから，太平洋戦争における侵略国と認定されうる日本に対するその犠牲国米国による原爆投下という敵対行為にも当時の戦争法規は等しく適用されなければならないものであったといわなければならない。

**総力戦的状況における戦争法規の実効性**　次に，実際面からみて，一定の戦争法規の適用可能性ないし実効性に対する懐疑も提起されてきた。この懐疑は戦争法規の中でもとくに兵器や空襲など害敵手段や方法に関する規則について，第二次世界大戦の経験をふまえて，若干の学者から表明された。たとえばバクスター（R. Baxter）によれば，「国際法は兵器の取り扱いにおいて比較的実効性のないものであることをおそらく証明してきた。なぜなら，武力行使に訴えなければならないとひとたび決定した国家は自ら自由に処分しうる最も効果的な武力手段の使用をその法が禁止することに納得しえない。潜水艦，航空機，誘導ミサイルおよび原子装置といった兵器は戦争に影響を与えるためにもたらされたテクノロジカルな技術の単なる結果にすぎない。そしてこうした兵器が合法的目標に対して効果的である限り，諸国はそれらが非戦闘員

に対して付随的影響を及ぼすとしても，その使用をやめるよう説得されることはおそらくできないであろう。」[24]

　しかし，交戦国が効果的と考える手段を規制されることを望まないまたは規制しても実効性を欠くということは，たとえ事実としても，単に害敵手段の規制問題に限られるわけではなく，戦争法全般の実効性に関係する問題である。なぜなら，戦争法の適用が要求される武力紛争の状況において，その適用不適用は平時にもまして全く各交戦国の意図，態度いかんにかかっているからである。しかし，注意すべきは，所与の武力紛争において戦争法が適用さるべき状態にあるつまり妥当していることとそれが十分に実効性をもつかどうかということとは，一応切り離して考えるべきである。たとえ一定の規定の実効性が乏しくともそのことからただちにその規定の妥当性そのものが否定されるわけではない。そうでなければ，武力紛争において多くの戦争法規が実効性に乏しいすなわち交戦国が守ろうとしないというだけでもはや妥当しないすなわち遵守の必要がなくなることになり，事実上交戦国のあらゆる行動の自由を許してしまうことになろう。

　太平洋戦争当時，戦争法の妥当性そのものは否定されていたわけではない。いま日米両国に限っても，両国とも当時有効な多くの戦争法に関する条約の締約国であった。両国間の敵対行為に当時妥当していた戦争慣習法や上のような条約が適用さるべき状態にあったことは否定しえない。もっとも当時の条約の多く（とくに1899年と1907年のハーグ諸条約）にはいわゆる総加入条項が付されており，しかもそれらの条約に加わっていない交戦国も若干存在した。しかしそれらの条約の規定内容のなかには慣習法化しているとみられるものもあり，その限りでそれらも日米両国間の敵対行為においても妥当していたとみなければならない。

　戦争法の実効性と関連していま１つ注目すべき点は，第二次世界大戦がいわゆる総力戦であったといわれていることである。もっとも総力戦の意味について必ずしも統一した見解があるわけではなく，その不一致が総力戦と呼ばれる現象にはもはや戦争法規（とくに爆撃や兵器に関する規則）が適用されないかどうかまたは実効性を欠くかどうかについての判断にも誤差を生じさせているよ

うに思われる。しかしここでは総力戦概念を詳しく分類・整理することが目的ではなく，戦争法規の適用可能性との関連で原爆判決の示す2概念を比較検討するにとどめたい。

判決理由は軍事目標主義との関連で，まず「交戦国に属するすべての人民は戦闘員に等しく，またすべての生産手段は害敵手段である」という総力戦の理解の仕方を紹介し，この場合軍事目標と非軍事目標の区別などは無意味になるとみている。こうした総力戦概念が太平洋戦争ないし第二次世界大戦の諸交戦国の現実を如実に示すものとすれば，たしかに戦闘員と一般市民，軍事目標と非軍事物の区別といった戦争法の基本原則やそれに由来する個々の規則はその存在理由を失うことになろう。しかしこうした概念は同戦争中の諸交戦国の一般的状況を示す事実からはほど遠く，特殊例外的な場合を除けば，一般市民の大多数は戦闘員に等しいわけではなくまた生産手段の多くは必ずしも害敵手段といえるものではなかった。後にみるように当時の広島・長崎両市の状況を含む日本の場合もその例外ではなかった。また諸交戦国の態度，戦後の国際軍事裁判所や学者の見解においても，この総力戦概念に依拠して戦争法規の適用を全く否定するものはほとんどないといえる。

判決理由は右の総力戦概念の否定に続いて，次のような別の概念を示している。すなわち「近時に至って，総力戦ということが唱えられたのは，戦争の勝敗が軍隊や兵器だけによって決るのではなくて，交戦国におけるその他の要因，すなわちエネルギー源，原料，工業生産力，食糧，貿易等の主として経済的な要因や，人口，労働力等の人的要因が戦争方法と戦力を大きく規制する事実を指摘する趣旨」である。

この概念を採り入れて，判決理由は軍事目標と非軍事目標の区別がなくなったというのは誤りであると判断する。

たしかにこの概念は第二次世界大戦中の多くの交戦国の現実的状況を示すものであり，またこれは戦争法の適用可能性そのものと矛盾するものではないであろう。もっとも，戦争の勝敗が単に軍事的要因のみならず経済的，人的要因により規制されるという事実は疑いえないとしても，このことが戦争法の適用に際して何らの影響も及ぼさないかどうかについては，さらに検討を必要とす

る。この点についてフォークの次のような指摘は傾聴に価する。すなわち「裁判所はこの一連の問題についていくぶん混乱しているように思われるといわなければならない。なぜなら、それは「食糧、貿易」および「人口、労働力等の人的要因」を、その採用する総力戦のより狭い概念に入るものとして列挙する。しかし、もし人民が軍事目標なら、広島および長崎に対する攻撃はそれ自らの条件内において合法である。公平にみれば、どこにも述べられていないとはいえ裁判所の見解はおそらく人民一般ではなくて、むしろ直接戦争努力に寄与している人民に対する攻撃だけを許す意図であろう。しかしながらこの限定的解釈さえ、もし食糧や貿易に関する活動が戦争努力の一部であるとみなされるなら、十分満足のいくものではないであろう。」[25]

この批評は判決理由の叙述をやや一方的に解釈しすぎているきらいがないとはいえない。判決理由は列挙した経済的、人的要因が戦争方法や戦力を規制する事実を指摘したにとどまり、それらの要因がただちに軍事目標となりうることを述べているのではない。しかし上の事実の指摘が法的意味をもつとすれば、総力戦においては経済的、人的要因が軍事目標の具体的決定に何らかの影響を及ぼすことを意味するであろう。この影響の程度や範囲については判決理由の中では十分明らかにされていない。ただ「学校、教会、寺院、神社、病院、民家は、いかに総力戦の下でも、軍事目標とはいえないであろう」として、消極的表現で、その影響が学校等に及ばないことだけは明示されている。

ここではこの影響の程度や範囲をさぐるのが目的ではなく、右のような総力戦概念がたとえ第二次世界大戦中の諸国の状況をかなり的確に表現しているとしても、それが同大戦中の交戦国の敵対行為に対する戦争法の妥当性を否定するものではないことさえ確認すればそれで十分である。

(3) 害敵手段に関する規則からみた原爆の評価

まず、広島・長崎に投下された原子爆弾がその性質上当時の害敵手段の許容性に関する国際法規則に照らして合法であったかどうかという点から検討を始めたい。この法的評価を行う前提として、2個の原爆の性質、効果およびその及ぼした被害の特徴を明らかにする必要がある。

**原爆の性能と被害**

そこでまずこれらの原爆の性能や被害の事実を概観してみよう。原爆の性能，効果については原子力に関する科学書の説明に依拠するしかないのであるが，判決理由は米国原子力委員会刊行のグラストン著『核兵器の効果』から核爆発の原理を略述している。要するにウラン235（広島原爆の場合）またはプルトニウム239（長崎原爆の場合）の原子核内に中性子が入ると連鎖的に核分裂反応がおこり，巨大なエネルギーが蓄積され爆発が生ずる。広島・長崎の原爆はそれぞれTNT爆弾2万トンと同量のエネルギーを放出した。この爆発により生ずる効果は爆風，熱線，放射能に分けられる。爆風効果とは原爆の空中爆発から生ずる高温高圧の空気の波（衝撃波）でそれが四方に広がり地上の建物等を破壊し去る。判決理由は長崎の例をあげ「爆心地より一・四マイル以内の家屋は瓦壊し，一・六マイル以内でもかなりひどい被害を受け，一・七マイルの地点でも屋根や壁に損傷を受けた」と述べている。広島の場合は長崎以上の被害状況であった。

熱効果については，爆発により高温の熱と光からなる熱線（可視光線，赤外線のみならず紫外線を含む）が光と同速度で地上に達し，火災を発生させ，人の皮膚に火傷をおこさせ，状況によっては死亡させる。この効果は通常の高性能爆弾（TNT爆弾）と異なる特異なものである。

判決理由によれば「広島と長崎とでは，死亡者の二〇ないし三〇パーセントは火傷によるものと推定され，長崎では爆心地より二・五マイル離れた地点で熱による火傷が記録されている。」

放射能効果は原爆に特有のもので，爆発後1分以内に放射される初期核放射線と1分以後に主に爆弾の残片から放射される残留放射線からなる。前者は中性子，ガンマ線，アルファ粒子およびベータ粒子からなり，そのうちガンマ線と中性子は長距離の飛程を有し，これが人体に当るとその細胞を破壊または損傷し，放射線障害を生ぜしめていわゆる原子病（原爆症）を発生させる。判決理由はこの症状を説明して「原子病は人間の全身を衰弱させ，数時間ないし数週間後に人を死亡させる病気であって，幸にして生命をとりとめてもその回復には長時間を必要とする。その他放射線の照射によって，白血病，白内障，子供の発育不良等を生じさせ，その他身体の諸器官に種々の有害な影響を与え，

遺伝的にも悪影響を生じさせる」という。残留放射線の人体に及ぼす効果もほぼ同様である。なお，広島・長崎の被爆者の具体的事実については，判決理由は「すでにわれわれが見聞しているところである」と述べて，触れていない。

　この原爆の兵器としての合法性の検討の際のメルクマールとして重要なのは，他の通常兵器（TNT 爆弾など）の効果と比べての原爆の効果の特異性であろう。その特異性として第1にあげられるのは，右の爆風，熱，放射能の3効果の同時的相乗的効果ともいうべき従来の兵器とは比較を絶する大量破壊的，盲目的効果であろう。広島・長崎は原爆投下の瞬間以来，都市全体が比喩的には地獄の観を呈し，人的物的に無差別の大量破壊を蒙り，今日まで正確な死傷者数の確認さえ不可能なほどである。判決理由の中では「軍関係者を除いて広島市においては少なくとも死者七万人以上，負傷者五万人以上，長崎市においては死者二万人以上，負傷者四万人以上を出すに至った」と述べているが，これらの数字さえかなり低い見積りであるといえる。もっとも原爆の法的評価のためにはその被害の詳細な数字までが不可欠なわけではない。原被告それぞれの示した被害者数および判決理由中の右の数字からだけでも，この原爆は各々1個ずつで当時の日本の中規模の都市をほぼ全滅させたことは確かであり，従来の兵器との比較を絶する大量破壊的効果を及ぼす害敵手段であったことがわかる。

　またこの原爆の最も特徴的な性質を示すものとして，上の3効果のうちでも主に放射能効果に由来する原爆症があげられる。しかしこれはある意味では把握困難な症状である。原爆症という特定の病気があるわけではなく，放射能をあびたことにより起る白血病，原爆白内症，癌（甲状腺，肺，乳），小頭症，老化現象，遺伝（被爆二世）といったさまざまの疾病は他の原因によっても発生しうる（単一病因性ではない）というのが医学常識とされている。そして被爆者がこうした疾病に他の者よりかかりやすいことを証明するためには長期にわたる検査，統計が必要であり今日までまだ完全な統計は存在しない。このことが，ちょうど第一次世界大戦で大量使用された毒ガスに対し同大戦後一時米国の軍関係者などから唱えられた毒ガス人道論にも似た，原爆人道論ともいうべきもの，すなわち原爆症は統計的には十分認定ないし証明されないという擁護

論を生み出す余地ないし危険性のあることに注意しなければならない。

**害敵手段としての原爆**　右の事実を前提に，害敵手段としての原爆の評価は，まず新兵器に対する戦争法規の適用可能性，それが肯定されるならついで広島・長崎原爆の既存の害敵手段禁止規則に照らしての合法性，の2側面から行われるのが順序であろう。

判決理由はまず原爆投下に関係のある実定法規則を年代順に列挙し，それらが「第二次大戦中に出現した新兵器である原子爆弾の投下について，直接には何の規定も設けていない」としながら，新兵器使用の合法・違法は「既存の国際法規（慣習国際法と条約）の解釈及び類推適用」さらにそれらの法理の基礎となっている国際法の諸原則に照らして評価されるという。したがって新兵器は常に国際法の対象とならないという議論は十分な根拠がないとして反駁している。

**新兵器としての原爆**　判決理由のこの部分の論理展開はそれなりの説得力がある。すでに見たように有効な害敵手段はそもそも禁止されないという議論は論外としても，新兵器は国際法の対象外という議論の中には，新兵器であるから許されるという意味の外に，明示の禁止がない限り許されるという意味で主張される場合もある。後者の主張の特徴は新兵器の許容性を「新」兵器という兵器の性質によらしめるのではなく，明示の禁止規定という法的評価の基準の存否によらしめている点にある。ここにいう明示の禁止が条約規定に原爆禁止が明示されていることを意味するとすれば，新兵器である原爆にはこの条約規定のないことは明らかであり，結局新兵器は許されるということと同じ意味に帰する。

そうではなくこの明示の禁止の意味をより広く，新兵器と類似の性質を有する兵器についての禁止規定また兵器一般を支配する規定がある場合をも含めうるとすれば，判決理由の見方と近くなる。

いずれにしても，新兵器に関する判決理由の説明の方がより妥当であり，大方の学者の賛同する見方であることは間違いない。ただこの説明の中で，新兵器の合法性が既存の国際法規の「解釈及び類推適用」に照らして評価されるという点に関連して，田畑鑑定書は類推適用を肯定的に，高野鑑定書はそれを消

極的にみている。「類推適用」（またさらに「拡大解釈」）という言葉は国内（刑）法では罪刑法定主義の観点から厳しく戒しめられているが，制定法中心の国内法と異なり主に慣習法からなる国際法の場合，国内法的意味の類推適用禁止はその妥当根拠を欠くと思われる。国際法上，新兵器の合法性評価の際に使う類推適用という表現の意味は戦争法の一般原則や慣習法規則に該当するかどうかという意味をも含むものとみてよく，これは一般に肯定されているとみてよい(26)であろう。さもなければ，結局すべての新兵器の使用はそれ自体としては許容されることになってしまう。

　そこで次に，広島・長崎の原爆という新兵器にいかなる既存の国際法規（条約，慣習法）がその解釈または類推適用により関係するかという点を検討しなければならない。判決理由は前述の行論からこの段階で爆撃の国際法的評価の問題にそれてしまっているが，まず原爆そのものの法的評価を行うのが順序であろう。判決理由はその「国際法的評価」の最後の箇所で，ハーグ規則第23条(a)（毒または施毒兵器の禁止規定），1899年毒ガス禁止宣言，1925年ガス議定書の各禁止規定に原爆が該当するかについて「毒，毒ガス，細菌等と原子爆弾との差異をめぐって国際法学者の間にまだ定説がない」として判断を回避している。しかし続けて，サンクト・ペテルブルク宣言前文，ハーグ規則第23条(e)（不必要な苦痛を与える兵器等の禁止）から，この原爆を「不必要な苦痛を与えてはならないという戦争法の基本原則に違反しているということができよう」と結論する。この結論を引き出すために，判決理由は「原子爆弾の破壊力は巨大ではあるが，それが当時において果して軍事上適切な効果のあるものかどうか，またその必要があったかどうかは疑わしいし，広島，長崎両市に対する原子爆弾の投下により，多数の市民の生命が失われ，生き残った者でも，放射線の影響により一八年後の現在においてすら，生命をおびやかされている者のあることは，まことに悲しむべき現実である」と述べている。

　こうした判決理由の法的評価やその理由づけは妥当であろうか。

|「不必要な苦痛」を与える兵器| 　まず広島・長崎原爆が「不必要な苦痛」を与える兵器であるという判断についての判決理由の説明には問題がなくはない。この判断のためには，原爆が「不必要な苦痛」を与えたものかどう

第Ⅰ章　広島・長崎原爆と国際法　29

か，換言すれば軍事上の要素ないし軍事的効果と人道上の要求の2要素の均衡をみたしていなかったかどうかという困難な問題に遭遇する。原爆が「当時において軍事上適切な効果のあるものかどうかまたその必要があったかどうか疑わしい」という判決理由の説明は兵器の許容性をはかる1要素としての軍事的効果の説明として適切かどうか。上の説明は兵器そのものの効果よりむしろ当時の状況における原爆の必要といういわゆる軍事必要の説明の方に近いように思える。この点に関連して，米国の若干の学者は原爆が終戦を早め失われるべき多数の米軍兵士の命を救ったという説をとり，これを軍事必要として正当化している（後述）。この説の真偽はここで問わないとしても，これを兵器そのものの許容性をはかる1要素としての軍事的効果として評価するのは適切ではない。

ではここでいう軍事的効果およびそれとの関係でいう人道の要求という要素はいかなる基準で計られるか。これについてはこの原則の最初の国際的成文化ともいえるサンクト・ペテルブルク宣言前文が参考になる。要するに，できるだけ多数の兵力を戦闘外におくという軍事上の必要と兵器による戦争の惨禍をできるだけ軽減すべきだという人道上の要素の均衡を考慮する際の基準となるのは，戦闘外におかれた人の苦痛を無益（余計）に増大しあるいはそのような無益の苦痛や死を必然的に伴う兵器であるか否か，という点である。また注意すべきは，この原則は一般に戦闘員に対して使用される場合の兵器を対象として考えられたものであり，もしその兵器の効果が一般市民にも及ぶとすればその場合には右の基準がそのままあてはまるのではなく，不可侵の原則により保護されている一般市民に対する禍害はすべて人道性の要求からみた不必要な苦痛とみなされなければならないことである。

では，広島・長崎原爆は上の基準に照らして不必要な苦痛を与える兵器であったといえるかどうか。当時とくに広島には日本の軍隊はじめ軍関係者も多数駐屯していた（後述）のであり，原爆は彼らをほぼ完全に戦闘外においた限りにおいて軍事的効果があったともいえるが，他方両市に居住していた数十万の一般市民に対する無差別的大量殺傷は人道性の要求からみて前者の軍事的効果との均衡をはるかに超えるもので，これだけでも十分不必要な苦痛を与える兵

器であったとみなされなければならない。

ところが，原爆はそれのみか，すでにみたように熱，爆風，放射能の相乗的効果とくに原爆症やその不安を生き残った被爆者にもたらすものであった。こうした効果は戦闘外におかれた軍関係者に対してのみもたらされたものであったとしても右の基準に照らして軍事的効果はなく不必要な苦痛であるのに，それが無数の一般市民被爆者にも無差別的にもたらされたものであるから，不必要な苦痛の程度はさらに倍加しているとみなければならない。

にもかかわらず，この点に関して前に触れた原爆人道論的発想を持ち込もうとする試みも皆無ではない。たとえばマクドゥーガル（M. S. McDougal）は核兵器の放射能効果をむしろ副次的偶然的なものとみなし「一定の最小限レントゲン以上のものを受けなかった者はライフル弾，爆弾の破片で脚に負傷を受けたと同じく"生存の期待"をもちうる」と述べている。オブライエン（W. V. O'Brien）も広島後数年で関心は将来の核戦争がおこれば世界中に拡大する放射能降下物に移り，将来の世代に対する予測できない遺伝効果による永久的障害という脅威に直面しているとしながら，逆に広島・長崎原爆の放射能効果を（世界中に拡大していないため？）無視ないし過少評価している。

しかしこうした発想は原爆障害に関する的確な事実認識に基づいていないのみならず，核兵器の放射能の量的区別または使用される場所的区別をもちこむ恐れのあるものである。原爆人道論は放射能そのものが不必要な苦痛に該当することを無視しようとするもので，不必要な苦痛を与える兵器の基準からみて到底受入れえない見解である。

以上のことから，広島・長崎原爆はたとえ一定の軍事的効果はあったとしてもそれをはるかにこえる非人道的効果をもたらしたものとして，国際法上禁止された不必要な苦痛を与える兵器に該当するもの，また規模的にも従来の兵器との比較を絶する大量破壊力をもつものとして右の不必要な苦痛をもたらす兵器であったとみなければならない。

その意味で判決理由のこの箇所の結論は妥当である。

**毒・毒ガス禁止規定** 次に，不必要な苦痛を与える害敵手段の特定の兵器への適用規定ともいえる毒禁止および毒ガス禁止規定と

の関係で原爆を評価してみよう。

　判決理由は前述のようにこの点について国際法学者の間にまだ定説がないことを理由に判断を避けているが，定着した学説の存否より右諸規定がその解釈または類推適用により広島・長崎原爆をも対象としうるかどうかを直接検討しなければならない。

　まずハーグ規則第23条(a)により使用の禁止される毒または施毒兵器と原爆との関係が問題となる。この禁止規定の成立はかなり古く，もちろん第二次世界大戦当時慣習法規則とみなされていたのであり，またその禁止理由としては毒や施毒兵器の残酷性と秘密性ないし背信性があげられてきた。毒のこうした性質は一種の不必要な苦痛ともみなされ，これと原爆のとくに放射能効果の性質との類似性が証明できれば，原爆が右規定により禁止されているとみることも可能である。

　反対論としてマクドゥーガルは核兵器の放射能効果は周知の事実であるから背信性，秘密性はないという。しかし毒禁止の理由とされる背信性，秘密性とは毒の効果が周知かどうかによるのではない。もしそうならまだ知られていない種類の毒だけが禁止されることになろうが，国際法上禁止されているのはその種類のいかんを問わず毒一般である。その背信性，秘密性とはその効果が外見上わからない非物理的方法で対象（人間）内に吸収されそれを害することを意味する。とすれば原爆の放射能は，爆風や熱線の被害から逃れた被爆者にも知らぬ間に非物理的方法で害を加えるという意味において同じく背信的，秘密的性質を有するといわなければならない。また，たとえマクドゥーガル流の解釈によるとしても，広島・長崎原爆がその意味の背信性，秘密性をもたなかったとみることはできない。なぜなら，一定の条件の下で核分裂により巨大なエネルギーが生ずるという原理そのものはすでにかなり前から科学者の間で知られていたとしても，原爆投下当時広島・長崎の市民はもちろん日本の戦争指導者の間でもこの新兵器の効果やそのもたらす被害については全く知られていなかったからである。また原爆症の存在や症状についても十分予測された周知のものでなかったことは戦後の日本の医学界の見解のみならず米国側のABCCなどでの調査研究の必要性からみてもわかるのである。以上のことから，この

原爆はハーグ規則第23条(a)に具現されている毒や施毒兵器禁止規定にも反しているとみなすことは十分可能といえる。

**ガス議定書**　次に，1925年ガス議定書に照らしての原爆の法的評価が問題となる。この議定書が核兵器にも適用されるかについては学説上一致をみないとしてもそこで思考を停止することは，結局この議定書の規定により核兵器の使用が禁止されていないという主張を間接的に支持することになる。ここでは広島・長崎の原爆にしぼって，それとの関係でこの議定書に定められた禁止の範囲およびその禁止の性質は慣習法の宣言的性質のものかそれとも締約国のみを拘束する契約的性質のものかについて，結論的に述べておこう。

まず議定書中の「窒息性，毒性又はその他のガス及びこれらと類似のすべての液体，物質又は考案」という表現は当時すでに使用または開発されていたガスのみならず将来開発される可能性のある類似のものをも含むと解されていたこと，また「その他のガス」に一般に非致死性の催涙ガスも含まれるかどうかが当時争点であったことから判断して，逆に議定書の明示するガスや細菌学的戦争手段と同等またはそれより致死性ないし背信性，秘密性の高い類似の効果をもつ物質や考案が当時開発されていたとすればこの禁止の下に入ると解釈されたであろうことは想像に難くない。具体的に広島・長崎原爆についてみればその破壊規模の大きさは別として，上の「類似の」効果とみなしうる放射能効果を有していることはすでにみてきたとおりである。したがって，議定書の解釈または類推適用として，原爆が議定書による禁止の範囲に含まれるとみることも可能である。

では次に，フォークの指摘したように日米両国とも第二次世界大戦当時議定書を批准していなかったため，議定書の規定内容が慣習法とみなしうるかどうかという点が，原爆投下行為にその適用があったかどうかを判断するために不可欠である。この点についても学説は必ずしも一致をみないが，議定書の成立過程，その文言および議定書の規定をめぐる諸国の態度からみて，結論的には次のようにいえるであろう。

この議定書は第一次世界大戦でのガス使用の経験をふまえ当時すでに毒また

は施毒兵器からの類推であるいは不必要な苦痛を与える兵器として法的に非難されていた毒ガスの使用禁止を明文化したものであり，またその使用禁止が「世界の大多数の国が当事国である諸条約中に宣言されている」とか「この禁止が，諸国の良心及び行動をひとしく拘束する国際法の一部として広く受諾されるため」という議定書の文言から判断して，その禁止規定の法典化的ないし慣習法的性質が認められるかも知れない。またたとえ議定書作成当時その内容はまだ慣習法とみなされなかったとしても，その後の諸国の態度と実行によりopinio juris として慣習法化した（または議定書と並行して同様の慣習法が存在する）とみることも一層確実に可能である。もっともこの場合でもそれがいつ慣習法化したかを正確に証明することは困難であろうが，ここでは原爆使用の頃までにすでに慣習法化していたことがわかればそれで十分である。1920年代後半から30年代前半にかけての軍縮会議準備委員会や軍縮会議での毒ガス，細菌兵器をめぐる審議では議定書未批准国を含めて議定書の禁止内容に反対した代表はなく，この禁止をいかに確認しより詳細に軍縮面でも規定するかが討議の中心であった。さらにまた1935〜1936年イタリア・エチオピア戦争における毒ガス使用をめぐる両国と国際連盟の態度，第二次世界大戦中の主要国（とくに米国）の化学兵器に関する宣言や交戦国のガス不使用の実行からみて，遅くとも第二次世界大戦までにはすでに議定書の禁止規定は慣習法となっていたとみるのが妥当であろう。

　上のような議定書の禁止範囲やその慣習法的性質についてのわれわれの見方が誤っていないとすれば，議定書は広島・長崎の原爆にも類推適用可能であり，その規定の解釈からは上の原爆使用はこの禁止に反することになろう。

### (4) 爆撃に関する規則からみた原爆の評価

　次に広島・長崎への原爆投下行為を爆撃に関する国際法規に照らして検討する。判決理由では空襲における軍事目標主義および総力戦や目標区域爆撃という観点からアプローチされているが，国際法による評価の中でもこの箇所に最も力点をおいた説明が行われている。

　ところで，判決理由は爆撃に関する法規の存在とその解釈や範囲の検討に続

いて，広島・長崎の場合の具体的状況をほとんど検討することなく，自明の理のようにこの場合への適用による評価を行っている。ここでは空襲に関する判決の論理を再検討し，適用法規の範囲を明確にし，さらに原爆投下をめぐる当時の日米双方の軍事情勢や広島・長崎の状況をも勘案しながら，その投下行為の法的評価を試みてみたい。

**空襲の国際法** まず判決理由は「空襲に関して一般的な条約は成立していないが，国際法上戦闘行為について一般に承認されている慣習法によれば」として，防守都市（地域）に対する無差別爆撃許容の裏返しとしての無防守都市（地域）に対する無差別爆撃禁止をハーグ規則第25条，1907年戦時海軍力をもってする砲撃に関する条約第１，２条から引き出している。その文脈の中で，防守都市と無防守都市の区別は「地上兵力による占領の企図に対抗しつつある都市」か否かにおかれ，「単に防衛施設や軍隊が存在しても戦場から遠く離れ，敵の占領の危険が迫っていない都市は，これを無差別に砲撃しなければならない軍事的必要はないから，防守都市ということはでき」ない，と説明されている。判決理由はついで，空襲について空戦規則案第24，22条を援用し，「陸上軍隊の作戦行動の直近地域とそうでない地域とを区別して，前者に対しては無差別爆撃を認めるが，後者に対しては軍事目標の爆撃のみを許すものとしている」として，これを陸海軍による砲撃の場合の防守都市（地域）と無防守都市（地域）の区別と同様とみる。そして，空戦規則案は未発効であるが「国際法学者の間では空戦に関して権威のあるものと評価されており，この法規の趣旨を軍隊の行動の規範としている国もあり，基本的な規定はすべて当時の国際法規及び慣例に一貫して従っている」ことからみて，「そこに規定されている無防守都市に対する無差別爆撃の禁止，軍事目標の原則は，それが陸戦及び海戦における原則と共通している点からみても，これを慣習国際法であるといって妨げないであろう」と結論づけている。

**防守と無防守の区別** 空襲において無防守都市に対する軍事目標主義を引き出すこうした判決理由の論理については，次の２点をめぐって疑問や批判が寄せられる。すなわち，１つは防守都市と無防守都市の区別の基準の問題であり，もう１つは空戦規則案は慣習法とみなされうるか，

見方をかえれば軍事目標主義の妥当性,という問題である。

第1の点について,防守・無防守の区別を「古風」とみるフォークのような見解もあるが,この区別が有効であること自体は総力戦の下においても戦争法の妥当性を認めるかぎり（前述）否定しえない。むしろ,区別の基準について異論がみられるのであり,判決のいう防守概念とは異なる概念をもち出す学者もある。これは都市全体を防護する防衛施設や軍隊が存在する都市を防守都市とみなす見解である。日本の学界では満州事変後の南京,広東など中国の都市に対する空襲を契機に,防守都市概念をめぐって争われた立・田岡論争で,立博士は「関係的防守説」と称して上の見解を擁護した。この関係的防守説をとるかぎり,開放都市（open towns）は別として実際上第二次世界大戦中の交戦国の多くの都市に対する無差別爆撃が正当化されることになろう。しかし,防守都市概念の沿革からみても,学説上も判決理由のいう概念が有力であることは疑いえない。また第二次世界大戦中の諸交戦国の態度をみても,これらの国は国際法違反とみられる多くの無差別爆撃の実行にもかかわらず,関係的防守説によれば防守都市とみなされる諸都市に対する戦略爆撃において軍事目標主義あるいは後述の目標区域爆撃を理由とする正当化にたびたび腐心したのであり,そのことは占領企図に基づく伝統的都市概念が当時なお妥当するものと考えられていたことを示すものといえる。

**軍事目標主義** 第2の点についていえば,空戦規則案の軍事目標主義を定めている条文が判決理由の述べるように慣習法とみなされうるかどうか,またそれを証明するために判決理由の示したような推論すなわち国際法学者間で権威あるものと評価されているとかそれを軍隊の行動の規範としている国があるということ,で十分であるかどうかについてはフォークの指摘をまつまでもなく疑問の余地はある。ただ,大抵の学者は右規則案の規範を過去のものとみているというフォークの推測とは逆に,多くの国際法学者はこの点についての判決の結論には賛成していると思われる。

また空戦規則案そのものが慣習法であるか否かとは別に,問題の陸,海戦に関する規則が空戦の場合にも地上都市に対する爆撃については当然類推適用されうるとみることも可能であり,また同規則案の中心的内容である軍事目標主

義が第二次世界大戦以前から今日に至るまで諸国の opinio juris を示すものとして，戦争法の基本原則の１つとして認められてきたことも否定しえない。もっとも軍事目標主義そのものは第二次世界大戦当時戦争法の基本原則として妥当していたとしても，後にみるように総力戦，目標区域爆撃との関係，さらに軍事目標となる対象の拡大といった問題が残されていることはいうまでもない。

**広島・長崎は無防守都市**　こうした空襲に関する当時の法的状況にかんがみて，広島・長崎原爆投下をめぐる事態はいかに評価されるであろうか。ここで問題となるのは，①広島・長崎は当時防守都市とみなされえたかどうか，②もしそれが否定されるなら，原爆攻撃は軍事目標主義に従っていたかまたは少くとも軍事目標に向けられたものであったか，という点である。

①について，判決理由は前述の伝統的な防守都市概念に依拠しつつ，広島・長崎の当時の状況を次のように述べている。「広島及び長崎が当時地上兵力による占領の企図に対して抵抗していた都市でないことは公知の事実である。また両市とも空襲に対しては高射砲などで防衛され，軍事施設があったからといって，敵の占領の危険が迫っていない都市である以上防守都市に該当しないことは，既に述べたところから明らかである。さらに両市に軍隊，軍事施設，軍需工場等いわゆる軍事目標があったにせよ，広島市には約三三万人の一般市民が，長崎市には約二七万人の一般市民がその住居を構えていたことは明らかである。」

伝統的防守概念に従えば，右の判決理由の説明をまつまでもなく，両市が無防守都市であったことは十分明らかである。当時の米国の対日最終戦略においても，原爆投下を契機に米軍の地上兵力による広島・長崎占領の企図があったわけではなかった。

ただもしすでに批判した関係的防守説からみるとすれば，右の説明だけでは広島・長崎を無防守都市とみなすには不十分であろう。判決理由の述べるように，両市とも（とくに広島について）空襲に対して空射砲などで防衛され，軍事施設があったことは事実としても，それらと両市に居住していた多数の一般市

民や非軍事物との割合をみれば，両市におけるその比重がはるかに後者に傾くことは確実であった。ましで日本の敗戦の色濃い当時の状況の下で両市とも都市全体が米軍の攻撃に対して防護された軍事基地と化していたということはできないであろう。したがって関係的防守概念によるとしても，両市（とくに長崎市）を防守都市とみなすには無理があろう。

　以上のことから，無防守都市とみなされねばならない広島・長崎に対する空襲においては，軍事目標主義に従わねばならず，両市の軍事目標への爆撃のみが当時の国際法上許されるものであったといわなければならない。

**原爆投下は盲目爆撃**　次に②について，この原爆投下は軍事目標を対象としていたかまたはしうるものであったか，あるいは無差別ないし盲目爆撃に等しいものであったか，が問題となる。この点について，判決理由は，広島・長崎原爆のような小規模なものでも一度爆発すれば「軍事目標と非軍事目標の区別はおろか，中程度の規模の都市一つが全滅するとほぼ同様の結果となることは明らかである。従って防守都市に対してはともかく，無防守都市に対する原子爆弾の投下行為は盲目爆撃と同視すべきもの」とみている。

　この一般論的叙述を広島・長崎の場合にあてはめても何人も異議をさしはさむ余地はないと思われる。原爆による両市の破壊はそこにある軍事目標に限られたわけでもまた軍事目標の破壊に不可避的に付随する偶然的破壊を一般市民や非軍事物にもたらした程度にとどまるわけでもなく，両市の機能そのものを全く停止させるほどの全面的破壊であった。

**米国の投下意図**　ただ，結果からみてではなくあえて米国の投下意図を問題にすれば，こうした全面的破壊は予想外のことであって米軍は原爆を両市の軍事目標に投下するつもりであったかどうか，また原爆の効果を軍事目標に限定しうるものと考えていたかどうかという点が一応問題になるかもしれない。しかし，原爆の破壊規模についての，当時マンハッタン計画に従事した科学者や米国の指導者の間での認識，原爆投下を勧めた中間委員会（Interim Committee）による「二重目標（dual target）すなわち最も被害を蒙りやすい家屋および他の建物に囲まれたまたは隣接した軍事施設または軍需

工場」への使用勧告，さらに投下目標（target）とされた都市の選択方法をみても，米国は原爆使用を軍事目標に限定するまたはしうる意図であったかどうかという点についても，否定的に答える外はないであろう。

したがって次のような判決理由の結論は十分肯けるのである。「原子爆弾による爆撃が仮りに軍事目標のみをその攻撃の目的としていたとしても，原子爆弾の巨大な破壊力から盲目爆撃と同様な結果を生ずるものである以上，広島・長崎両市に対する原子爆弾による爆撃は，無防守都市に対する無差別爆撃として，当時の国際法からみて，違法な戦闘行為であると解するのが相当である。」

軍事目標主義が当時の状況においてそのまま妥当したと認められるかぎり，上の結論は正しい。ところで，判決理由はさらに念を入れて，第二次世界大戦当時よく主張された，軍事目標主義を否定または修正する可能性さえ含む総力戦，目標区域爆撃という2つの概念を紹介し論評している。

**総力戦概念**　総力戦については，前述のように当時の総力戦的状況が戦争法の妥当性ないし適用可能性そのものを否定するわけではないことをみてきた。また「総力戦であるからといって，直ちに軍事目標と非軍事目標の区別がなくなったというのは誤りである」という判決理由の結論は妥当であるが，総力戦概念が右の区別ないし軍事目標の範囲に何らかの影響を及ぼしているのではないかという懸念も残る。さらにすすんで，判決理由の採用する総力戦概念は「人口，労働力等の人的要因が戦争方法と戦力を大きく規制する事実を指摘する趣旨」であるから，この概念の導入により軍事目標の範囲が拡大する可能性を判決理由自身認めているとも解しうる。しかしそれがどこまで拡大されるかについては「人口，労働力等の人的要因」というだけでは不明確であるが，ただ唯一の歯止めとして学校，教会等は軍事目標となりえないことが指摘されているにすぎない。

**目標区域爆撃**　判決理由は，総力戦の叙述につづいていわゆる目標区域爆撃（Target Area Bombing）をとりあげ，それが軍事目標主義を制限するかどうかについて述べている。ここにいう目標区域爆撃とは「第二次大戦中，比較的狭い地域に軍需工場施設が集中していて，空襲に対する防禦設備も極めて強固であった地域に対しては個々の軍事目標を確認して攻撃す

ることが不可能であったため，軍事目標の集中している地域全体に対して爆撃が行なわれたこと」と定義されている。

そもそも第二次世界大戦における英空軍の対独爆撃の実行から生れてきたこの種の爆撃方法を法概念として的確に表現することは困難であるが，右の説明でその大体の意味するところは理解されよう。問題はこの目標区域爆撃そのものが当時の国際法上許容されるものであったかどうか，またたとえそれが肯定されても，広島・長崎への原爆投下はその種の爆撃とみなされることができたか，という点にある。

まず目標区域爆撃そのものの評価につき，判決理由はこの爆撃が「軍事的利益又はその必要が大きいのに比べて，非軍事的目標の破壊の割合が小さいので，たとえ軍事目標主義の枠からはみ出ていても，これを合法視する余地がないとはいえない」という二重否定的なやや曖昧な表現ではあるが，その合法性を認めている。

**学者の見解** この法的評価について学者の意見も分れている。スペート（J. M. S. Spaight）やシン（N. Singh）のようにこの合法性を支持する者は，この爆撃を軍事目標主義原則の放棄ではなくいわば発展として，しかも許容の限界的なものとして認めている。しかし彼らがそれによって無差別爆撃を許すものでないことは戦闘員と非戦闘員の区別の原則の維持を認め，一般市民に対する威嚇爆撃（テロライゼーション）を禁止していることからも明らかである。

他方，第二次世界大戦後，主に連合国側の多くの学者はこの目標区域爆撃を主に軍事的効率ないし効果性の観点から批判した。つまり，この爆撃理論の結果はその擁護者があてこんでいたものに反した。むしろ的確に定められた目標に対する選択的爆撃の方がより決定的効果をあげえたであろう，と考えられる。また法的にも，たとえばラウターパクト（H. Lauterpacht）は，目標区域爆撃は戦闘員と非戦闘員の伝統的区別の確立した基準に従って判断するとき違法である，という。とにかく，メロビッツ（H. Meyrowitz）のいうように，たとえ右の区別を前者のために後者の領域を狭めるような形で実行上変えられたとしても，その実行はこの区別の規範を廃止し無差別爆撃を合法化するに至るも

のでは決してなかった。

　右のように戦後の学説は目標区域爆撃の合法性をめぐり肯定・否定両論に分れているようにみえるが，それぞれの論点を詳しくみると両者の間に本質的差異はなく，その合法性を支持する者もこの爆撃の限界を注意深く示しており，逆にこれを支持しない者も第二次世界大戦において軍事目標とみなされるものが拡大していることは否定していない。両論とも従来の軍事目標の解釈をゆるやかにせざるをえないことを認めながら無差別爆撃は批判するという共通点をもっているといえよう。目標区域爆撃の概念自体かなり漠然としており第二次世界大戦の実行上無差別爆撃と区別しがたい場合が多かったことを考慮すれば，この概念は濫用に導く危険性があるものとして避けた方が賢明であろう。

　しかし他方，軍事目標主義の発展ないし軍事目標の拡大は第二次世界大戦中避けられなかったことも事実であり，この現象を厳格に制限された目標区域爆撃という言葉で表現しうるとすれば，これに照らして広島・長崎原爆を評価しておくことも，第二次世界大戦当時現実に妥当していた国際法による評価として必要であると思われる。

　これを検討するにあたって，当時の広島・長崎にこの爆撃を許すような状況が存在したかどうかがまず問われなければならない。換言すれば，両市の比較的狭い地域に軍事施設や軍需工場など軍事目標が集中していたか，対空防禦が整備され敵機は高々度からの爆撃を必要とする状況にあったか，あるいは軍事目標がカムフラージュされ外から識別困難であったかどうかといった事実問題が明らかにされなければならない。判決理由は「広島，長崎市がこのような軍事目標の集中している地域といえないことは明らかである」としているが，こうした表現がはたして正確であるかどうか。

　**広島市の状況**　広島市は太平洋戦争に入ってから重要な陸軍の戦地向け海上輸送基地となった。同市の南部，宇品のかなりの土地が陸軍に買収され，また1945年には本土決戦に備え鈴鹿山系以西の西日本を担当する第2総軍司令部が同市北部の二葉の里の元騎兵第五連隊兵舎におかれた。

　また同年6月新たに中国5県を管轄する中国軍管区司令部がおかれた。その他，当時第224師団や他の大隊等が同市で動員編成中であった。それらの部隊

およびその施設は市の南北，主に二葉の里や宇品に集中していた。また，市の中央部では，住宅，商業，工業各地帯は大ざっぱな区分はできたが必ずしもはっきり区別された状態ではなかった。[33]

　他方・原爆投下当時の日本の軍部は本土に侵入してくる敵機に対する対空防衛の能力をもはや失っていた。米軍はすでに事実上日本本土上空の制空権，太平洋や日本近海の制海権を握り，米爆撃機はほとんど自由に本土上空に飛来し，1945年3月の東京大空襲をはじめ主要都市の大部分はすでに焦土と化していた。ただ，原爆攻撃目標リストにあげられた都市には爆撃避止命令が出されていたため，広島，長崎両市ともほとんど無きずの状態にあった。

　広島市には当時高射砲陣地も存在した。しかしすでに無数の都市が破壊された日本の当時の軍事状況からして，また敵機に対するある種の慣れも加わり，対空防備も実際にはほとんど機能していなかった。事実，原爆塔載機B29エノラ・ゲイ（Enola Gay）号の直前に偵察機一機が広島上空に飛来したときも対空砲火はなく警戒警報が出されただけであった。エノラ・ゲイ号に対してはこの警報さえなかった。また在広の軍隊や軍事施設の存在およびその場所を米国側は識別できないどころか熟知していたと推定する方が適切であろう。

　こうした当時の状況から判断すれば，二葉の里近辺や宇品といった軍事施設の集中した地域は一応目標区域爆撃の対象となりうるような地域とみなされえたとしても，この爆撃を行わざるをえない必要性があったかどうかは疑問である。まして，住宅，商業，工業地域がはっきり区別されていなかったとはいえ多数の一般市民の居住する広島市全体を対象として目標区域爆撃を行うことは論外であろう。

　したがって，原爆投下をこの種の爆撃としてさえ正当化することはできないといわねばならない。さらに，米国側もこの原爆投下をヨーロッパ諸都市に対し実行されたような目標区域爆撃と同じようにみなす意図ではなかったと思われる。原爆投下後のトルーマン声明などでは広島が巨大な軍事基地でありそれを破壊したことが強調されはした。しかし広島等が目標都市リストにあげられてから爆撃が避けられたこと，また前述の「二重目標」という投下目的をみても，原爆使用はむしろその実験的心理的効果ないしテロライゼーションを狙っ

たもので，広島に集中している軍隊や軍事施設の破壊そのものを主に意図したものではなかったといわざるをえない。十分計算されていたはずの爆心地が軍事施設の集中地域ではなく，市のほぼ中央の一般市民居住地域であったことをみても，これを証明している。被害の点からも，たしかに軍事施設はほぼ全滅したが，一般市民や非軍事物の破壊がそれに伴う副次的偶然的なものでなかったことはいうまでもない。

**長崎市の状況**　　また，長崎市は戦時中軍事面ではあまり重要性はなかったが，三菱の軍需産業（造船所，製鋼所，兵器製作所など）が集中化し，そこでは多数の従業員が働いていた[34]。しかし，市の中央は住宅地域，湾の左岸は産業，工業，住宅混合地域というように，広島の場合よりも住宅地域と産業生産地域とは一般によりはっきり区別されていた。

このような状況にあった長崎市の場合，米軍の爆撃機にとって従来の軍事目標主義を貫くことは広島の場合以上に容易であったはずである。

なぜなら，軍事目標となるべき軍需工場などは市中央の住宅地帯とははっきり区別されていたし，長崎には広島ほどの軍事施設もなく，米爆撃機が高射砲など防空施設による反撃を受ける危険性はより少なかったと思われるからである。ただ左岸の住宅，産業混合地域は目標区域爆撃を許容しうる地域であったとみることもできるかも知れないが，広島の状況と同じく長崎の場合もこの爆撃方法によらなければ軍事目標を破壊しえないような状況ではなかったとみるべきであろう。まして原爆の効果は右地域に限られるわけではないから，たとえ爆心地が工場配置の中心であったとしても，この原爆も目標区域爆撃の許容の範囲をはるかにこえることは確実であった。事実，この原爆の被害効果をみれば，三菱軍需産業は造船所を除き崩壊したが他の工場の被害は比較的軽微である一方，それらと比較を絶する一般市民や非軍事物の破壊（なかでも多数の医療要員の犠牲や病院の破壊が顕著）がもたらされた。

**目標区域爆撃法理の両市への不適用**　　以上のように当時の広島・長崎両市の状況を勘案すれば，軍事目標主義の原則やその延長としての目標区域爆撃の法理の両市への適用について次のようにいうことができるであろう。判決理由が「広島，長崎両市がこのような軍事目標の集中している地域といえな

いことは明らかであるから，これについて目標区域爆撃の法理を適用することはできない」と述べている箇所の結論は妥当といえるが，その理由づけとしての両市の状況についての説明はやや不正確である。広島・長崎両市とも都市全体として軍事目標の集中した地域とみることはもちろんできないが，両市には軍事施設や軍需産業の集中した地区や軍事目標と非軍事物の混在した地区が当時存在したことは事実である。

したがって目標区域爆撃の対象となりうる地区が両市の中にあったとはいえるであろう。しかし，制空・制海権を失った当時の日本の軍事状況とくに対空防禦状況，米空軍の対日爆撃能力などから綜合的に判断すれば，米軍の対日空襲では一般に軍事目標主義を貫くことは十分可能であったはずであり，対独空襲で実行されたような目標区域爆撃を行わざるをえないような状況はほとんどなかった。広島・長崎の場合もその例外ではなく，目標区域爆撃さえ必要とされるような状況ではなかった。まして原爆攻撃は上の爆撃の許容限界さえはるかにこえるものであったことは何人も疑いえない。

(5) その他の戦争法規およびジェノサイド罪との関連における原爆の評価

原爆投下行為は国際法上，上に述べた害敵手段と爆撃に関する法規からの評価だけにとどまるものであろうか。上以外に他の戦争法規のいずれかに原爆投下が抵触することはなかったか，さらに原爆の諸特徴や投下の状況から綜合的に判断するとそれは単に個々の戦争法規違反という側面からとらえられるだけでなく戦争犯罪ないし国際犯罪という側面からの考察も必要ではないか，という疑問も生ずる。

こうした側面については判決理由では全く触れられていない。そのことは原爆はこれらの問題とは関係がないことを意味するのであろうか。

以下に重要と思われるいくつかの問題点をとりあげてみたい。

(a) 予告に関する法規の適用可能性

原爆が広島・長崎に予告なしに投下されたかどうかという点も争いの対象となってきた。原爆を非難する側はよくそれが全く無警告で投下されたとしてその（道義的）責任を追及し，逆にトルーマンら米国の政治指導者たちは事前に

警告した（ポツダム宣言を意味する）と述べている(35)。

**原爆投下の予告はなされたか**　事実はどうであったか。すでに明らかにされているところによれば，厳重な秘密の下に進められていたマンハッタン計画の最終段階でスチムソン陸軍長官指揮下の前述の暫定委員会が全会一致で行った原爆の対日投下勧告（1945年6月1日）の中に「㈢それ（原爆）は（兵器の性質についての）事前警告なしに使用さるべきである」という表現がみえる(36)。米政府はこの勧告に従った。この勧告の1ヵ月後の7月2日スチムソンがトルーマン大統領に提出した覚書（Memorandum）にも原爆に関する言及はなく，この覚書をもとにポツダム宣言が起草され，7月26日日本に対し発表された。同宣言も原爆には一言も触れず，ただ日本がなお抵抗を続けるならば迅速かつ完全な破壊をもたらすという意味の表現（同宣言第3，13項）を使ったにすぎなかった。米・英の指導者間ではこの表現のうちに原爆使用がかくされていたことは明らかであるとしても，日本政府も国民もそれを全く予測できなかったことは確かである。トルーマンのようにポツダム宣言を原爆投下の予告とみなすのは無理である。

また原爆投下の直前においても原爆はいうに及ばず爆撃についてもなんらの予告もなされなかった。広島では8月6日朝，前述のように敵機（偵察機）通過後警戒警報も解除され，原爆塔載機にも特別の注意は払われなかった。したがって原爆投下は全くのいわば奇襲攻撃ともいいうるものであった。また9日の長崎の場合，広島原爆投下直後のトルーマン声明などですでに日本政府は原爆の存在を知っていたといえるが，もちろんそれがまた長崎に投下されるとは予測できなかったはずである。第2の原爆塔載機は小倉を第1目標としていたがその上空は曇りで目視爆撃ができないため，そこからあまり遠くない長崎に原爆を投下したのである。長崎市民にとってもこの原爆は予告のない攻撃であったことには変りはない。

**予告の規定**　では，当時の戦争法規からみてこのような新兵器の性質やその使用についての予告なしの爆撃は許されるものであったかどうか。これと関連をもつと思われる規定は1907年ハーグ規則第26条および戦時海軍力をもってする砲撃に関する条約第6条の規定である。前者は「攻撃軍

第Ⅰ章　広島・長崎原爆と国際法　45

隊ノ指揮官ハ，強襲ノ場合ヲ除クノ外，砲撃ヲ始ムルニ先チ其ノ旨官憲ニ通告スル為，施シ得ヘキ一切ノ手段ヲ尽スヘキモノトス」と規定する。これは陸戦の場合の防守都市砲撃に際して事前通告をすすめた規定である。後者は海戦の場合における同様の規定である。

　空戦規則案は予告規定をおいていない。はたして右のような規定は第二次世界大戦における空襲の場合にも適用されるものであったかどうか。

　この点についてはとくに第一次世界大戦での空襲の実行をめぐって同大戦当時および戦後の学説上，上の規定の空襲への適用を肯定する説と否定する説に分れたことに注目しなければならない。同大戦後の判例には事前通告なしの都市夜間爆撃を国際法違反としたものもあるが，学者の多数はむしろ事前通告不要説に傾いていたといえよう。その論拠は必ずしも同一ではないが最もよくあげられる理由は，不意打ち（奇襲）が空襲成功の不可欠要件であり，予告は飛行士自身にとって自殺行為であるという点におかれた。この予告不要論者の多数はいわゆる戦略爆撃（独立空襲）の場合に予告を不要とみるのであり，戦術爆撃（防守都市を占領する企図での作戦行動の補助としての空襲）には予告を必要とみている。こうした多数説の論拠や上のような空襲の区別による法効果の区別に対する批判もあるが，いまかりにこの説に従って広島・長崎の原爆攻撃をみればどうなるであろうか。

　すでにみたように，当時の広島・長崎は米軍の占領企図の対象となっていた都市ではなく，したがって原爆投下は防守都市の占領企図の作戦行動に対する補助としてなされたものではなく，いわば戦略爆撃の一種とみるべきものであるから，予告に関する規定はその適用の前提を欠いていたことになる。ただ当時の日米両国の軍事情勢からみて，予告をしないことが空襲成功の不可欠要件であるという状況ではなく，米空軍の対日空襲（戦略爆撃）は多くの場合爆撃目標都市を宣伝ビラ等の手段により事実上予告して行われていたのであり，しかもそれらの場合にも一般に米空軍飛行士はほとんど身の危険を伴わなかった。したがってこのような状況下で，空襲成功の不可欠要件を不意打ちに基礎づけあるいは飛行士の安全を論拠とする予告不要説をとることは必ずしも適切ではないのではないかという疑問も生ずる。

では，逆にハーグ規則第26条は無防守都市の砲撃に関する第25条と同じく戦争に適用ある一般的性質を有する規定であるから空襲にも類推適用されるという見方（予告必要説）に従うとすれば，広島・長崎の原爆はこの規定によりどのように評価されるであろうか。ここで注意すべきは，同規定はすべての砲撃の場合に必ず予告を義務づけているのではなく「強襲ノ場合」（また戦時海軍力をもってする砲撃に関する条約第6条では「軍事上ノ必要上，已ムヲ得サル場合」）は除外されていることである。したがってかりにこの原爆投下が強襲または軍事上の必要に該当するとすれば，予告規定の適用は免れることになる（しかし無防守都市は強襲の対象となりえず，また軍事必要による正当化は後述する）。原爆投下の場合がこの除外例に含まれないとすれば，当時は右規定の適用可能な状況であったとみることができよう。

**米国は予告規定違反か**　では米国が原爆投下の予告をしなかったことはこの規定に反することになるかどうか。この規定は攻撃軍隊指揮官が砲撃を行う旨官憲に通告するため施しうべき一切の手段を尽すことを要求しているのであり，この趣旨に照らしてみれば，通告内容は使用兵器の性質について知らせることではなく砲爆撃を行うことそのことであり，しかも攻撃軍隊指揮官がその通告のための最大限の努力をすれば足りるものである。

　したがってこれまで議論されてきた新兵器としての原爆であることを通告したかどうかという問題は予告規定の要求する通告内容ではなく，単に広島・長崎が爆撃されることの通告が米軍の指揮官から日本（広島・長崎両市）の官憲になされるための手段が尽されたかどうか，という点が問題になるにすぎない。[37] そしてこの問題は日本の他都市に対する米軍の戦略爆撃の場合の通告問題と同質の問題である。宣伝ビラ等による爆撃予告がハーグ規則による通告に該当するか，また米軍指揮官は通告のための手段を尽したかどうかという一般問題は検討の余地あるものとして残るであろう。したがって，たとえ空襲にも通告規定の適用を認める少数説からみても，原爆投下の予告がなかったということは，（その新兵器の違法性は別として）国際法上そのことからただちに予告規定違反とみなされるわけではない，といわざるをえない。

(b) 人道に対する罪, ジェノサイド罪との関連性

　原爆攻撃の特徴はすでにみたように従来の害敵手段との比較を絶する大量破壊行為にあり，またテロライゼーションや実験的モルモット的効果をもちあわせた行為でもあった。こうした特徴をそなえた敵対行為はそれ以前には恐らく存在しなかったとさえいいうる。しかし戦争の歴史においてそれと類似するとみなしうる残酷な行為により大量殺傷が行われた例はなくはない。中でも第二次世界大戦におけるナチス指導者のユダヤ人等を対象とする残虐行為がまず念頭に浮ぶ。戦後の国際軍事裁判では上の行為を主に念頭において人道に対する罪が定立され，さらに後にジェノサイド（集団殺害）罪という国際犯罪も条約規定として確立されるに至ったことを想起しなければならない。

　これに対して，同じく第二次世界大戦中に使用された原爆については，すでに述べたさまざまの理由により，戦後もその使用を国際犯罪視し，そのことを明文化する動きは国家間にはほとんどなかったといってよい。また，人道に対する罪やジェノサイド罪の主たる対象とみなされたナチスの犯罪行為と原爆投下行為の間には種々の要件の相違があることも否定できない。しかし両者の行為には全く共通点がないわけではない。上にあげた原爆の特徴はナチスの犯罪行為の特徴にも通ずるものであるといえる。このことからも，原爆投下行為を人道に対する罪やジェノサイド罪に照らしてみることも可能かつ必要であると思われる。なお，これらの犯罪概念が第二次世界大戦当時または遅くとも原爆投下当時すでに実定法上の概念として存在していたかどうかという点については別に検討を要する問題であり，本章では取り扱わない。

　ここでは上の犯罪概念の構成要件に原爆投下行為も該当するかどうかという問題を検討するにすぎない。

**人道に対する罪**　人道に対する罪については，国際軍事裁判所条例第6条(c)に「犯罪の行われた国の国内法に違反すると否とにかかわらず，本裁判所の管轄に属する犯罪の実行のために行われ，またはこれに関連して行われたところの，戦争前または戦争中の，一般市民に対して行われた殺害，絶滅的な大量殺人，奴隷化，強制的移動，その他の非人道的行為，もしくは政治上，人種上または宗教上の理由にもとづく迫害」とその概念ないし

構成要件が述べられている。この概念により元来カバーしようと意図されていたものが、ナチス・ドイツの同国内または占領地域でのとくに一般市民を対象とする残虐行為であったとしても、この罪は戦時中その手段のいかんを問わず一般市民に対して行われた絶滅的な大量殺人、その他の非人道的行為を一般に含むものである。

こうした現象が広島・長崎への原爆投下という手段によって惹起されたことも否定しえない。しかし、そのことからただちにこの原爆使用が上の人道に対する罪に該当すると断定することはできるであろうか。

この犯罪は従来の戦争犯罪だけでは第二次世界大戦中犯されたとくに自国民を含む一般市民に対する残虐行為を有効にカバーできないため、戦争犯罪のカテゴリーに必ずしも入らない行為を行った者をも処罰するために定立された国際犯罪のカテゴリーである。したがってすでに戦争法規の違反として戦争犯罪とみなされる行為については、人道に対する罪でカバーする必要はないわけである。すでに述べたように原爆使用がいくつかの戦争法違反の行為として戦争犯罪に該当するとみなされうるなら、もはや人道に対する罪にも該当するか否かを問う必要がないともいえる。ただ、原爆使用という1つの行為が戦争犯罪と人道に対する罪の二重の犯罪を構成するとみることも不可能ではないかも知れない。しかし、上の裁判所条例の規定する人道に対する罪は、平和に対する罪や戦争犯罪との関連において行われることが要件とされている。原爆使用は、他の戦争犯罪行為の実行のためまたはそれと関連して行われたものとみることはできず、また当時の米国が平和に対する罪を犯していたとみなすこともできないから、上の要件をみたしているとみるのは無理であろう。

**ジェノサイド罪**　次にジェノサイド罪との関連で原爆投下行為をみてみよう。この点について、判決理由では触れられていないが、原告側は準備書面の中でこの原爆を平和的人民に対する残虐な鏖殺行為とくに一都市住民の集団的殺害とみなしジェノサイド条約の適用を要求したことは既述のとおりである。しかしそこにおいても十分な論理展開はなされていない。

ジェノサイド条約は1948年国連総会で採択され1951年1月12日に発効したが、第二次世界大戦中の経験に基づいて成文化されたものであるから、もしそ

の規定内容が同大戦中の行為の国際犯罪性の一基準を示すとするならば，そのかぎりで広島・長崎原爆の犯罪性の基準としても考察に価するといえる。前述のようにここではジェノサイド罪そのものが同大戦中すでに一般国際法上の犯罪概念として妥当していたかどうかという点については取り扱わず，その妥当を一応前提として原爆投下行為がジェノサイド罪の構成要件に該当するかどうかという問題を検討するにとどめたい。

　同条約第2条は「集団殺害とは，国民的，人種的，民族的又は宗教的集団を全部又は一部破壊する意図をもって行われた次の行為のいずれをも意味する」として(a)～(e)に列挙しているが，とくに原爆の場合に関係すると思われるものは「(a)集団構成員を殺すこと」，「(b)集団構成員に対して重大な肉体的又は精神的な危害を加えること」といった行為である。ジェノサイド罪は人道に対する罪の一種とも考えうるが，前述の国際軍事裁判所条例の規定する人道に対する罪のように他の戦争犯罪の遂行と関連して行われる必要はなく，それらと無関係に独立した国際犯罪である。なお上の定義も第二次世界大戦中のナチス・ドイツのユダヤ人等に対する殺害や非人道的行為を基準にして作成されたものであって，原爆など使用兵器の種類・性質そのものへの適用を意図されたものではなかったが，一定の兵器の所与の状況における使用がこの定義に該当する行為となりうる場合のあることも否定できない。(38)

**原爆投下はジェノサイドか**　広島・長崎原爆の場合，すでにみた効果や被害の面から考慮すれば，この投下行為は右の第2条(a)，(b)にほぼ該当すると思われる。

　しかし次のような疑問点も存在する。

　まず原爆により殺されあるいは重大な肉体的または精神的危害を加えられた広島・長崎の住民（被爆犠牲者）は上の第2条のいう「集団構成員（members of the group）」に該当するかどうか。ここでいう「集団」とは「国民的，人種的，民族的又は宗教的集団」であり，これは必ずしも少数派集団に限定されておらず，その中には戦争中の敵国の全体としての国民的集団も含まれると解しうるであろう。当時の両市には既述のようにかなりの数の朝鮮民族に属する人々その他外国人も居住していたが，住民の圧倒的多数は日本国籍をもつ国民的集団

ないしは日本人という人種的，民族的集団の一部を構成するものであったことは疑いえない。したがって，両市の在住者が第2条の規定する集団の構成員であったとみることは可能であろう。

　次に原爆投下はこの集団の「全部又は一部を破壊する意図をもって行われた」行為であるかどうか。ここで証明困難な「意図」の問題に遭遇する。つまり，米国（またより広く連合国側）が日本国民ないしは日本民族という集団の全部または一部を破壊する意図をもってこの集団の構成員の一部の存在する広島・長崎に原爆を投下したかどうか，という問題である。当時枢軸国側に対する反ファシズム統一戦線の形態を一応とっていた連合国側の基本的対日戦争目的が日本軍国主義の敗北を目ざすものであり，日本の国民または民族を滅亡させまたは奴隷化するものでなかったことは，たとえばポツダム宣言第10項からも明らかである。しかしなお，原爆投下作戦に限定してみれば，米国首脳や原爆投下実行者の間でこの投下によって日本の国民または民族の一部を破壊する意図があったかどうかを検討する余地はあろう。

　とはいえ，投下決定や実行に関係した者の各々について上の意図を直接知るすべはもちろんない。しかし，ここで問題とされる「意図」とは表面にあらわれない各人の内心の問題でなく，所与の状況下で外的，客観的に示された発言，行動，決定などから当然推定されるものとみるべきであろう。たとえば，ある兵器のもたらす効果を知りながら，その使用を命じまたは決定することはその効果の及ぼす結果（被害）を当然期待ないし意図していたものと推定される。では，当時の状況下での米国の指導者の発言や決定などから，彼らは日本国民または民族そのものの少くとも一部を破壊する意図を有していたと推定されうるであろうか。この点は正確を期すには詳述を要するがここでは結論的にのみ述べれば，次のようにいえるであろう。米国の指導者がニューメキシコの実験で成功をみた原爆の大量破壊効果を知っていたこと，したがって目標都市に対するその使用が都市住民を抹殺する結果になることを当然予測できたこと，それにもかかわらず彼らが二重目標への投下とか心理兵器といった表現を使ったことからもわかるように，原爆使用は集団構成員である住民の抹殺をも目標の1つとしその及ぼす心理的効果やモルモット的実験効果をさえ狙ってい

たことはすでに述べてきたように明らかである。このことから，少くとも原爆投下決定に関係した米国指導者は，その使用によって日本国民または民族の一部である目標都市住民の破壊の意図を有していたと推定することは十分可能である。

**早期終戦・人命救助論の妥当性**　もっともこれに対する反論として，広島・長崎原爆は日本民族の一部の破壊ではなく，戦争の早期終結をはかり戦争が継続すれば増大したであろう米軍兵士の生命損失やひいては日本国民の生命さえ救うためのものであったという見解，またもし原爆がジェノサイド罪に該当するとすれば，戦争におけるあらゆる大量破壊行為は同罪に入ることになり，このことは同罪が定立された目的と異なるまたは一致しないという見解が予想される。しかし，前者については，たとえ戦争の早期終結，人命救助が原爆投下の目的であったと仮定しても（後述），そのことはジェノサイドの意図の存在を必ずしも排除ないし否定するものではないといわなければならない。また後者については，大量破壊兵器がもし戦場においてあるいは非軍事物から明確に区別された位置にある軍事目標に対して使用されるなら必ずしもジェノサイドになるとはいえないが，一般市民の密集地域を対象に使用されれば同罪を構成するとみなされる可能性は大きい，といわなければならないだろう。なぜならこの場合一定の集団構成員の少くとも一部を破壊する結果になることは通常その使用決定者にとって明白であり，それにもかかわらずその兵器を使用することはジェノサイドの意図があると一応推定してもよいからである。

(6) **違法性阻却事由の存否——原爆投下正当化論の法的検討**

これまで検討してきたように原爆投下は当時の国際法の諸規則からみて一応違法と断定されるが，この違法性を阻却する何らかの事由が存在したかどうかという点もみておく必要があろう。この点については，原爆使用決定に関係した米国の政治家やそれを擁護する国際法学者等により主張されたいわば原爆正当化論ともいうべきものが今日までかなり流布してきたように思える。こうした主張がはたして法的評価に耐えうるかどうか。この正当化論はこれまであま

り法的検討を加えられてきていないが，ここでは軍事必要と復仇という観点からの若干の考察をしておこう。

(a) 軍事必要による正当化論

トルーマン，スチムソンなど米国の原爆投下責任者たちは戦後の論文や回顧録の中で，原爆投下が日本の降伏を早め，多くの米兵の生命を救ったのみならず，失われるはずであった日本人の生命をも救ったという意味のことをくり返し述べてきた。米国の若干の代表的学者も彼らの文章に依拠しつつそれに法的衣を着せ，原爆使用を軍事必要に基づくものとして法的正当化を試みた。

軍事必要に基礎づけるこうした正当化は国際法上どのように評価されるであろうか。判決理由はこの点には全く触れていない。しかし被告側はその準備書面（第四）の中で「原子爆弾の使用は日本の屈服を早め，戦争継続による，より以上の交戦国双方の生命殺傷を防止する効果を招来したものである」と述べて上の米国の政治家等の主張をそのまま受入れているが，フォークがこの点をやや皮肉って指摘したことはすでに見たとおりである。またフォークも他方では判決理由がこの問題について検討を加える努力をしていないと批評しているが，むしろ判決はこれを取り上げないことによって被告の主張を退けているとみる方が妥当ではないであろうか。

ここでは判決理由の評価を離れて，広島・長崎への原爆使用を軍事必要という理由ではたして法的に正当化しうるかどうかを，①軍事必要の法的意味，および②原爆使用はこの軍事必要により正当化されうるか，という2点から検討してみよう。

**軍事必要の法的意味**　まず軍事必要の法的意味について，ここでは上にみた米国の若干の学者の主張する軍事必要の概念を中心にその法的意味や軍事必要が国際法上許容されるかという点を明らかにするにとどめる。その代表的見解を示すマクドゥーガルやオブライエンは，法的制限からの自由を主張するドイツ流の古い戦数論（Kriegsrason）を批判しつつ，正当な軍事目的のために必要不可欠で均衡性のある措置としての合法的軍事必要(legitimate military necessity)原則を主張する。マクドゥーガルによれば「この概念は，正当な軍事目的のすみやかな実現のために必要な，適切かつ均合っ

た破壊，しかもそのような破壊のみを許可するもの」ということができるとしている。またオブライエンによれば「軍事必要とは，戦争法または自然法により禁止されていない限り，正当な軍事目的に直接不可欠でかつ均合ったすべての措置にある。ただしそれは責任ある指揮官の決定によりとられ，司法的再審査に従うものとする。」という。

　たしかにドイツ流の戦数論は戦争法の拘束力の否定に導くものとして今日多くの批判を受け，第二次世界大戦後の軍事裁判でもこれを理由にする違法行為の正当化の主張は拒否されてきた。しかしまた上に示した合法的軍事必要原則の主張にも問題がないわけではない。マクドゥーガルの定義による「必要な，適切なかつ均合った破壊」は，破壊を行う側の交戦者の状況判断に一任され結果的にはドイツ戦数論のそれと大差なくなるのではないかと思われる。その点オブライエンの定義では「戦争法または自然法により禁止されていない限り」という制限が入るから，主観による乱用の危惧は一応防止されうるとみてよいであろう。

　もっとも今日有力な見解は，個々の戦争法規はすでに軍事必要の要素を考慮に入れて作成されているのであり，法規中に軍事必要に言及されている場合は別として軍事必要を戦争法上独自の法概念として認める余地はないとする見解である。1949年ジュネーブ条約をはじめとする戦後の戦争法の成文化もこの見解にそってなされているといえよう。

　また1956年米国陸戦提要は次のように一方で軍事必要を認めつつ上の見解に近い内容を規定している。すなわち「戦争法の禁止的効果は，できるかぎりすみやかに敵の完全な服従を得るために不可欠な，国際法により禁止されていない措置を正当化する原則として定義されてきた"軍事必要"によって縮小されない。軍事必要は，慣習および条約戦争法が軍事必要の概念を考慮に入れて発表，作成されてきたのであるから，この戦争法により禁止された行為を弁護するものとしては一般に拒否されてきた。」第二次世界大戦中の米国の軍事行動の基準を提供していたと思われる1940年作成の同提要も上ほど明確にではないが，戦争の法規慣例によって禁止されていない措置に訴えることを軍事必要が正当化する，と述べている。こうした概念は先にみたオブライエンの定義に近

いものといえる。

　ところで，上の合法的軍事必要概念をとる米国の学者は一般論として核兵器使用の違法性を前提とせず，彼らのいう「自由世界」防衛のための限定的核戦争の合法性が前提とされている。この軍事必要の許容性には戦争法により禁止されていない限りという条件がつけられている以上，もし核兵器使用が違法とされるならもはやこの軍事必要の主張によってその使用を正当化する余地はなくなるはずである。彼らがこの軍事必要により広島・長崎原爆を正当化するのは，逆にいえばこの原爆投下がそもそも戦争法上違法なものとみなされなかったことを意味するはずである。しかし，すでに見てきたようにこの原爆投下は当時の国際法上も違法行為であったとみなしうるのであるから，もはや上の合法的軍事必要原則の適用の余地さえないとみるのが適当であると思われる。しかしいまわれわれのこの確認をしばらく棚上げにし，右のような米国流の軍事必要原則の原爆投下当時の状況への適用によって，はたしてこの原爆使用が正当化されえたものかどうかを検討してみたい。

**早期終戦・人命救助は合法的軍事必要か**　早期終戦，米兵（および日本人）の人命損失を減らすための原爆投下という前述の主張が，上の合法的軍事必要の要件ともいえる正当な軍事目的のための必要不可欠かつ均合った措置に該当したといえるかどうか。

　この主張を軍事必要の要件からみると，原爆投下の軍事目的ないし軍事利益とは戦争の早期終結によりその継続の場合には失われたであろう多数の米兵の人命さらに日本人の生命を救うこと，そして，それに付随する必要不可欠の破壊としては広島・長崎の人的・物的破壊であり，両者を計算すると前者の方に傾くか均衡性を保つ，ということであろう。要するに，早期終戦，人命救助のための原爆投下による両市の壊滅は必要不可欠で均衡性のとれたものであった，ということである。たしかに両市の破壊の方は米国指導者の予想さえ上まわるほどの「成果」をおさめた事実であった。これに対し，早期終戦，人命救助という目的の方は正当な軍事目的でありかつ原爆投下なくしては実現不可能なものであったかどうか。この点については，当時の国際情勢とくに日米間の政治，軍事，経済等の諸状況を正確に把握しなければ結論を引き出すことは困

難であろう。軍事必要による原爆使用の正当化を主張する米国の学者はトルーマン，スチムソンなど政治家の戦後の論文や回顧録の叙述をうのみにしてそのまま引用しているにすぎない。しかし，今日まで歴史，外交史，国際関係などの諸分野でなされた研究成果をみると，次のような当時の日米間の状況は事実としてまたそれに基づく合理的推測としてほぼ立証されているといえよう。

　第二次世界大戦も1945年に入り米軍の沖縄占領，ドイツの敗北という軍事情勢の中で，日本の空海軍とくに海軍はすでにほぼ壊滅状態にあった。

　制空・制海権を失った日本の本土に対する相次ぐ米戦略爆撃の結果，主要都市はほとんど焦土と化し，戦争経済力も破産にひんしていた。

　この状況において日本の敗北はほとんど決定的であった。日本の和平工作は当時中立の立場にあったソ連などを介してあるいはスイスを舞台に試みられていた。こうした日本の軍事・経済状況や和平工作の動きも米国の戦争指導者たちには周知のことであった。また米国は1944年末以来ソ連に対日参戦を勧めその約束をとりつける一方，沖縄占領後早ければ1945年秋を目標に日本本土上陸計画（オリンピック計画）をたてていた。しかしヨーロッパ戦線での共同交戦国であった米ソ間にはドイツ敗北後すでに冷戦の風が吹きはじめており，米国は敗北間近に迫った日本に対する戦後の支配権の独占をソ連に破られることを望まなくなっていた。7月中旬の原爆実験成功から8月初旬の原爆使用までわずかの期間しかおかなかったことも，上の事情を考慮に入れると，予定されていたソ連参戦までに日本を降伏させる政治的必要が米国にあったからであるという推測は十分合理性があるといえよう。

　このような見方がより事実に近いとすれば，8月当初に投下された原爆が秋に予定されていた米軍の日本本土（九州）上陸による米軍や日本人の生命の損失を救ったという理由づけはきわめて皮相的かつ一方的見方であることがわかる。

　また原爆投下によって終戦が早く実現したかという点についても，疑問がないわけではない。日本側の敗戦決定すなわちポツダム宣言受諾決定に原爆投下が決定的役割を果したといえるであろうか。2つの原爆投下後の1945年8月9日深夜に開かれた第1回御前会議では従来どおり東郷外相案を支持するいわゆ

る停戦派と阿南外相案を支持するいわゆる戦争継続派とが同数のまま対立し，天皇は外相案をとるよう裁決した。

さらに，14日の第2回御前会議でも両者同数の対決は解けないまま，最後に天皇の再度の裁決（いわゆる聖断）によりポツダム宣言の無条件受諾が決まった。このような歴史的事実からすれば，原爆投下が日本側の終戦意思決定を早めたと断定するにはきわめて躊躇を感じる。

上のようにみてくれば，原爆投下が米兵等の生命を救うために必要不可欠であったのではなくて，むしろソ連の参戦による日本領土侵入前に日本を敗北させ戦後処理においてソ連の日本への影響力行使を阻止し米国の独占をはかるという政治的狙いにとって必要な手段と考えられた，ということができるであろう。そしてこの見方からすれば，原爆投下は前述の合法的軍事必要原則に照らしてももはや正当化されるものではなくなる。ソ連の日本への影響力阻止という米国の政策（政治・外交的理由）が上の軍事必要の要件ともいえる対日戦争に不可欠の軍事目的であるとみなすことはできないし，ましてこの米国の政策の重要性と広島・長崎原爆の被害の重大性の均合いをはかること自体不可能もしくは無意味であるからである。

また，たとえ米国の学者の主張するように原爆が終戦を早め米兵を救ったということが事実であったと仮定しても，そのことが彼らのいう軍事必要の要件に合致することになるかどうかさえも疑問である。早期終戦，人命救助という利益が広島・長崎の破壊の規模と均衡を保ちうるかまたはその比重が前者に傾くということができるかどうか。そもそも交戦国の敵対行為は一般に戦争のできる限りすみやかな終結（敵国の降伏）を目ざして行われるものであり，さもなくば敵国民の皆殺しを目ざすことになろう。したがって終戦を早めるという理由は合法的軍事必要の要件たる戦争目的として援用できないのではないであろうか。そうでなければ，すべての敵対行為は戦争を早く終結させるという理由から軍事必要として正当化されることになり，結局ドイツ流の戦数論と選ぶところはなくなるであろう。

また人命救助という理由は戦争がなお継続し日本への上陸作戦の強行による人命および物的損失が原爆による広島・長崎の人命および物的損失よりはるか

に大きかったであろうという意味と思われるが，これはある意味では仮定の問題と現実の問題とを比較しようとするに等しく，この比較自体成り立ちうるかどうかも疑問であろう。

以上のように，原爆は当時の国際法上違法であったという点を一応考慮の外において，米国の学者の主張する合法的軍事必要に従って原爆使用を判断しても，当時の状況と事実に基づく合理的推測に照らしてみれば，この使用を上の軍事必要を理由に正当化するのは無理である，と結論せざるをえない。

(b) 復仇による正当化論

原爆裁判では被告の主張でもまた判決理由でも，原爆使用を国際法上の戦時復仇に基礎づけてその違法性を阻却しようとする試みについての評価は全くなされなかった。また米国の政治家等の原爆正当化の主張でも復仇に関する明白な言及はなされていない。しかし日本のパールハーバー攻撃や日本軍による連合軍捕虜の虐待などを引き合いに出して原爆を正当化する主張はよく見受ける。これを法的に整理すれば，原爆投下を違法とする批判に対し日本側も戦争中同じく違法行為を行ったという反論とみてよい。そこで戦時復仇制度に照らして原爆投下を評価しておくことも必要と思われる。

**戦時復仇の要件** ところで，第二次世界大戦当時の戦時復仇に関する正確な規則がいかなるものであったかを知ることは容易ではない。なぜなら1929年捕虜条約上の復仇禁止規定を除き，害敵手段に関する復仇制限についての明文の規定はなかったからである。しかしそのことはもちろん交戦国が自由に復仇という名目で戦争法違反行為を行いうることを示すものではなく，戦時復仇に関する従来の許容条件は第二次世界大戦中の原爆使用を含む敵対行為の場合においても遵守さるべきものであったとみなければならない。この許容条件としては，①まず敵国が事前に戦争法違反行為を行ったこと，②復仇行為は他の手段で敵国を戦争法遵守に戻らせることが不可能な場合にやむをえず許される補助的，例外的手段であること（補助性），③復仇行為は敵国の事前の違法行為との均衡性を失するほど重大な違法行為であってはならないこと（均衡性）が普通あげられる。そのほか，④あまりにも非人道的な行為はたとえ復仇としても許されないという人道性の要求を許容条件の１つとみ

る学者もある。

**原爆は復仇行為か**　そこで，原爆使用をめぐって，(i)日本側に事前の違法行為があったか，(ii)米国は原爆を復仇の意図の下に日本の違法行為の矯正という効果を期待して使用したか，(iii)米国の意図いかんにかかわらず，原爆使用は復仇の許容条件なかんずく補助性，均衡性をみたしたか，といった点について簡単に見てみたい。

**日米の違反行為**　まず満州事変以来太平洋戦争中日本が犯した戦争法違反行為は数多い。しかしここで復仇の対象となると考えられる違法行為は原爆使用によって矯正さるべき性質の違法行為でなければならない。それに該当するものとして次の諸行為がよく援用される。

まず前述のようにパールハーバー攻撃をはじめとする日本の侵略行為があげられることがある。しかしこれはいわば戦争禁止の法 *jus contra bellum* に対する違反行為であり，この種の違反行為に対して戦争法規 *jus in bello* の違反行為としての戦時復仇に訴えることが許されるかという問題が提起されることになる。しかしこの点はすでにみたように *jus contra bellum* 違反の侵略国とその犠牲国の間にも *jus in bello* は平等に適用されるのであり，侵略国に対する敵対行為においてその侵略性のゆえに犠牲国による *jus in bello* 違反が許容されるわけではない。したがってパールハーバー攻撃を戦時復仇に関連する事前の違法行為とみなすことはできない。

次に，原爆正当化論の中でよく触れられるのはバターン死の行進など日本軍による連合国捕虜の虐待という種類の行為である。こうした行為は極東国際軍事裁判その他の軍事裁判でも事実として確認された戦争法違反行為であった。日本は1929年捕虜条約を批准していなかったがその規定の準用を認めていたのであり，捕虜虐待行為に対する責任を免れるわけではなかった。

しかしこうした行為以上に注目されねばならないのは，日本軍が中国大陸や東南アジア諸地域で行った主に一般市民に対する残虐行為であろう。その代表的なものとしてたとえば南京事件やマニラ事件などがあげられる。これらの行為の大部分は当時の成文化の不十分な国際法状況においても戦闘行為としてあるいは占領軍の権限として許される範囲をはるかに逸脱した違反行為さらに犯

罪行為とみなされるものであった。これらの地域は中国を除きおおむね当時連合国であった西欧諸国の支配下にあった地域であり、また中国は対日戦争において米国との共同交戦国、連合国の一員であったことからみても、上の一般市民に対する残虐行為は日本に対する復仇行為の前提となる日本側の違法行為の最も重大な例として必ずしも不適切であるとはいえない。

**米国の意図**　次に、米国が原爆を日本軍による上の違法行為に対する復仇のつもりで、その効果を期待して使用したものであったといえるかどうか。

たしかに米国の指導者たちが原爆投下後に書いた原爆正当化の記述の中では日本による連合国捕虜虐待などが例示されていることがあるが、原爆開発・製造計画はいうに及ばずその対日使用計画も日本側の違法行為とは無関係に進められたのである。まして原爆が日本の違法行為を止めさせ法遵守に戻らせるためのやむをえない行為であり他に方法がないというように当時の米国指導者が考えていたと推測することもできない。むしろ原爆投下決定はすでにみたように当時の国際情勢の中で復仇とは次元の異なる政治的目的や意図の下になされたとみる方がより事実に近いであろう。すなわち、原爆は戦時復仇行為のつもりで投下されたのではなく、上の政治目的のために直接には日本の指導層や国民に恐怖心をおこさせる心理的効果をねらって使用された、といいうるであろう。要するに、原爆使用の主たる意図が日本側の戦争法違反行為を止めさせようとするものでなかったことは確かである。

**原爆投下は復仇の条件をみたしたか**　では、原爆使用は、一応米国の意図を抜きにしても、客観的には復仇許容のための諸条件をみたしていたといえるかどうか。

すでに述べたように、原爆使用は日本の違法行為を止めさせるため他に方法のないやむをえない例外的補助的措置であったとみることはできない。日本の違法行為に対する連合国側の抗議はくり返しなされていたが、原爆投下計画はそれとは無関係に以前から予定されていたものであり、また違法行為を続けるなら原爆を使用するといった内容の事前警告も全くなされなかったのであるから、広島・長崎への原爆投下は（とくに長崎の場合は広島以上に）戦時復仇の第

1条件ともいえる補助性の要件をみたしていないとみなければならない。

また，日本の事前の違法行為の例として連合国捕虜の虐待もしくは中国やアジア諸地域の人民に対する非人道的行為をあげるとすれば，これらの違法行為の重大性と原爆による被害のそれとの均衡性が問われなければならない。敵の違法行為と同一種類の復仇行為が行われる場合すなわち同種復仇の場合には，両行為の均衡性をかなり正確にはかることは可能であろうが，現在の場合のように性質を異にする種類の行為の間の重大性を比較すること自体至難のことである。広島・長崎の被害の重大さは死傷者数や物的損失量だけでははかりえない側面（被爆二世への遺伝的影響など）があり，これと他の種類の行為による被害とを単純に比較し均衡性を探ることはほとんど不可能とさえ思われる。ただ少くとも常識的には，原爆による被害の重大さは捕虜虐待の比ではないとはいいうるであろう。中国その他の地域における人民に対する残虐行為による被害については今日までまだ十分に調査・統計がなされていないようであるが，これはナチス・ドイツのヨーロッパでの占領地域における蛮行と類似した面をもつともいえるものであり，もし原爆の被害の重大さが何らかの形で比較される可能性のあるものとすれば，そのようなものとしては太平洋戦争中日本軍の行った蛮行のうち上の行為がおそらく筆頭にあげられよう。もっともすでにみたように，日本軍のこのような残虐行為を止めさせることが原爆投下をめぐる米国の意図の中にあったとは思えないから，意図されていない事実を均衡性の条件を理由に事前の違法行為とみなして原爆投下行為と機械的に関係づけること自体適切さを欠くという批判を受けることにはなろう。

最後に，疑問の残る人道性の条件に照らして原爆をみるとすれば，その効果や及ぼした被害のこれまでの害敵手段との比較を絶する甚大さから判断して，復仇行為としてもあまりにも非人道的な行為は許されないというかなり漠然とした従来の人道性の条件自体原爆にあてはめるにはあまりにも現実離れがしている感じを受ける。あえてこの条件から判断しても，原爆の効果や被害は復仇行為として許容される非人道性の限界をこえているとみるのが妥当であろう。

以上のように，この原爆投下が当時の状況において戦時復仇の観点から正当化されうるかどうかを検討したが，それは復仇許容のための諸条件をほとんど

みたしておらず，正当な戦時復仇の措置として違法性を阻却される余地はないといわざるをえない。

### (7) 原爆投下責任追及の可能性

原爆投下が戦争法上違法行為でかつ当時の諸状況からみてその違法性を阻却する事由もなかったとすれば，国際法上の問題として最後に検討すべき点は，この違法行為に基づく国際責任が誰に帰せられいかに追及されうるか，という問題である。原爆判決は既述のように原爆投下から生じた損害賠償責任につき原爆犠牲者である日本国民個人にそれを追及する途がないと判示した。しかしここで検討するのは原爆投下の違法性に基づく刑事責任の問題である。この点は民事事件としての原爆判決では全く取扱われておらず，ただ原告の主張の中にトルーマンの責任として触れられてはいたが法的展開はなされなかった。[40] そこでこの点に関する当時の国際（刑）法の状況を考慮しつつ，①原爆投下行為は国際法上刑事的処罰の対象とさるべき国際犯罪行為とみなされうるか，②もしそうなら，この犯罪行為の責任は誰に帰せられるか，③今日までこの責任追及がなされていない理由と将来におけるその可能性，という問題点について順次簡単に検討しておこう。

**原爆投下は戦争犯罪か** すでにみたように，原爆投下行為が当時妥当した戦争法のいくつかの基本原則に違反するのみならず，ジェノサイド罪の構成要件にも該当するとすれば，それは戦争犯罪ないし国際犯罪を構成するといってよいであろうか。

少くとも重要な戦争法規違反行為が戦争犯罪を構成することは第二次世界大戦の時点では理論上のみならず実行上もほぼ確立していたとみてよいであろう。国際軍事裁判所条例では同大戦中の敵対行為の実行を考慮に入れて戦争の法規慣例違反の犯罪性が確認された。それのみか同条例では，平和に対する罪，人道に対する罪も広義の戦争犯罪ないし国際犯罪に入るものとされた。もっともこれらの犯罪概念については裁判過程においても後に学説上も事後法ではないかという疑問は提起されてきた。しかしニュールンベルグと東京の国際軍事裁判所判決はこれらの犯罪概念に従い敗戦国の被告を処罰した。そしてこ

の犯罪が戦勝国の行為にも妥当しうることはニュールンベルグ国際軍事裁判におけるジャクソン（R. H. Jackson）米首席検察官の次のような言葉からも読みとりうる。すなわち「ある行為または条約侵犯が犯罪であるとしたら，そのときにはそれが米国，ドイツのいずれが犯したものであれ犯罪である。われわれは自分に対して適用するつもりがないとしたら，他人に適用する犯罪行為の原則を定める気にはならない。」

　ひるがえって原爆投下行為を右の法状況に照らしてみると，それは少くとも従来から戦争犯罪とみなされている重大な戦争の法規慣例違反行為に該当することは明らかであろう。明示的に原爆使用を違法としその犯罪性を規定した条約が存在しないことは，広島・長崎原爆投下行為の犯罪性を必ずしも否定することにはならないと思われる。なぜなら国際違法行為の場合，その違法性や犯罪性はまず国際慣習法から引き出されるのであって，条約のみによるのではない。またこの原爆投下は戦争法の原則ないし具体的規則そのものに違反しているのであるから，その犯罪性はこれらの違反から直接引き出されてくるのであり，原爆そのものの違法性，犯罪性を明示する条約の存在をまつまでもないということもできる。

　上のような見方に対する反論としていわゆる罪刑法定主義（Nullum Crimen sine lege）の原則を援用して原爆投下の犯罪性を否定する主張が予想される。この原則はその論理的帰結として刑事責任における不遡及と類推の禁止に導くものといえる。ただこれは制定法の場合にのみ妥当する原則であり，慣習法には適用されない。しかし国際法にとってもこの原則は無関係なものではなく，ある行為に由来する刑事責任はその行為より以前にそれが犯罪化されている場合にのみ課せられるのである。この犯罪化の法源は慣習法であると条約であるとを問わない。

　ところで原爆投下行為についていえば，すでにその行為に先立ちそれを戦争法規違反の戦争犯罪とみなす国際法が慣習法としてであれ存在していた（なお，既述のジェノサイド罪も当時国際犯罪として成立していたかどうかについては判断を差し控えておきたい）ことはすでにみたとおりであるから，上の原則の援用から原爆投下の犯罪性を否定するのは正しくないであろう。

**原爆投下責任の帰属**　では次に，この原爆投下の犯罪行為としての責任は誰に帰せられるかという問題が生ずる。

国際違法行為に対する責任は損害賠償の面では国家と個人に帰せられることが可能であるが，刑事責任については団体人格としての国家そのものに科すことはできず，国家機関であれ私人であれその犯罪行為の責任者個人（自然人）に科せられるしかない。

**国家の責任**　原爆投下の場合，その行為は私人が恣意的に犯しうる性質のものではなく原則として国家によってのみ犯される犯罪行為の中に数えられよう。

しかし国家そのものは刑事責任の対象となりえず，その責任はその行為を命じまたは実行した国家機関としての個人に帰せられる。先例としてよく引用される第一次世界大戦後のヴェルサイユ条約第227条は，同盟および連合国が「国際道義と条約の神聖を傷つけた最高の犯罪について」前ドイツ皇帝個人を訴追することを定めた。また国際軍事裁判所条例は団体としての国家の刑事責任を斥けて，国家の名で行為した者の個人責任を原則として認めた（ジェノサイド条約はこれをより明確に規定している）。

**個人の責任**　この個人責任を広島・長崎への原爆投下行為の場合に当てはめればどうなるであろうか。この行為に由来する刑事責任は，一方では原爆の使用決定や命令に関与した者，他方では命令を受けそれに従って実際に広島・長崎に原爆を投下した者に帰せられるはずである。前者としては当時の原爆投下計画に参与した米国の指導者たちとくに使用の最終決定を行ったトルーマン大統領があげられよう。しかしその責任がどの範囲に及ぶかは当時の米国政府内の原爆使用決定過程を跡づけてみなければ正確には判断できないであろう。これはこの問題を審理する裁判所（もしあるとすれば）の判断すべき分野であるともいえよう。ただその際注意すべき点として，原爆判決理由で取扱われた損害賠償責任の問題とは異なり，刑事責任については国家の最高責任者であっても統治行為の理論や主権免責の法理は適用されず，それによる免責は認められないことである。

また，後者すなわち米政府の決定した原爆投下命令を受けてそれに従い投下

行為に関与した者としては、当時のテニアン前進基地の米軍責任者および広島・長崎に原爆を投下したパイロットグループが考えられよう。この場合に注意すべきはいわゆる上官命令を理由とする免責の問題である。ある違法行為が上官命令により行われたことが国際刑法上免責事由を構成しないことは国際法上確立しているといえる。国際軍事裁判所条例や戦後の軍事裁判でも上官命令を理由とする免責は認められなかった。もっとも同条例は、正義の要求上必要ありと認める場合には「刑の軽減」のため事情を考慮しうる余地を残しているが、これは国際軍事裁判所が判断すべき問題であった。

**訴追の可能性——国際刑事裁判所の不存在**　最後に訴追の可能性の問題であるが、今日まで原爆使用のかどで刑事責任を負うと考えられるいかなる者についても、その道義的非難や各自の良心の苛責は別として、法的に刑事責任を問われた形跡はない。その最大の原因は当時の国際社会の組織構造の未熟さ、すべての戦争犯罪行為の責任者を訴追し適切な処罰を加えることを制度的に保障する国際刑事裁判所の不存在によると思われる。前述のジャクソン検察官の言葉にもかかわらず、第二次世界大戦後の国際軍事裁判所もドイツや日本という敗戦国の戦争犯罪人のみを処罰の対象とするにとどまった。もし日本が原爆を製造し連合国のいずれかの都市に対して使用していたなら、あるいは原爆を使用した米国が敗戦国であったなら、その原爆投下の責任者は同じ国際軍事裁判所により訴追、処罰されていたであろうことは想像に難くない。では今日の国際社会においてはこの犯罪の責任を追及する途は全く残されていないかどうか。

　国家機関の犯した戦争犯罪に対する国家の国際責任は、その国家が上の犯罪を国家の名で犯した責任者を訴追することを義務づけているともいえよう。この場合の訴追権限もしくは責任は上の違反国に排他的に属するものではなく、その違反行為により被害を受けた国にも属する。このことから、たとえば敵対行為中、交戦国は自国または敵国の戦争法違反行為を処罰する権限もしくは責任を慣習法上認められている。

　したがって、米国はもちろんのこと日本も原爆投下行為の責任者をその権限内に有するときは処罰する権利をもっていたとみることも理論上は可能かも知

れない。

　また現行国際法上もその訴追の方法が全くないわけではなく，ジェノサイド条約（や1949年ジュネーブ条約）の関連条文が十分履行されるならば——かつこれらの条約が第二次世界大戦中の敵対行為にも適用可能であることが証明できれば——その可能性は皆無ではない。

**時効は適用されないか**　最後に，原爆投下後30年を経過し，その責任者と推定される人々の中にもすでに世を去った者もあり，この犯罪自体時効にかかっているのではないかという疑問も生ずる。しかしこの点については，1966年国連総会で採択された「戦争犯罪および人道に対する罪に対する時効不適用に関する条約」（1970年11月11日発効）を想起しなければならない。この条約第１条は，その犯行の時期に関係なく時効の適用されない犯罪中に「1945年８月８日のニュールンベルグ国際軍事裁判所条例において定義され，且つ，国際連合総会の1946年２月13日付決議３(1)号及び1946年12月11日付決議95(1)号により確認された戦争犯罪，とくに戦争犠牲者保護のための1949年ジュネーブ諸条約に列挙された"重大な違反行為"」さらにジェノサイド罪を含む「人道に対する罪」を挙げている。広島・長崎原爆投下行為が上の第１条の挙げる犯罪概念中に入ることはこれまで述べてきたところから明らかである。今日日米両国ともこの条約に加わっていないが，国際犯罪には国内法上の時効の適用がないという見解は理論上も実行上も有力になっているとみてよい。

## む　す　び

　本章の目的は，原爆判決で示された原爆の国際法上の評価を手懸りに，広島・長崎への原爆投下行為をめぐる国際法上の問題を再検討する糸口をつくることにあった。これまで述べてきた点をふり返ると，一方では本章で触れていないがなお原爆に適用可能とみられる法規もあり，他方では本章で取り上げた諸法規のうちには広島・長崎の場合に厳密な意味で適用しうるかどうかについて十分しぼりのかけられていないものもあり，今後さらに法的にも事実的にも

詳しく検討されなければならない箇所も多い。

　この検討の前提となる，太平洋戦争や原爆投下の諸状況の的確な把握には国際法外の諸分野あるいは学際的研究からの援助を必要とし，また当時妥当した国際法規の内容や範囲を正確に知ることは微妙かつ困難な作業であることも認めざるをえない。しかし困難さのゆえにこの研究をおろそかにして原爆投下を単なる過去の出来事とみなして放棄するには問題はあまりにも重要である。もし原爆使用国が敗戦国であったなら，おそらく原爆の法的評価はよりはっきりしていたかも知れないし，その詳細な研究はずっと早くより容易になされえたかも知れない。しかし仮定を前提にして社会現象を考えることはあまり意味がないともいえるであろう。

　当時の諸状況の下での原爆投下行為とその被害という客観的事実を直視した冷静な研究こそ，原爆による犠牲を無駄にせず核戦争の脅威を除去するためのささやかではあるが確実な第一歩としてぜひ必要なことであると思う。


**注**
（1）　下級裁判所民事裁判例集14巻12号261，損害賠償請求併合訴訟事件，184-187，872頁。判決の英訳は *The Japanese Annual of International Law*, No.8, 1964, pp.212-253.
（2）　広島原爆投下後のトルーマン声明等を傍受して開かれた7日の情報局部長会議では，軍部が原爆の重大報道により国民心理に強い衝撃を与えることは戦争指導上反対であると主張して，結局政府方針としては「原子爆弾」の字句を放送，新聞とともに使用させないことになった。下村南海「新型爆弾の欺瞞」改造原爆特集1952年11月増刊号166-167頁，外務省編『終戦史録』1952年，535頁，迫水久常「期間中下の首相官邸」1954年，241-242頁参照。
（3）　西部軍管総司令部発表（1945年8月9日）によれば，「新型爆弾らしきものを使用せり」となっている（朝日新聞1945年8月12日）。
（4）　その全文は，松井康浩『戦争と国際法——原爆判決からラッセル法廷へ』三省堂新書，1968年，50-53頁に転載されている。
（5）　求償同盟は1954年1月8日の発起人総会で，対米損害賠償が来る4月28日で時効になるので，その前に数名の原爆被爆者を提訴人として米政府，トルーマン前大統領，投下決定の指揮官，乗員を相手どり，米国連邦裁判所に提訴する案を決めた。中国新聞1954年1月8，9日参照。
（6）　1954年1月14日付中国新聞掲載の米法曹協会会員のフロッシュ博士の意見参照。また，原爆求償同盟が自由人権協会理事長海野晋吉の名でニューヨークの国際人権連盟

議長ボールドウィンに送った手紙（1954年2月9日）に対する返書には「同僚の弁護士たちと相談の結果この訴訟は法律的に根拠がなく、また日米関係に有害と考えるので全面的に反対する」と述べられていた。中国新聞1954年3月14日参照。

（7） 原告の請求金額は下田隆一130万円、多田マキ20万円、浜部寿次20万円、岩淵文治20万円、川島登智子20万円で、最初の3人（東京地裁へ提訴した者）についてはそれぞれ1955年5月24日より、あと2人（大阪地裁へ提訴した者）については同25日より支払済みまで年5分の割合による金員である。

（8） 3鑑定書の原爆の国際法的評価に関する部分の要点は次の通りである。

高野鑑定書（1961年7月29日提出）によれば、原爆攻撃は戦闘行為（害敵手段）であり、その規律制限に関する実定国際法については原爆は新兵器のため直接禁止規定はなく、類似のものに関する条約の制限規定があるとしても「安易な類推解釈は絶対に許されない」し、関係規定についてそのままで原爆に適用できるものはまずないとみる。他方害敵手段を一般的に規律する国際慣習法規（とくに戦闘員と非戦闘員の区別）からは、原爆が必然的に無差別的性格をもつと判定されれば、国際法上は不法である。

結局、広島・長崎原爆攻撃は「実定国際法に違反するとの判断に傾く」が、最終的には当時の広島・長崎の「諸事実の客観的科学的調査判断をまつところがあるので、ここでは確定的な断定は差控えることにする」と結んでいる。

田畑鑑定書（1962年4月5日提出）によれば、原爆投下の国際法上の違法性の点（鑑定事項一㈠）について、「直接禁止規定がなくとも、既成の国際法規の類推適用によって」また「既成の国際法規の根底にあるとみられる基本原則」に照らしてみるべきであり、まず「空襲の法理」に照らしてみれば「当時広島も長崎もいわゆる無防守都市であった点からみて、軍事目標・非軍事目標の区別なしにあらゆるものを無差別に破壊する効果をもつ原子爆弾を使用することは当然違法と断定せざるをえない。」また総力戦の形態がとられるに従い軍事目標の範囲が次第に拡大されるとしても、この区別の抹殺は、「戦争法の一つの因子である人道主義の要請を無視する」ものであり、また目標区域爆撃についてドイツのルールの場合はまだしもこれと広島・長崎への原爆投下行為とでは根本的に相違がある。さらにトルーマンやスチムソンの言明から原爆投下は「日本国民を威嚇する政治的な狙い」をもっていたが、この意味からも威嚇爆撃として違法である。次に、戦争法一般の基調である「不必要な苦痛を与えてはならないという原則」にも背いている。つまり、広島・長崎原爆投下により「多数の生命が失われただけでなく、ようやく死をまぬがれた人々も、放射能の影響によって今日なお悲惨な運命の下におかれかつ生命の危険にさらされていること」からも、この使用は右原則に反し違法である。その他、ハーグ規則第23条(イ)、毒ガス禁止宣言、ガス議定書との関連については、これらは戦闘員に対し使用される害敵手段の制限に関するものであるから、ここで「論をすゝめる必要はない」としている。

安井教授は原爆攻撃の違法性に関する鑑定書提出（1962年3月7日）後、1963年1月29日出廷して鑑定書を補足的に説明した（鑑定人調書）。右鑑定書によれば結論的に「広島・長崎原爆攻撃は非人道的な兵器の使用と一般国民への無差別爆撃を禁止する国際法の原則に反する。」補足的説明では、原爆の違法性について、自然法原理でなく事

件当時に存在する lex lata 現行実定国際法に基づいて論証すると述べて，兵器の性質と攻撃の方法の二側面から追求されている。また過去の国際法のルールを援用するより人道尊重の国際法の原則（プリンシプル）からみるとされ，「国際法の直接の規定をまつ必要が全くないほどに，新兵器の非人道性が甚だしい場合がありうる。原爆の場合がまさにそれである」と述べている。

上のように，3人の学者の鑑定書は，原爆投下の国際法上の違法性について，それぞれアプローチの方法や強調点はかなり異なっているとはいえ，すべて肯定的に結論づけているといえよう（もっとも高野鑑定書は確定的断定は差控えている）。

(9) なお，原告のいう損害賠償請求権の問題についても，原告，被告の主張と判決理由の骨子を示しておこう。

原告によれば（訴状ととくに準備書面第五参照），原爆は超危険物であるからそれを製作所持していた米国がその炸裂損害につき無過失賠償責任を負う。日本は対日平和条約第19条(a)により原告等が米国およびトルーマン等原爆投下の加害者に対しもっていた損害賠償請求権を米国を含む連合国に対し放棄した。この請求権は平和条約締結にあたり日本国のために用いられた。原告等の財産権が公共のために用いられたのであるから，憲法第29条3項により国は原告等に対し正当な補償をしなければならない。仮りに補償に関する法律措置がないとしても，以下の理由で原告等は被告に対し損害賠償請求権をもつ。

(1)日本全権団は故意をもって原告等の請求権を無償で放棄するという不法行為をなしたのだから，原告等は被告に対し国家賠償法第1条に基づきその賠償を求めうる。

(2)被告は原告等を含む原爆被災者に対し何ら補償措置を講じることなく権利侵害を継続している。このことは民法第709条にいう不法行為であってその損害を賠償しなければならない。

被告によれば（答弁書ととくに準備書面第二，四，五），仮に原爆投下が国際法違反としても，そのことから直ちに被害者たる原告等に損害賠償請求権が発生するものではない。この場合米国に対し賠償を請求しうる地位にあるのは日本国であって原告等個人ではない。平和条約第19条により放棄された請求権中に原告等の請求権はないのであるから同条約により放棄されるいわれがなく，また仮に右請求権があるとしても実現の可能性のない抽象的な観念のもので権利の名に価しない。また英米では「主権の免除」の法理により，国家公務員の公法上の不法行為による国家賠償責任は否定され，1946年米国の連邦不法行為請求権法も戦闘行為および外国において生ずる請求権について例外規定を設けており連邦は賠償の責任を負わない。さらに，米国大統領が戦争の遂行において従来の爆弾と比較にならぬ破壊力をもつ原爆を使用したのは，戦争に勝利をおさめるため，その軍事的効果と政治的効果をねらったものであって，裁判所がこれについて違法の判断をする限りではない。これはいわゆる統治行為の理論の当然の帰結である。

判決理由では，「三，国内法による評価」以下において次のように一般に被告の主張の方を認めている。すなわち，まず国際法違反の原爆投下行為が同時に日米両国の国内法の違反となるかどうかについて，投下当時の大日本帝国憲法でも合衆国憲法第6条2項からも，同時に国内法違反となる可能性は十分あるが，国内法違反行為とその

違反の責任を何人に負わせるかまたどの裁判所に提起できるかは切り離して考えなければならない。戦闘行為から損害を受けた国家については、日本国は国際法上米国に対して損害賠償請求権を有するが、個人については個人の国際法上の権利主体性が一般に認められているわけではないから、国際法上その賠償を請求する途はない。

また、国内裁判所に救済を求めうるかについて、日本の国内裁判所による救済は求めえない。なぜなら国家が他国の民事裁判権に服しないことは国際法上確立した原則だからである。米国の国内裁判所による救済については主権免責の法理から、原告等は米国の国内法上米国およびトルーマンに対し不法行為に基づく責任を問うことができない。また米国の連邦不法行為請求権法は広汎な例外を設け、陸海軍の戦闘行為についてその責任を負わないと定めている。平和条約第19条(a)で放棄された「日本国民の請求権」とは、日本国民の連合国および連合国民に対する、日本国及び連合国における国内法上の請求権と解するのが自然であろう。また同条約は日本国民の個人の国際法上の損害賠償請求権を認めたものではなく、したがってまたそれを放棄の対象としたわけでもない。以上から、放棄の対象とされた国内法上の請求権もその存在を認め難いから、「原告等は喪失すべき権利をもたないわけであって、従って法律上これによる被害の責任を問う由もないことになる。」とはいえ、戦争災害に対しては当然結果責任に基づく国家賠償の問題が生じ、本件に関する原爆医療法の程度では被害者に対する救済、救援とならず、国家が自らの権限と責任で開始した戦争により国民の多くの死傷を招いたのだから、十分な救済策をとるべきである。しかしこれはもはや裁判所の職責ではなく、国会や内閣の職責である。以上の理由から、原告等の本訴請求は棄却を免れない。

(10) 毎日新聞1963年12月7日夕刊。なお、1963年12月10-11日の衆議院本会議で当時の池田勇人首相は、原爆判決に関する質問に答えて「原子爆弾投下によります国際法上の違法問題、これにつきましては国際間でいろいろ議論のあるところでございます。私は、わが国の裁判所の判決に対しましてここで批判を加えたくはございません」と述べている（第45回国会衆議院会議録第6号（その二）昭和38年11月10日6頁、同第7号同月12日10頁。）。

(11) 新聞に掲載されたものとしては、入江啓四郎（朝日新聞1963年12月7日夕刊）、大平善悟（毎日新聞同日）、田岡良一、寺沢一（中国新聞同月8日）各教授の談話。寺沢一「原爆判決の法的問題点」法律時報1964年2月号（同『国際法と現代』日本評論社、1968年所収、238-241頁）、山手治之「原爆訴訟について」法学セミナー95号、同「判例研究「原爆訴訟判決」」立命館法学5・6号（1963年）、石本泰雄「原爆判決の意味するもの」世界218号、安井郁「原爆判決の歴史的意義——鑑定の要旨と判決の評価」1964年2月発表（同『国際法学と弁証法』法政大学出版局、1970年所収、441-457頁）、高野雄一「原爆判決とその問題点——広島・長崎の原爆攻撃に関する国際法と被害者の請求権」ジュリスト293号（1964年3月1日号）。

(12) 寺沢一、前掲、238-242頁。
(13) 高野雄一、前掲、ジュリスト293号、30-31、38頁。
(14) 石本泰雄、前掲、75頁。
(15) 高野雄一、前掲、30-32頁。

(16) 山手治之,前掲「原爆訴訟について」66頁。
(17) 高野雄一,前掲,30-32頁。
(18) R. A. Falk, "The Shimoda Case: A Legal Appraisal of the Atomic Attacks on Hiroshima and Nagasaki", *American Journal of International Law*, 1965, pp.759-793. この論文は,フォークの著書 *Legal Order in a Violent World*, 1985, pp.371-413 に転載されている。以下の頁数はこの著書による。
(19) たとえば,ビンシュレールは,判決理由中の新兵器の合法性についての判断を高く評価している(R. L. Bindschedler, *Das Völkerrecht und die Nuklear waffen*, 1968, S. 4, cf. Denise Bindschelder, *Considération du droit des conflits armés*, 1969, p.51, note 6.)。また万国国際法学会での「大量破壊兵器の存在および一般に軍事・非軍事の区別が提起する問題」の検討におけるラポルトゥール (Von der Heydte) の報告 (Exposé préliminaire, *Annuaire de l'Institut de Droit International*, 1967 II, pp.73-94; Rapport définitif, *Ibid.*, pp.155-209.) および各会員の見解 (*Ibid.*, pp.99-153.) には,暗黙裏に広島・長崎の原爆ないし原爆判決が念頭に置かれていることが伺える。
(20) Oppenheim-Lauterpacht, *International Law*, Vol.II, 第6版 (6th Ed., 1944, p.174) は戦争原因の如何を問わず国際法の適用を認めていたが,第7版 (7th Ed., 1952, pp. 217ff, p.351.) はこの立場を修正し,侵略者の世界支配の企てを防止するための原爆使用に特別の地位を与えている。
(21) 朝日新聞法廷記者団著『東京裁判』下巻,朝日新聞社,1995年,95頁。ニュルンベルク国際軍事裁判所判決も日本のパールハーバー攻撃を侵略戦争と述べている (Procès des grands criminels de guerre devant le Tribunal Militaire International de Nuremberg, Tome I, pp.227-228.)。なお,東京裁判におけるインドのパル裁判官の意見書 (『東京裁判』下巻(前掲) 346頁以下) 参照。
(22) 太平洋戦争中,日本の行動を生存権や自衛の名目で弁護する見解が一般的であった。たとえば松原一雄『満州事変と不戦条約・国際聯盟』,丸善,1932年や立作太郎「ロバーツ委員会報告と日米開戦に関する法律上及び道義上の責任」(国際法外交雑誌42巻,1943年)参照。なお横田喜三郎「満州事変と国際法」(帝国大学新聞,1931年10月5日) は軍部の自衛権を理由とする主張に批判的であった。戦後の日本の学界は一般に当時の日本の行動の自衛権による正当化を批判し,不戦条約違反であることを認めた。また,パールハーバー攻撃も開戦条約違反であったことを認めているといえよう。横田喜三郎『戦争犯罪論』有斐閣,1947年,66頁以下,同『自衛権』有斐閣,1951年,130-185頁。なお田岡良一『国際法III〔新版〕』有斐閣,1973年,381-382頁参照。
(23) *Department of State Bulletin*, July 15, 1945, p.85, Aug.12, 1945, p.249. なお,日本は国会決議でこの事件による損害賠償請求権を放棄したが,その理由は戦後の米国の援助を多とするという趣旨であって,日本の侵略のために撃沈は違法ではなかったとかやむをえなかったという趣旨ではなかった。藤田久一「阿波丸事件」(田畑茂二郎・太寿堂鼎編『ケースブック国際法〔新版〕』有信堂,1972年所収) 参照。
(24) R. Baxter, "The Role of Law in Modern War", *Proceedings of the American Journal of International law*, 1953, pp.91-92. なお,バクスターは戦争犠牲者の取扱いについては,戦争法適用における実効性を認めている (*Ibid.*, p.92)。ほかに,W. V. O'Brien,

"The Meaning of Military Necessity in International law", *Yearbook of World Polity*, 1957, pp.109-176.
(25) R. A. Falk, *op.cit.*, p.390.
(26) なお，高野教授は類推拡張に批判的である一方，新兵器は条約のない限り合法であるという見解にも批判的で，サンクト・ペテルブルク宣言，毒禁止規定，ガス議定書など特別の根拠をあげることを必要とする戦時法においての原爆への類推拡張を避難されているのであって，不必要な苦痛を与える兵器の禁止といった一般原則と新兵器への適用可能性自体は否定されていない。ただ原爆をこの原則に照らしてみても十分違法性を引き出しえず，結局「原爆はそれ自体として違法性をもつ疑いは相当あるが，今日の戦時法の下においては，特別の協定でもないかぎり，原爆の使用を一般に違法とすることは無理であるという判断に達する」とされる（高野雄一，前掲，ジュリスト293号，32-33頁）。
(27) 「不必要な苦痛」という言葉について，サンクト・ペテルブルク宣言では soufflances inutiles, 1874年ブリュッセル宣言（案）以後1899年，1907年ハーグ規則でも maux superflus という言葉が使われている。ところで，1907年ハーグ規則の唯一の正文（仏語）の英語公定訳は unnecessary suffering（1899年ハーグ規則の場合は superfluous injury）で，独訳は unnotig Leiden であり，これはサンクト・ペテルブルク宣言によったものと思われる。メロビッツによれば，souffrances inutiles は法的基準を示すのに不適切で，これに依拠する英訳，独訳の不適切さのため，アングロサクソン理論やドイツ理論が歪められたとみる（N. Meyrowitz, "Les juristes devant l'arme nuclèaire", Extrait de la *Revue Générale de Droit International Public*, oct.-déc. 1963, No.4, p.25.）。日本語訳の「不必要な苦痛」についても同じことがいえるであろう。
(28) 第二次世界大戦中，ルーズベルト大統領は「化学兵器の使用は文明化された人類の一般世論によって違法とされてきた」と声明し（The United States President's Statement of 1943, 8 *Dep. of State Publications*, No.207），日本も議定書を諸種の都合上批准していないがその内容を否定する意図はなかったようである（海軍大臣官房『戦時国際法規綱要』1937年5月）。なお，日本の態度について，H. Fujita, "Ratification, par le Japon, du Protocole de Genève de 1925", *Japanese Annual of International law*, No.15, 1971, pp.82-84. 参照。
(29) 1945年6月18日ホワイトハウスにおける特別最高軍事会議で決定された対日最終戦略では，日本本土の戦略爆撃，海上封鎖の持続と1945年11月1日九州に対する上陸作戦（オリンピック作戦），さらに1946年3月1日を一応の攻撃期日とする関東平野を経て日本の産業中心部への進攻作戦（コロネット作戦）などが考慮されていた。この戦略は7月24日対日作戦のための第1回米英首脳会議で承認された。米軍の中でも全く秘密裏にすすめられていた原爆投下作戦は上の戦略とは無関係にたてられたもので，その戦略による上陸作戦に符合することを予定されたものではなかった。
(30) 原爆投下直後のトルーマン声明や後に書かれたスティムソンやグローブスの論文などでは，広島・長崎が無差別爆撃を被ってもやむをえないような重要な軍事基地または軍事産業都市であったことが強調され，，両市に居住していた何十万人の一般市民の存在についてはほとんど無視している（Tezt of Statement of Truman, *The New York*

*Times*, Aug. 7, 1945; H. L. Stimson, "The Decision to Use the Atomic Bomb", Harper's Magazine, Vol.194, No.1161, Feb.1947, p.105.; L. R. Groves, *Now it can be told, the Story of the Manhattan Project*, 1962, pp.316, 343.)。広島の場合、すでに1941年広島市防空都市計画(『広島原爆戦災誌』第5巻資料編、99-320頁)が作成されていたが、一般市民は1945年6月の主食配給記録によれば24万5423人(『新修広島市史』701頁)であるが実際にはもっと多いと推定され、また軍人軍属総数は推定で(中部復員連絡局広島支部調べ)で約9万余名とされている(同、714頁)。

(31) トルーマンは『回顧録』(堀江芳孝訳、恒文社、1992年)(Memoirs by H. S. Truman, *op,cit.*, p.420.)の中で、「この爆弾の使用決定に際して、私はそれが戦争兵器(weapon of war)として戦争法に規定された方法で使用されることを確保しようとした。そのことはそれが軍事目標(military target)に落とされるよう私が望んでいることを意味した」と述べている。しかし、ここで使われている「軍事目標という言葉は国際法上の軍事目標(military objectives)ではなく、むしろ軍事的重要性をもった都市そのものを指している。その証拠に同『回顧録』(*ibid.*, p.420)によれば、スチムソンのスタッフは目標(target)となる日本の都市のリストを準備した。そのリストにははじめ京都も軍事活動中心地として含まれていたが、最終的には都市の軍事的重要性に従って、広島、小倉、新潟、長崎の4都市が目標として勧告された。この順番は最初の原爆攻撃の目標となる順番でもあったが、爆撃時の天候条件による選択の余地は残された。

(32) この爆撃の原則は、1944年2月9日英上院における Lord Carbone の発言の中で示された(Oppenheim-Lauterpacht, *International Law*, Vol.II, *op.cit.*, p.528 note 1.)。スペートの説明によれば、この爆撃は「ドイツ人自身の行動によりわれわれの爆撃隊に対して強いられた発展であった。対空防御はきわめて強力で高度から攻撃を行う必要があり、かつ目標自体が通常巧妙にカムフラージュされていたので、空からそれを識別することは実行不可能であった。しかし、目標の位置はわれわれの情報機関を通じておよび他の情報源から知られていたし、目標点となったのは現実の目標よりむしろその位置であった」(J. M. S. Spaight, *The Atomic Problem, op.cit.*, p.15.)。

(33) 広島市の主要部隊の配置図(『広島原爆戦災誌』第1巻、36頁による)は、次のようである。

在広主要部隊配置図

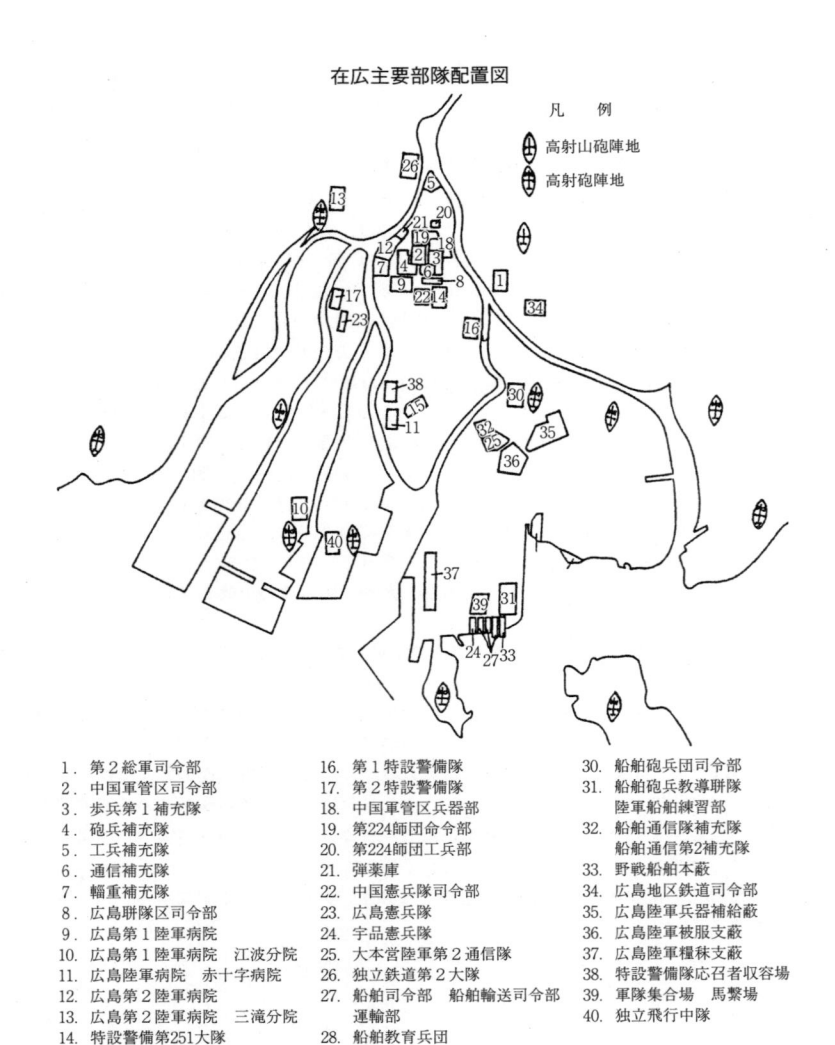

凡　例

⊕ 高射山砲陣地
⊖ 高射砲陣地

| 1. 第2総軍司令部 | 16. 第1特設警備隊 | 30. 船舶砲兵団司令部 |
| 2. 中国軍管区司令部 | 17. 第2特設警備隊 | 31. 船舶砲兵教導聯隊 |
| 3. 歩兵第1補充隊 | 18. 中国軍管区兵器部 | 　　陸軍船舶練習部 |
| 4. 砲兵補充隊 | 19. 第224団命令部 | 32. 船舶通信隊補充隊 |
| 5. 工兵補充隊 | 20. 第224師団工兵部 | 　　船舶通信第2補充隊 |
| 6. 通信補充隊 | 21. 弾薬庫 | 33. 野戦船舶本蔽 |
| 7. 輜重補充隊 | 22. 中国憲兵隊司令部 | 34. 広島地区鉄道司令部 |
| 8. 広島聯隊区司令部 | 23. 広島憲兵隊 | 35. 広島陸軍兵器補給蔽 |
| 9. 広島第1陸軍病院 | 24. 宇品憲兵隊 | 36. 広島陸軍被服支蔽 |
| 10. 広島第1陸軍病院　江波分院 | 25. 大本営陸軍第2通信隊 | 37. 広島陸軍糧秣支蔽 |
| 11. 広島陸軍病院　赤十字病院 | 26. 独立鉄道第2大隊 | 38. 特設警備隊応召者収容場 |
| 12. 広島第2陸軍病院 | 27. 船舶司令部　船舶輸送司令部 | 39. 軍隊集合場　馬繋場 |
| 13. 広島第2陸軍病院　三滝分院 | 　　運輸部 | 40. 独立飛行中隊 |
| 14. 特設警備第251大隊 | 28. 船舶教育兵団 | |
| 15. 第205特設警備工兵隊 | 29. 船員教育隊 | |

(34)　造船所の就業者数は被爆当時在籍8万余名中5万名と推定され，兵器制作所は1万8000名，製鋼所は約6500名であった。ほかに三菱電気長崎制作所に従業員5000名がいた。「これら三菱各工場は，日本の軍需産業の中核を担っており，戦争の激烈化に比例して，飛躍的に生産能力を増大していった。各工場で働いていた者は推定8万人」(調来助編『長崎　驀進地復元の記録』1972年，25-26頁) といわれている。

Cf. U.S.S.B.S., *The Effects of Air Attack on the City of Nagasaki*, 1947, pp.4-5.

| 工　　場 | 爆心地から の距離 (マイル) | 爆撃前の 総面積 (平方米) | 爆撃前の 総額(千円) | 被害面積 (平方米) | 全体の割合 (パーセント) | 損害額 (千円) | 全体の割合 (パーセント) |
|---|---|---|---|---|---|---|---|
| 三菱兵器製作所 | 0.75 | 86,046 | 525,355 | 70,220 | 81.6 | 30,606,580 | 58.5 |
| 三 菱 製 鋼 所 | 0.75 | 74,128 | 37,778 | 38,600 | 52.0 | 29,395 | 77.8 |
| 三菱電機製作所 | 1.75 | 34,980 | 79,650 | 24,480 | 70.0 | 19,501 | 24.5 |
| 三 菱 造 船 所 | 2.50 | 441,337 | 136,463 | 6,200 | 1.4 | 1,112 | 0.8 |
| 合　　計 | | 636,491 | 306,246 | 139,500 | 21.9 | 80,614,580 | 26.3 |

(35) 広島への原爆投下直後のトルーマン声明 (*The New York Times*, Aug.7, 1945), H. L. Stimson, *op.cit.*, p.104. 参照。

(36) H. L. Stimson, p.100; *Memoirs* by H. S. Truman, Vol.1, *op.cit.*, p.419. なお，同委員会の1人 R. Bard は後に意見を変え，この勧告に不同意の意思表示を行った (H. Feis, *The Atomic Bomb and the End of World War II*, p.47, note 32.)。また米国内でもこの無警告投下に対する反対論もあった。6月11日のいわゆるフランク・リポート (*Bulletin of the Atomic Scientists*, Vol.1, May 1, 1947, No.10.) は，原爆の対日使用を非難し，原爆の奇襲使用は軍事的利益よりも米国の信頼喪失の方がはるかに大きいことを指摘した。シカゴ冶金研究所の64人の科学者もこのリポートを強く支持し，大統領に直接請願書を送った。また，シカゴ研究所の150人以上の科学者を対象に原爆の対日使用についての世論調査が行われ，事前警告や無人地域でのデモストレーションに賛成する者が多数を占めた。しかし，暫定委員会はこれらの提案を実行不可能として放棄した (H. L. Stimson, *op.cit.*, pp.100-101.)。

(37) 原爆投下のための戦略空軍を指揮したスパーツ (General Spaatz) にあてられた1945年7月24日付命令には，「この兵器の日本への使用に関するいかなるかつあらゆる情報の流布は，国防長官および米国大統領に留保される。この問題についてのいかなるコミュニケまたは情報の発表も特別の事前許可なしに現地指揮官によりなされてはならない」とある (*Memoirs* by H. S. Truman, *op.cit.*, p.420)。したがって，原爆投下について現地の指揮官はその情報の発表を禁止されていた。このことは現地指揮官がすべての手段を尽くしたことを意味するかどうか。

(38) 核兵器一般の法的評価について，その違法性，犯罪性をジェノサイド条約と関連づけて述べる学者も少なくない。G. Schwarzenberger, *The Legality of Nuclear Weapons, op.cit.*, pp.45-46.; N. Singh, *op.cit.*, pp.153-153; G. Fischer, *l'Energie atomique et les Etats Unis*, 1957, p.389.

(39) H. S. Truman, *Memoirs, op.cit.* p.426. 1958年3月13日トルーマンの広島市議会宛手紙 (朝日新聞1958年3月15日) では「軍当局者たちは原爆投下の数日後日本が降伏したときに，この降伏で少なくとも連合国軍将兵25万人および日本人25万人が完全な破壊から救われ，双方ともその倍の人間が一生不具となるのを免れたと推定した。」と書かれていた。H. Stimson, *op.cit.*, pp.105-106; K. T. Kompton, "If the Atomic Bomb Had Not Been Used", *The Atlantic Monthly*, Dec. 1946, p.56. ほかに W. Churchill, *The Second World War*, Vol.VI, *Triumph and Tragedy*. pp.552-553.

(40) 訴状，準備書面第一。

# 第Ⅱ章

# 核兵器と国際人道法
## 1977年追加議定書の適用問題

## はじめに

　1949年ジュネーブ諸条約に対する1977年の2つの追加議定書が国際人道法の展開にとって一時期を画する文書となるであろうことは疑いえない。この議定書（「第一議定書」、以下同じ）は、戦争犠牲者の保護問題のみならず、害敵手段の規制について一定の規定をおきながらも、兵器とくに核兵器そのものについてはいかなる言及もしていない。このことは、単なる偶然の結果で議定書中のミスを示すものなのか、あるいはまったく意図的でわざと除外されたものなのか、また後者とすれば、それは害敵手段ではなく犠牲者保護の規則に限定するというジュネーブ法の伝統に従ったまでのことか、あるいは核兵器への議定書の適用そのものを除外するためか。核兵器が現代世界の中で軍事的、政治的にきわめて重要な地位を占め、現実の武力紛争においてもその使用の危険が存在することを考えれば、上の問題は単に議定書中の核兵器という語の欠落という単純な言葉上の意味をもつにとどまらず、今後の国際社会においてきわめて重大な結果をもたらしかねないものであることは何人も否定しえない。本章は、このような欠落ないし「核兵器ぬき」の由来、意味およびその結果をさぐることによって、現代国際法（人道法）上の核兵器使用の位置づけのための一助とすることをめざすものである。順序としては、まず、国際人道法の再確認と発展の作業における核兵器をめぐる議論を概観し（1）、次いで、とくに議定書

における核兵器の位置——いわゆる「核兵器ぬき」の法的意味——（2）を検討してみたい。

## 1 国際人道法の再確認と発展の作業における核兵器をめぐる議論

### (1) 1949年ジュネーブ外交会議における核兵器問題

「核兵器ぬき」はなにも新しい問題ではなく，第二次世界大戦後の人道法の改訂ないし発展の作業の中ではつねに議論の対象とされてきたものである。すでにジュネーブ諸条約を作成した1949年外交会議においては，原子兵器のほか細菌学・化学兵器を含めた大量破壊兵器の禁止条約の提案がなされていた。その経緯は次のようであった。

ソ連の禁止提案　同外交会議第三委員会（ジュネーブ第四（文民）条約案審議）において，ソ連代表は次のような要旨の宣言を読みあげた。すなわち，文民条約案の本質的欠陥は現代戦争の最も恐るべき効果に対する一般住民保護のための十分な保障を含んでいないことであり，戦争犠牲者保護のための4条約の条文作成のため招集された会議がこの問題を沈黙に付しえないことは明らかであるから，次の決議案の同委員会における採択とそれを本会議に付託することを求める。「本会議は次のことを決定する，(a)細菌学的・化学的戦争手段ならびに原子兵器および一般住民の大量殺戮のための他のすべての手段の将来発生しうる戦争における使用は国際法の基本的諸原則と相容れずかつ人民の名誉と良心に反するものである。(b)窒息性，有毒性またはその他のガスおよび細菌学的戦争手段の戦争における使用の禁止に関する1925年6月17日ジュネーブ議定書を今日まで未だ批准していないすべての政府の義務はこの議定書をもっともすみやかに批准することである。(c)すべての国の政府の義務は，一般住民の大量殺戮の手段としての原子兵器の禁止に関する条約の署名をただちに得ることである。」

議長は突如提出されたこの決議案の受理可能性を留保し後にまわすことにしたが，その間に出された，アメリカ，イギリス，フランスはじめ西欧諸国を中

心とする15ヵ国代表の共同声明（会議議長宛書簡）<sup>(2)</sup>は，次のような理由でソ連決議案の受諾を不可能とみなした。すなわち，①この会議のためのスイス政府の招請状と提出された資料によれば，会議の目的が第17回赤十字国際会議で承認された4条約案に基づいた戦争犠牲者保護のための新条約の準備にあり，スイス政府は会議の対象としてどの兵器が許容されるかの問題を示していなかったし，前記4条約案は戦争犠牲者に関するものであって戦争兵器に関するものでないこと，②国連がこの最後の問題を取りあげ，それを付託された原子力委員会は原子力の管理問題および原子兵器の禁止問題ならびに細菌学・化学的戦争手段を含む他の大量破壊兵器についても権限を有していること，から引出されるように右決議（案）は会議の権限外である。第三委員会では，アメリカ代表がこの共同声明の趣旨にそってソ連提案不受理の動議を提出し，票決の結果，賛成34，反対8，棄権6でこの動議が採択された。その後，本会議においてもソ連代表は同様の決議案を提出したが，そこでもこの決議案不受理の動議がほぼ同じ票数（賛成35，反対9，棄権5）で採択された。なお，同会議の最終文書の署名に際し，ソ連，白ロシア，ウクライナ代表は，この決議（案）の否決をいかんとする趣旨の宣言を行い，ブルガリア，ハンガリーは署名時の留保の中で同様の意思を表明した。このように1949年外交会議において核兵器はじめ大量破壊兵器使用禁止問題は会議の権限外としていわば門前払いを喰わされたわけである。当時の冷戦状況のもとでアメリカ側勢力が国連のみならずこの外交会議においても圧倒的多数を占め，ソ連側勢力がまったく少数派であったこと，および当時アメリカがなお原子兵器の独占を続けており，ソ連決議案は事実上アメリカのみを拘束するためのものであったことを考えれば，上の門前払いは当然予想されたものではあった。しかし注意しなければならないことは，この核兵器ぬきの結果，成立したジュネーブ諸条約と核兵器使用との関係が不明瞭なまま放置されたこと，および上のソ連提案が引きがねとなって赤十字国際委員会（「CICR」，以下同じ）が以後この問題を取りあげるようになったことである。

## (2) その後の核兵器問題の取扱──赤十字の提案

**CICR アピール**　　CICR は，上の外交会議終了後，ジュネーブ諸条約締約国政府に宛てたアピール（1950年4月5日）で，同条約と原子爆弾使用が両立しえないことを強調し，同条約および1925年ジュネーブ議定書に対する当然の補充として，原子兵器ないし一般に盲目兵器の禁止に関する協定に達するため努力するようそれら諸政府に要請した。諸政府の回答は CICR の努力を多としながらも禁止協定の具体的提案に欠けるものであったが，これを契機に CICR 自らが具体的規則案の作成に取り組むことになった。(3)

より直接には1954年赤十字理事会（オスロ）の決議の要請により1957年第19回赤十字国際会議（ニューデリー）に提出するため，CICR はまず1955年「無差別戦争の危険に対する一般住民の保護に関する規則案」を発表した。その第10条2項には次のような規定が含まれていた。

> 紛争当事者は，害敵手段につき無制限の権利をもつものではないから，一般住民に対して予見しえないかつ制禦しえない効果をもたらす攻撃により引き起こされる危害を避けるため，次の諸規定が兵器ならびに攻撃または防禦手段に適用される。
> ①現行の国際法規則に従って，毒性または類似のガス，細菌学的戦争方法およびすべての類似の液体，物質ならびに考案の使用を禁止する。
> ②上記の禁止は，投射物の燃焼または何らかの他の手段によって散布され，その放射能または類似の効果のために人体にとって危険な物質の使用にも等しく当てはまる。
> ③いわゆる遅発性投射物の使用は，その効果が対象自体に限定される場合にのみ許容される。(4)

**CICR 規則案**　　これを検討した各国赤十字社代表からなる諮問委員会の意見をもとに，CICR は右規則案を修正し，1956年「戦時一般住民の蒙る危険を制限するための規則案」を発表した。核兵器，盲目兵器に関係するその第14条は次のようである。

> ある特定兵器の現在または将来の禁止を害することなく，とくに焼夷的，化学的，細菌学的，放射能的またはその他の物質の散布から生ずるその有害な効果が

予測しえない方法で広がり，また空間的もしくは時間的にそれを使用する者の制禦を逸脱し，かくして一般住民を危険に陥れる恐れのある兵器を使用することは禁止される。
(5)

CICRのコメンタリーによると，この第14条の規定は科学の発達により発明される他の無差別兵器を規制の枠外におかないよう一般的基準を示す表現をとり，例示的にではあるが放射線を放出する兵器をもこの基準の中に入るものとしているのであるから，それ以上に核兵器禁止の特別規定を設けない方がよいと判断された。そして，第14条および規則案の諸規定の全体から，核兵器の使用は実際には排除されている。

この1956年規則案は，1957年第19回赤十字国際会議（ニューデリー）に提出され，その審議のために設けられた国際人道法委員会で若干の検討がなされた。冒頭，同委員会議長が，この規則案は人道的観点からのみ検討されねばならず政治的性質の討議は許されないと宣言して，国際赤十字規約第2条5項
(6)
（「会議は，政治的問題を処理し得ず，又政治的性質を有する議論の裁定をなし得ない」という規定）を引用した。ソ連・東欧諸国代表は右規則案第14条の具体的修正や規則案の逐条審議を要求した。これに対して，アメリカをはじめとする西欧諸国代表は議長の議事進行を支持し，第14条に核兵器禁止を明示することは政治問題であり，しかもいま国連でこれが取りあげられているのであるから中道であるべき赤十字会議では討議すべきではないとし，また他の条文の逐条審議についても時間不足等を理由に反対した。たとえば，アメリカ赤十字社代表は，この時点において核兵器禁止の問題は極度に論争をはらむ問題であるという歴史的事実に注意せねばならないとし，国際赤十字は，核兵器は無条件で禁止さるべしという意見と禁止措置は軍縮の一般協定の一部とすべしという意見のいずれの側にも組してはならず，その決定は十分な討議の後諸政府によってなさるべきで，現実にこの問題は国連で討議されつつある，と述べた。結局同委員会では，逐条審議には反対するがCICR決議案を修正したスウェーデン代表の提案に由来する決議が多数の賛成（賛成115，反対なし，棄権2）を得，全体会議でも全会一致で採択され，ニューデリー決議13となった。

このようにして，核兵器問題を政治問題とみなし赤十字会議の中立性と矛盾

するとみる西欧諸国の主張が事実上通り，ここでもその検討は回避された。その結果，規則案とそれに関する諸提案は詳しい検討を経ずに，ジュネーブ諸条約締約国政府の検討に付すため送付された。なお，これに対する諸政府からの検討を経た回答は5通を数えるにすぎず（しかもそのうちに核兵器国は1国も含まれていなかった），このように諸政府から好意的返答が得られなかったため，CICRはこの規則案を将来の研究の基礎となりえないと判断するにいたった。

**赤十字国際会議決議**　しかし，CICRは，ニューデリー会議の決議からも一般住民保護の作業の継続を勧められていることにかんがみ，この点について各分野の専門家の意見を求めそれを参考にしつつ作業を進めた。1965年第20回赤十字国際会議（ウィーン）は無差別戦争の危険に対する一般住民保護の問題を最重要項目として取扱い，それに関する次のような決議28[7]を採択した。

　　無差別戦争が一般住民および文明の将来に対する危険となることを明言し，
　　すべての政府および武力紛争の行動に責任を負う他の当局が少くとも次の諸原則に従うことを厳粛に宣言する。
　　①害敵手段を採用する紛争当事者の権利は無制限ではない。
　　②一般住民そのものに対して攻撃を行うことは禁止される。
　　③敵対行為に参加する者と一般住民の構成員の間には，できる限り後者に危害を加えないようにつねに区別がなされなければならない。
　　④戦争法の一般原則は，核兵器および類似兵器に適用される。

　さらに続けて，この決議は，ガス議定書を未だ批准していないすべての政府にその批准を勧め，また前記ニューデリー決議13に従って国際人道法の発展を促がしそしてこの問題の早急かつ現実的解決を得るため，専門家委員会の設置を含むあらゆる可能な手段を考え適切なステップをとることなどを要求していた。

　このような決議の要請から，CICRは改めて「国際人道法の再確認と発展」の作業に取り組み，ついに1977年追加議定書の作成にまでこぎつけたのである。では，その作業過程で核兵器問題はどのように取り扱われまたは位置づけられてきたかを次にみてみよう。

### (3) 国際人道法外交会議における核兵器問題

#### (a) 準備過程

**CICR 報告書**　まず，人道法外交会議の事実上の出発点となったとみられるCICRの報告書「武力紛争に適用される法規慣例の再確認と発展」(1969年第21回赤十字国際会議に提出)(8)において，核兵器はどのように取扱われたか。この報告書は，CICRが諮問した専門家の意見を整理し，それに対するCICRの結論をまとめたものであるが，「盲目兵器または不必要な苦痛を与える兵器の禁止」の項において，原子兵器，細菌学・化学兵器，ナパームがとくに個別的に取りあげられた。原子兵器については，CICRのこれまでの取組みを述べ，次のような質問が専門家に提起された。「現実に行われている紛争の諸タイプに適用される規則を優先させて人道法を発展させるための努力を行うことが適切ではないか——そのことは核兵器の全面禁止の期待を放棄することを何ら意味しない」と。ここにCICRの要求において，優先の問題が提起されたのである。この質問に対する専門家の意見は，やや単純化していえば次の3つに大きく分れた。

　①若干の専門家はこの質問に肯定的に答え，その理由として次の3点をあげた。(a)原子兵器の技術的発達の結果核兵器国は抑止における一種の均衡に達し，そのことが核戦争を一時的にありそうもないものとしており，この状況はいわゆる戦術核兵器にも当てはまる。(b)核兵器の問題は大国の政治および軍縮ときわめて密接に結びついているので，核兵器による威嚇を真に防ぐためには核兵器のみならず戦争そのものを非難しなければならない。(c)したがって一見矛盾したようにみえる態度の二重性がこの分野では守られなければならない。一方では全面核戦争の威嚇すなわち相互的"抑止"はたしかに平和維持に寄与するということを認めなければならず，他方では地域的かつ"非核"紛争における敵対行為に対する制限を場合によっては法規範によって認めさせるよう努力しなければならない。

　②しかし多数（過半数）の専門家は質問に完全に否定的回答を与えたわけではないが，次のような留保と懸念を表明した。(a)予見しえない事態により予想以上すみやかに現実の均衡が破れ，交戦国がある日核兵器を使用することもあ

りうるのだから，核戦争は現実に"考ええない"という見解を世論の中に植えつけることは危険である。(b)"非核"戦争に適用される人道法を優先させて，赤十字がこれまでこれほどこの大きな威嚇に専念しないという印象を与えることはなんとしても避けなければならない。(c)また，原子兵器と核抑止をわきにおいて，武力紛争が現に行われている途上国の運命が他の地域の住民のそれより重要ではないという印象を与えることを避けなければならない。(d)最後に，国際社会において2つのタイプの道徳を同時にもつことの不都合性を強調せねばならない。すなわち，一方で多少とも公式の声が多くの無辜の住民を犠牲にして大量破壊兵器により敵を絶滅すると脅かすのを許容すること，他方で軍事行動の区別的行為や武器をもたない敵の尊重という考えが"非核"戦争のために平時から宣言されかつ受入れられることを要求すること，である。この意見を表明したすべての専門家は，赤十字に対してその重要な役割を強調しながら，その以前の立場（たとえば1950年のアピール）を維持—確認することが必要であると考えた。

③最後に，若干の専門家は，CICRはより一般的な原則とくに戦闘員と一般住民との区別をなしえないことにより一般住民を危険にさらす兵器は決して使用されてはならないという観点から出発すべきである，とした。この点で，1956年規則案第14条は最小限を構成すると彼らには思われた。

以上のような専門家のさまざまな意見を要約して後，CICRは次のように結んでいる。

　　結論として，CICRの提起した手続問題に対する専門家の回答は，CICRが核兵器問題を取扱おうと考えていた視角をわずかに修正するものである。すなわち，それは優先の問題というよりむしろ異なった側面の問題である。実際に赤十字は2つの面で同時にその努力を行わねばならない，つまり，道徳的面では原子兵器の使用はジュネーブ諸条約の被保護者および一般に非戦闘員に与えられるべき尊重と両立しえないことを表明しつづけなければならない。それゆえ赤十字は法的視角の下でこの問題を再び取りあげる可能性をつねに留保していることを仄かしつつ，核兵器の威嚇に関する具体的解決に達するよう諸政府に要請するため，その圧力を維持しかつ強化さえしなければならない。同時に赤十字は法的側

面で，現実に発生しているごとき紛争において人を保護するための規則の発展についてその全努力を傾注しなければならない。

このようにやや曖昧さを残す道徳的側面と法的側面からの同時的アプローチというCICRの結論は，以後の人道法の再確認と発展の作業を導く糸ともなった。まず，1971年政府専門家会議において「一定の爆撃および一定兵器の効果に対する一般住民の保護」の討議（第三委員会）の中で，兵器とくに大量破壊兵器の問題が論じられた。そこでは，細菌・化学・核兵器はジュネーブ軍縮委員会のごとき他の機関で検討されているからこの会議の討議の対象とはすべきでないという見解，第三委員会でこの問題を解決しえないことを認めながらも，一般住民保護の強化は大量破壊兵器の不使用に本質的にかかっているからその禁止の必要を確認するのが適切であるとする見解，生物・化学・核兵器のごとくジュネーブ軍縮委員会で検討対象とされている兵器とボール爆弾や遅発性兵器のごとくどこにおいても検討されていない兵器を区別し，後者は全体として（たとえば焼夷兵器に限定せず）討議されるべきであるとする見解，の3傾向に大きく分れた。

### 軍縮と平和に関する決議案

この専門家会議での意見を斟酌して，CICRは追加議定書案（第一次案）を作成したが，その中には兵器に関する規定は含まれず，議定書とは別に外交会議の最終文書中に付属として入れられるべき次のような「軍縮と平和に関する決議案」が提示された。

　会議は，ジュネーブ諸条約およびその追加議定書が大量破壊兵器，盲目，施毒またはとくに残虐な兵器また無差別的効果を有する兵器に関する明示的禁止を含んでいないことを確認し，
　しかしながら，これらの兵器は人道の要請に反し，かつ武力紛争において国際社会の構成員が絶対的にそれを放棄しなければならないと考える，
　かかる兵器の生産，貯蔵また使用の禁止が確認されまたは表明されること，およびこれらの措置が全面完全軍縮に導くことの期待を表明する，
　さらに，これら条約の締約国が平和維持のためいかなる努力も惜しまないことを勧める。

追加議定書案およびこの決議案は翌1972年第2回政府専門家会議に提出されたが、そこでの決議案の評判は芳しくなく、それについて大した検討もなされずに、結局起草委員会にさえ付託されずに終わった。

**第一追加議定書案への兵器規定挿入問題**　他方、核兵器など特定兵器に関する規定の追加議定書への挿入問題は、同会議第三委員会における第一追加議書案第30条の討議の中でも持ち出された。

第30条（戦闘手段）は「1　戦闘員は戦闘手段の選択において無制限の権利を有するわけではない。2　もっぱら不必要の苦痛を与える兵器、投射物または物質、ならびにとくに残虐な方法および手段を使用することは禁止する。3　（略——いわゆるマルテンス条項）」という内容である。同条をめぐる討議の中で、核兵器（またはABC兵器）、盲目兵器ないし特定兵器に関する提案（修正案）や議論の大要とその流れは次のようであった。

まず、CICR代表は、第30条が特定兵器の明示的禁止を含まず一般原則に限定されることになった基本的理由として、一方で兵器（とくにABC兵器）とその禁止の問題が国連やジュネーブ軍縮委員会といった他の機関で取扱われていること（なお、他の兵器で第30条の原則に反すると判断されるものはどこにおいても取扱われていないから、CICRはその必要な研究への協力を検討する用意がある）、他方で特定兵器の禁止はつねにジュネーブ条約とは別の文書の中で示されてきたのであり、そのことは兵器の禁止が復仇または相互主義にさえ従うのに対してこの条約の規定が絶対的性質を有することによって説明されうること、をあげた。

第30条をめぐる一般討論において示された同条の適用範囲を拡大しようとする提案は、(a)戦闘員と文民を無差別に侵害する兵器の一般的禁止の挿入、(b)核・細菌学・化学兵器の明示の禁止の言及、(c)環境破壊兵器や手段の禁止の言及、(d)一般住民と戦闘員に不必要な苦痛を与えるタイプのクラシック兵器の禁止の言及、に分類される。その中には、核・熱核兵器の使用禁止を明示に規定し国連総会決議1653（XVI）に言及する修正案（C17）、核・細菌学・化学兵器使用禁止を規定する修正案（C44）もみられた。また、制禦しえないかつ軍事目標と非軍事物の区別をしえない兵器や環境破壊兵器の禁止を新項（3、4項）

として挿入する修正案（C6）もあった。その提案者はこの段階で核兵器の明示禁止を考えていないが，彼らの意見では核兵器使用は国際法によりすでに禁止されている，とみなされた。さらに，マルテンス条項を他に移して，そこに遅発性，焼夷（ナパーム，燐を含む），破砕性の無差別兵器の禁止条項を入れる修正案（C33）も出された。この提案者は，軍縮会議においてしか一定兵器の禁止が得られないという見方に反対し，軍縮会議にはすべての国が参加するわけではなくまたこの修正案中の兵器の規制はいかなる交渉においても考慮に入れられていない，と述べた。この修正案は核兵器に言及していないが，かなりの専門家がこれに賛意を表した。この提案に反対する専門家は，それは会議に委ねられた作業の枠を越える範囲のもので作業の発展を阻害する，と主張した。最後に，害敵手段選択における制限に関するハーグ規則のクラシックな定式に戻り，残虐兵器へのあらゆる言及を削除する修正案（C59）で，ただ新兵器の研究・開発においてその新兵器の使用がこの定式の原則に反しないかどうかを決める義務を国家に課す条項（3項）を付加したものも提出された。

　以上のような第30条とその多様な修正案に関する討議はあとの全体会議においても若干続けられたが，この専門家会議においてまとまった一定の方向は見出されなかった。

**追加議定書最終草案**　1973年CICRの追加議定書最終草案（「CICR原案」，以下同じ）第33条（不必要な苦痛の禁止），第34条（新兵器）は前記最後の修正案（C59）を基調として起草されたものとみられ，そこに特定兵器まして核兵器への言及はない。このことは，この最終草案（CICR原案）提出にあたり，CICRがその「序」の中で「原子，細菌学および化学兵器に関する問題は，国際協定または政府間の討議の対象となっている。それゆえCICRはこの議定書案の提出にあたり，それらに取り組む意図はない」[10]と述べていることからも明らかである。核兵器の取扱いをめぐる人道法外交会議の準備段階では，以上のように一応の「核兵器ぬき」がすでに予定されていたのである。

(b)　外交会議

　では，1974～1977年の4ヵ年に及ぶ人道法外交会議において核兵器問題はど

のように取扱われ，また諸国代表は核兵器の規制についてどんな見解を表明したのであろうか。

**第1会期の一般討論**　まず，兵器問題に関するアド・ホック委員会設置をめぐる第1会期 (1974年) 本会議の議論の中で，若干の国 (ルーマニア，中国) の代表は同委員会の検討すべき兵器中に通常兵器のみならず核兵器をも含めるべきであると主張したが，それは受入れられなかった。しかし本会議 (第1会期) の一般討論において，核兵器ないし大量破壊兵器への言及がなかったわけではない。たとえばルーマニア代表は，核・細菌・化学兵器が大量破壊を引き起すすべての兵器と同じ資格で禁止されるべきで，全面軍縮とくに核軍縮についての一般的合意に達することが急務であると述べたし，ユーゴスラビア代表も大量殺戮兵器および一定カテゴリーのクラシック兵器は禁止されるべきで，とくにベトナムで実行されたような生物学・生態学戦争は国際人道法の新規則ではっきり禁止されるべきである，とした。また中国は，超大国 (とくにソ連) の核政策をきびしく批判し「新議定書は，核兵器が禁止され廃棄されること，および核兵器国とくに2超大国——米・ソ——はあらゆる場合に核兵器を使用せず，とくに核兵器のない国および地域に対してはそれを使用しないという約束を明示に規定すべきである」と主張した。

しかし他方，さまざまの兵器に関する問題は人道法外交会議の権限に属さず国連の機関と世界軍縮会議に属するという意見 (ソ連) やアド・ホック委員会設置を受けてクラシック兵器に討議を限定するのが適切であるとする意見 (スウェーデン) が表明された。また，議定書が原子・細菌学・化学戦争の提起する問題に手をつけないとした議定書案 (CICR 原案) の「序」の CICR の態度を支持する国 (イギリス) もあった。

通常兵器に関するアド・ホック委員会 (第1会期) でも，核兵器に関する言及は皆無ではなく，上と同様の議論がくり返された。しかし同委員会自体は通常兵器のみの検討を続けた。

他方，第三委員会における CICR 原案第33条 (→採択された第一議定書第35条)，第34条 (→同第36条)，第46条3項 (→同第51条) の討議では，核兵器ないし大量破壊兵器への具体的言及がなされていたか，また一般原則を述べたこれ

らの条文が上の兵器にも適用されるものとみられていたかどうか。

**第2会期の審議**　まず第33，34条は第2会期（1975年）第三委員会で審議された。第33条およびその修正案をめぐる討議の中で，その原則の意味（とくに「不必要な苦痛」）やその重要性については詳しく論じられたが，特定兵器の問題は新たに取りあげられた環境破壊手段を除いてほとんど言及されなかった。ただウガンダ・ベトナム民主共和国の修正案（第33条新3項「大量殺戮または地域全体の破壊を引き起こす戦闘方法および手段を使用することは禁止する」）を支持しまたパキスタン修正案（「戦闘員と文民を無差別に侵害する性質の兵器および戦争方法を使用することは禁止する」）に関して，ルーマニア代表は禁止すべき兵器のカテゴリーをより明確にする必要があるとし，国連総会が核兵器使用禁止に関する決議（2936（XXVII））を採択し，国際法学会（Institut）も1969年エジンバラ会期において軍事目標と非軍事物の区別および大量破壊兵器の存在が提起する問題に関する2つの決議を採択したことをあげ，この会議はすべての大量破壊兵器を禁止する規範を作成しなければならない，と述べた。また朝鮮民主主義人民共和国代表が，今日の韓国の境界線近くにおける核兵器の配備にてらしてかかる兵器の生産・実験・使用を禁止しかつ現存の貯蔵を廃棄しなければならないとし，第33，34条の条文はこの事実と朝鮮人民の経験を考慮に入れて改善されなければならない，と述べたぐらいであった。第33条はもちろんこれらの兵器に言及することなく，ただ3項に環境破壊手段に関する条文を入れて同委員会で採択され，結局第一議定書第35条となった。第34条（新兵器）は，その修正案を含めて具体的特定兵器にはふれず（環境破壊手段については言及された），ただ第33条2項の一般原則から引出されるとかそれと不可分の関係にあるという意見が述べられたにとどまった。

　第46条3項については，その修正案を含めて審議中にただ1国代表が原子兵器に言及したのみで，いかなる代表も同条との関係で特定兵器の使用の場合について触れなかった。もっとも逆に，第三委員会におけるこれらの条文の審議において，その規定が特定兵器（とくに核兵器）の使用には適用されないとかあるいは通常兵器の使用の場合に限定されるという趣旨の積極的発言は，例外的なものを除いて，見当らないことにも注意しなければならない。

### 第4会期——採択と投票説明

ところで,上の諸条文を含めすでに各委員会で採択された第一議定書,第二議定書のすべての条文は,第4会期(1977年)本会議において再びコンセンサスで採択されあるいは票決に付されたが,その後採択された条文をめぐって諸国の発言ないし宣言がなされ,その中で兵器一般とくに核兵器使用問題に触れるものがあった。

中でも採択された第33条についての投票説明において,インド代表は「この条文に含まれている基本原則は,すべてのカテゴリーの兵器,すなわち核・細菌学・化学兵器また通常兵器あるいは他のあらゆるカテゴリーの兵器に適用されるものと了解する」と述べた。

他方,西欧の核兵器国は,議定書全体についての投票説明ないし宣言の中で,次に示すように核兵器使用については議定書の諸規定の枠から除外しようとする態度を表明した。

まず,アメリカ代表は「会議の当初から,発展せらるべき規則が通常兵器のために考えられたものであったというのが私の了解であった。会議の過程では,敵対行為における核兵器使用の議論はなかった。私は,核兵器が別の交渉と合意の対象となっており,さらに敵対行為中のその使用が現行国際法諸原則により規律されていることを認める。第一議定書により確立された規則が核兵器使用につき影響を及ぼすともまたその使用を規制しあるいは禁止するともみなされない,というのがわが政府の了解である。」

またイギリス代表も第四会期本会議において同様の立場をくり返し表明した。「兵器に関するアド・ホック委員会の作業はまったく通常兵器に当てられてきた。会議の他の作業についても同様であることは,わが代表団にとって明らかである。外交会議第1会期においてわが代表団は,議定書案が原子,細菌学または化学戦争に関する問題に取組むものとみなされないと考えるという見解の支持を本会議で表明した。ここ4年間の作業と条文自体は,同代表団に意見を変えさせるいかなる要素ももたらさなかった。その結果,議定書に導入された新規則は核兵器または他の非通常兵器の使用につき効果をもつものとみなされず,またその使用を規制しまたは禁止するものとみなされないというのが

引続きわが政府の了解である。この問題はまさに他の場での合意と交渉の対象となっている。(13)」

**署名時の宣言・了解**　米・英代表の発言に示されたこのような態度は、さらに両国の追加議定書署名（1977年12月12日）の際の「宣言」の中で正式に表明されることになった。

アメリカの宣言によると、「この議定書によって確立された規則は、核兵器使用に対していかなる効果をもつものとも意図されなかったし、その使用を規制または禁止するものではないというのがアメリカ合衆国の了解である（It is the Understanding of the United States of America that the rules established by this Protocol were not intended to have any effect on and do not regulate or prohibit the use of nuclear weapons）」。(14)

イギリスの署名時における「了解」では、「議定書により導入された新規則は、核兵器使用に対していかなる効果をもつものとも意図されずかつその使用を規制または禁止するものではない（The new rules introduced by the Protocol are not intended to have any effect on and do not regulate or prohibit the use of nuclear weapons）」。

フランスはこの問題に関して自衛権の角度から言及した。第4会期本会議での同国代表の発言によると「第一議定書の規定が、フランスが国連憲章第51条に従って完全に行使すると考える"自衛の固有の権利"に侵害をもたらしうることまたフランスがその防衛に必要と判断するいかなる特定兵器の使用をも同国に禁止しうることを、同政府はいかなる場合にも認めることはできないと明確に述べたいと思う。フランス政府は、1973年以来CICRがその草案中に原子兵器の規制を入れなかったことに留意した。それゆえ、追加議定書の諸規定の作成に参加しつつ、フランス政府は通常兵器で行われる紛争のみを考慮に入れた。したがって同政府は、議定書の諸規定が核兵器使用に適用されないと自らは考えるということを明らかにしたい。」さらに続けて同代表は「フランス政府は、これらの規定がその自衛権に重大な侵害をもたらしえ、そのうえ侵入に対して自らを防衛する人民を犠牲にしてありうる侵入者を利する限りにおいて、人道法の基本的方向と矛盾すると考える。フランス政府は、第46条（新51

条），第47条（新52条），第50条（新57条）および第51条（新58条）がその曖昧さによりフランス防衛政策に対して重大な影響を及ぼす性質のものであることをきわめて残念に思い，かつこれについて最も明白な留保を表明する[15]」として，同議定書への不参加の意思を示し，その後も議定書に署名しなかった。

なお核兵器国ではないが西ドイツも議定書に署名の際，同じく自衛権に触れる宣言を行った[16]。このような西側主要国の態度表明に対して，東側の核兵器国たるソ連は第4会期本会議でも議定書と核兵器の関係について何ら言及を行わなかったし，また第1会期には新議定書中への核兵器禁止条文の明記を主張していた中国は第2会期以降代表を派遣してこなかった。

以上みてきたように，追加議定書の作成を中心とする国際人道法の再確認と発展の作業において，核兵器問題はまたしても議定書の明文規定の埒外におかれた。そして，これを促した要因の中に，1949年当時のアメリカの核独占と東西対立という状況とは異って，米ソ核均衡および超大国を中心とする核兵器国（および核のカサの下にある国）の立場と非核兵器国（とくに非同盟諸国）の立場の対立という側面が色濃くあらわれていた。とくに西側核兵器国は，議定書署名時の宣言による「了解」形式あるいは不署名によって議定書の（新）規定の核戦争への適用を拒もうとするきわめて重要な影響を及ぼす意思表示さえ行ったのである。

ところで，人道法の形成ないし発展過程におけるこのような「核兵器ぬき」作業や上のような一定の核兵器国の意思表示は，国際法上どのような意味をもつものとみなされるであろうか。次に，議定書という新しい人道法の展開における核兵器使用の位置づけをめぐって若干の法的検討を行ってみたい。

## 2 追加議定書における核兵器の位置
―― 「核兵器ぬき」の法的意味

前述のようにジュネーブ条約から追加議定書への人道法の展開過程で行われた「核兵器ぬき」作業とその結果は，国際法上どのように評価されるべきであろうか。この点をめぐっては，次のような問題が提起されよう。まず①核兵器

使用禁止の明文規定の不存在は，そのまま国際法上核兵器使用の自由を意味するか，②核兵器の性質・効果からみて，その使用は国際人道法（ここではジュネーブ条約と追加議定書）の諸原則や諸規定と矛盾しないか，③「核兵器ぬき」の合意の存否とその意味，④追加議定書に関する若干の核兵器国の宣言はいかなる性質および法的効果をもつか。これらの問題を順次みて行きたい。

### (1) 核兵器使用禁止明文規定の不存在は国際法上その使用の自由を引出すか

　ジュネーブ条約，追加議定書の両文書とも，既述のような経過により核兵器に関する言及を一切含んでいない。そこでまず問題になるのは，このような「核兵器ぬき」は国際法上の解釈として，核兵器と両文書の関係を断ち切り，ただちに核兵器使用は両文書に違反しないという結論，逆にいうと，人道法上核兵器使用は国家の自由に属するという結論を引出すことができるかどうかである。

**明示の禁止のない場合**　これは，両文書起草過程における諸国の発言や意図をも斟酌して検討する余地を残しているが，一般化していえば，その同意を与えた国際法規則により明示に禁止されない限り国家はなにをなすことも許されるという一般原則の適用として，明文の禁止規定がない限りある兵器の使用は法的に許容されるという国際法上の原則が存在するか否かにも関係する。そして，とくに兵器の規制に関しては，明文の禁止規定のない限りその使用は国家の自由に属すると主張する見解もなくはない。ところで，この見解は所与の兵器に関する明文規定の欠如がそれを規律する国際法の欠缺さえ意味するのではなく，積極的にその使用を合法とみなす国際法の存在（その結果「使用の自由」が認められる）を肯定することを基礎にもつ。この点は国際法の捉え方そのものにかかわる問題であるのでここでは深く立入らないが，少くとも上の見解は意思実証主義を主流とした近代国際法から強行法規（*jus cogens*）の存在さえ認めようとする現代国際法への展開につれ，次第に支持を失ってきていることは認められるであろう。

　所与の兵器の使用禁止の明文規定がなくともそれにも適用可能な関連国際法規則が存在しうるのであり，万一それが存在しなければその兵器に関する国際

法の欠缺があるにすぎず，それ以上積極的にその兵器の使用が合法化されることになるわけではないという立場の方が，むしろ現代国際法の展開方向にそっていると思われる。

後者の見方に立つならば，核兵器についてみるに，その使用禁止の明文規定がなくともそれに関連する適用可能な国際法の原則ないし規則が存在しうるのであり，万一かかる原則ないし規則が見出せない場合核兵器に関する法の欠缺があるということができるだけであろう。

**害敵手段の規制は核兵器に適用される**　ところで，核兵器使用は一般に武力紛争時の害敵手段の行使として行われるものであるから，武力紛争状況に適用される戦争法ないし人道法規則が核兵器使用に関連があるものと考えられる。戦争法規則は多方面にわたるが，そのうち害敵手段（兵器を含む）の合法性に直接かかわるものとして，不必要な苦痛を与える害敵手段の使用禁止，毒・施毒兵器の使用禁止（1907年ハーグ規則第23条や慣習法として），化学・細菌学兵器使用禁止（1925年ジュネーブ議定書），無差別的攻（爆）撃の禁止や軍事目標主義（ハーグ規則や1923年ハーグ空戦規則案から。より一般的原則として軍事目標と非軍事物の区別原則ないし戦闘員と一般住民の区別原則）が存在する。したがって，核兵器の性質や効果から，その使用が右の戦争法諸原則または規則に抵触するか否かを判断する必要が生ずる。この判断の結果，核兵器使用を違法とみなす見解は有力である。ただそれに対して，これらの原則ないし規則はほとんどすべて核兵器登場以前（から）の国際法（preatomic international law）に属し新兵器たる核兵器には妥当しないとして，右の原則ないし規則の核兵器への適用を懐疑視ないし拒む見解もなくはない。[19] ここではこの見解の当否を論ずることが目的ではない。ただたとえ後者の見解に立つとしても，核兵器登場後に作成された人道法規則が核兵器使用と抵触するか否かを検討する余地を残していることは否定しえない。

(2) **核兵器使用はジュネーブ条約および追加議定書の諸規定と抵触しないか**

そこで，核兵器の性質や効果からみて，武力紛争における核兵器使用はジュネーブ条約および追加議定書の諸規定の適用を受け，それらに照らして違法と

みなされる可能性があるか否かを検討しなければならない。この検討には，これら両文書の個々の条文中核兵器使用に関連しあるいはそれにより影響を受けるものを取り上げることのほか，これらの文書作成過程で文書の核兵器への適用を排除することが当然の前提とされあるいはその合意が得られていたか否かをも含める必要があろう。

<u>ジュネーブ条約は核兵器使用と両立しない</u>　まず，ジュネーブ条約の諸条文は一般に敵の権力内にある戦争犠牲者保護に関する規定（いわゆるジュネーブ法系統）であり，直接害敵手段の規制に関するもの（いわゆるハーグ法系統）ではないといわれている。とはいえ，ジュネーブ法系統に属する規定も害敵手段の行使とくに大量ないし無差別破壊の効果をもつ核兵器使用と無関係なものばかりではない。それどころか，戦争犠牲者の公平な無差別的保護というジュネーブ条約の基本原則は核兵器使用と両立しがたいとみられるのみならず，たとえばシン（N. Singh）が詳しく指摘するように[20]，同条約の広汎な被保護者（および物）の享有する保護の性格からみて核兵器（とくに無差別的効果の熱核爆弾）の使用の場合に被保護者の保護規定の尊重はきわめて困難となる。たとえば，武力紛争における核兵器使用の結果，陸・海の軍隊の傷病者，難船者の収容のために安全な場所がなくなり，また彼らの医療援助を行うことの困難さから，彼らの保護尊重の規定（ジュネーブ第一条約，第二条約とも第12条）また衛生部隊・施設の尊重保護の規定（第一条約第19条）は守られえないであろう[21]し，また交戦国領域の広汎な破壊や放射能汚染のため，不健康な地域に抑留されている捕虜の健康な地域への移動ないし危険な場所からの隔離（第三条約第22，23条）も困難となるであろう。

　占領地域住民の食糧および医療品の供給確保の義務（第四条約第55条）や被抑留者の待遇に関する規則（第四条約第四部）の多くも核戦争の場合には遵守されえなくなろう。また病院・安全地帯の設定に関する規定（第一条約第23条，第四条約第14，15条）や文民病院の保護規定（第四条約第18～20条）の遵守も核戦争の場合不可能となろう。なお，ジュネーブ条約の被保護者に対する復仇は禁止されているから，復仇としての核兵器使用もかかる被保護者に被害をもたらす限り許されないとも考えられよう。このようにみるならば，同条約の目的ないし

基本原則のみならず，その諸規定のかなりのものは核戦争の状況およびそのもたらす広汎な破壊や放射能効果による被害の質・量の大きさと両立し難いといわねばならない。

なお，ジュネーブ条約はその共通第1条から明らかなように「すべての場合において」尊重されなければならないのであるから，兵器の種類の違いによる紛争の区別はなされず，核戦争にも同条約諸規定は適用されねばならない。

このようにジュネーブ条約の諸条文の中にはその適用される武力紛争においてもし核兵器が使用されるならば遵守されえないであろう規定も多数含まれているから，万一従来のハーグ法系統の規則（核兵器登場前の規則）により核兵器の使用そのものが規制されずあるいは禁止されていないと仮定しても，右条約により"合法的"核兵器を使用しうる場合はかなり制限されることになる，とみられよう。

「核兵器ぬき」の作業　それにもかかわらず，前述のようにジュネーブ条約作成過程で「核兵器ぬき」とされたのであるが，そのことはその作成過程で同条約の核兵器への不適用について諸国代表の間に合意ないしコンセンサスが得られていたとみなしうるものかどうか。1949年外交会議における「核兵器ぬき」作業の過程からも明らかなように，ソ連決議案否決の理由はスイスの招請状では兵器の許容性問題を議題に含めていないから会議の権限外であることおよび国連でその禁止問題が取扱われていることによるのであるから，核兵器はじめ大量破壊兵器の使用の違法性を確認する主旨のその決議案の内容そのものが会議において否決されたと解することはできない。核兵器使用へのジュネーブ条約の適用の可否については，この会議に参加した諸国家間に何らの共通の合意ないしコンセンサスといったものが得られた形跡はない。このことは，同条約起草過程で同条約が核兵器使用の場合には適用されず，その使用を規制しないという特別の合意が参加国間に存在しなかったことを意味する。すでにみた同条約成立以後のCICRの態度や作業は，むしろ逆に同条約と核兵器使用とが両立しえないという見方を基礎にしてきた。

追加議定書の場合　では次に，上の条約を補完した追加議定書の場合はどうであろうか。まず，同議定書の目的ないし基本原則

およびその諸条文中核戦争の及ぼす効果と抵触するとみられるものがあるかどうかを検討し，次いで同議定書起草過程での諸国の態度からこの点をみてみよう。

まず，この議定書はジュネーブ条約を「補完する（compléter）」ものである（第1条2項）ことからもわかるように，それは同条約の改正（révision）ではなく，現代武力紛争の状況を考慮に入れて同条約が人道の要求に直面して不十分であることが明らかとなった分野において，それらを補うものである。したがって，同条約の基本原則および諸規定は議定書の中にも生かされ，少くとも同条約中の保護規定はここでも尊重されることが前提とみなされている。そのため，上にみたように同条約の基本原則や諸規定の尊重が核戦争の状況と両立しがたいとみなしうるとすれば，そのことは第一議定書と核戦争の状況にも当てはまるといわざるをえない。それのみか，議定書は同条約規定中人道的観点から不十分とみられる点を補完したものであるから，かかる補完規定と核兵器（とくにいわゆる戦略核兵器）使用状況との矛盾は一層増大していると推測される。

**被保護者の拡大** より正確にいうならば，まず第1に，議定書の適用範囲および被保護者（および物）の範囲がジュネーブ条約のそれらに比べて一層拡大されていることである。すなわち，第一議定書の適用範囲には国家間武力紛争のほか人民の自決権行使による民族解放戦争も含められるようになった（第1条4項）し，また被保護者の範囲については，まず傷者，病者，難船者は軍人・文民を問わず産婦，新生児，虚弱者，妊婦のようにただちに治療を必要とする者で敵対行為を差控える者（第8条(a)，(b)）というきわめて広い範囲に拡大され，捕虜資格者ないし捕虜と同等の待遇を与えられる者（第44条）の範囲も広くなり，さらに文民も紛争当事国の捕虜資格者や軍隊構成員以外のすべての者（第50条1項）に拡大され，それには難民や無国籍者も含まれている（第73条）。さらに右条約と議定書により一層有利な待遇を与えられないそれ以外の者で基本的保障を受ける者（第75条）が新たに被保護者に加えられた。このようにみるならば，議定書の被保護者はきわめて広汎な範囲にわたることになり，紛争当事国領域中において右のいずれのカテゴリーにも該当

しない者は現に敵対行為に参加している者を除きほとんどなくなったとさえみられることを考えると，その当事国間の核戦争はジュネーブ条約の被保護者の場合以上に，上のいずれかのカテゴリーの被保護者の保護に影響を及ぼし，その規定の遵守を不可能ないしきわめて困難にすると思われる。

**保護内容の拡充**　第2に，被保護者の保護内容やその性質の点からみても，議定書のそれはジュネーブ条約を補完しあるいは前進させている。議定書には，傷病者，難船者の無差別的保護尊重の基本原則や具体的保護規則（第10〜11条）のほか，衛生部隊，衛生・宗教要員の保護（第12〜15条），医療任務の保護（第16条），衛生輸送の保護（第二部）に関する詳細な条文がおかれ，さらにジュネーブ条約中にはほとんど規定を欠いていた文民および一般住民の保護についても基本的規定（第四編）がおかれた。

**区別原則（軍事目標主義）の再確認**　とくに最後のものについて，議定書は「一般住民及び非軍事物の尊重及び保護を確保するため，紛争当事国は一般住民と戦闘員並びに非軍事物と軍事目標をつねに区別し，したがってその軍事行動を軍事目標のみに向けなければならない」（第48条）として，従来ハーグ法系統に入れられていたこの区別原則ないし軍事目標主義をここで再確認した。また，そのコロラリーともいえる一般住民保護のための詳細な規定（第51条），そのほか非軍事物の保護に関しても，一般住民の生存に不可欠な物や危険な威力を内蔵する工作物および施設の保護（第54, 56条），自然環境の保護（第55条）といった新しい内容を盛った条文も入れられた。これらの規定は，核兵器使用の不可避的にもたらす無差別的かつ広汎な破壊や放射能効果によって破られるであろうことは疑いえない。つまり，これまで述べてきたジュネーブ条約の諸規定やその補完としての議定書の諸規定が核戦争においては紛争当事国（核兵器使用国とは限らない）が遵守したくとも十分適用しえない状況に追い込まれるという意味において間接的にそれらの保護規定の尊重が阻まれるとみられるのに対して，上にみた文民ないし一般住民保護に関する議定書の諸規定は核兵器の使用そのものによってその使用国により直接違反されうる規定なのである。

以上のように，議定書と核兵器使用との矛盾はジュネーブ条約の場合以上に

深刻であるといえる。なお，議定書も上の条約と同じく「すべての場合において」尊重されなければならない（第1条）のであるから，核戦争にも当然適用が予定され，この場合には除外されるという推定はなりたたない。

　第一議定書の諸条文の文言をみるかぎり，右にみたように核戦争の場合にもそれは適用され（事実，議定書中にも核兵器への不適用を示す文言は存在しない），かつそのための諸規定と核兵器使用の効果との矛盾がジュネーブ条約の場合以上に顕著であると判断せざるをえないのである。逆にみるならば，そうであるからこそ，議定書を審議した人道法会議において一定国の代表は議定書からの「核兵器ぬき」に努力したのみならず，宣言の形式で議定書の（新）規則は核兵器使用を規制しないという立場を表明するに至ったのである。そこで，議定書起草過程において，同議定書の核兵器への適用という条文上通常の意味の解釈をくつがえすような，諸国の一致した意思（コンセンサス）が得られたかどうか，が検討されなければならない。もしこのこのことが証明されれば，議定書の核兵器への不適用（真の意味での核兵器ぬき）というコペルニクス的転換が可能となり，一定国の前記宣言はそれを単に確認したにすぎないもの（いわゆる「了解」ないし「解釈宣言」）となるであろうし，もしそれが証明しえないとするならば，右の宣言はいわば留保とみなされその有効性が問われなければならないであろう。この問題を次に検討しよう。

### (3) 「核兵器ぬき」の合意の存否とその意味

　一定の核兵器国の行った前記宣言の性質はいかなるものかを知るには，その前提として，人道法外交会議における諸国の核兵器使用問題に関する見解中に何らかの合意——より直截にいえば，「真の核兵器ぬき」のコンセンサス——が存在したかどうかを検討しなければならない。

　議定書は他の条約と同じく，その「文脈」において解釈されねばならないが，「文脈」としてはすでにみた「本文」のほか「条約の締結に関連してすべての当事国において行われたその条約に関する合意」（ウィーン条約法条約第31条2項(a)）があるかどうかをもみなければならない。右の宣言の性質如何は，大部分この合意の存否に左右されるともいえるのである。

では，議定書の締結に関連したすべての当事国間において，議定書は核兵器には適用されないといった主旨の合意が得られたといえるかどうか。この点について詳しく研究したメロビッツの分析を手懸りに，この問題を検討してみよう。

　彼によれば，核兵器を「カッコに入れる（mise en parentheses）」（われわれのいう「核兵器ぬき」）ことについてのコンセンサスが得られたとし，その証拠として，1973年CICR原案の「序」で核・細菌学・化学兵器に関する問題を取扱わないと述べられたこと，また人道法外交会議の作業からも西側3核兵器国とソ連がCICRの当初からの立場に従って会議の審議は核兵器使用に関する問題を対象としないと表明したのに対していかなる非核兵器国も反対しなかったこと，さらにCICRと同じく国連はその総会決議（3255A（XXIX），3464（XXX））において通常兵器のみを考慮に入れていたこと，があげられている。この核兵器の「カッコつき」をもたらした理由は，近年西側核兵器国の立場とソ連のそれの近似現象があらわれ，そのため核兵器使用に関する戦略の法的評価についての見方と利害の同一性がみられ，1949年ジュネーブ条約の際のソ連の見解とは逆に1974～1977年人道法会議ではソ連とワルシャワ条約諸国は特定兵器使用規制問題が人道法ではなく軍縮に属すると主張したことに示される。結局，核兵器使用禁止問題審議に関する人道法会議の無権限というテーゼの正当化は，ここ20年の進歩の結果核兵器，より正確には核戦略が戦争法に還元されなくなったことそれゆえ戦争法のみに属するのをやめたことに見出される。この進歩の意識こそが核兵器問題の「カッコつき」のコンセンサスへの非核兵器国の参加の背後にある。この問題については核兵器国と非核兵器国の間の妥協のみが解決として考えうるが，核兵器使用規制という現在解きえないこの問題を「カッコに入れる」というこの暫定的解決は最も賢明な方法であり，これこそがこの会議をして議定書の実現を可能にした，というのである。

　ついで，核兵器の「カッコつき」の意味と限界（コンセンサスの内容と効果）について，メロビッツは次のようにみる。まず，コンセンサスの第1の効果として，核兵器，核戦略により汚染されない戦争法（クラシック戦争法）の存続が人道法会議の交渉国とくに核兵器国によって認められた。それゆえ，議定書は

通常軍備で闘われる紛争のみを考慮に入れているという見解，換言すれば，交戦国中の一国が核兵器に訴えれば第一議定書の適用は全く排除されるという見方はコンセンサスの内容をはるかに越え誇張しすぎでその文脈の外にある，として斥けられる。もし「核戦争の場合における」議定書の適用不可能のテーゼが認められるなら，核兵器はそれが引き起こしうる最大の悪（あらゆる戦争法の廃止）を行うことになろう。他方，コンセンサスに付与される最も広い意味，それゆえ核兵器国に最も有利な意味はイギリスの宣言に最大限対応する意味，つまり議定書の導入した新規則は核兵器使用について何らかの効果をもつものではなくその使用を規制も禁止もしないということである。

結局，コンセンサスは次の二面，すなわち新たな規制における核兵器の除外の面と議定書とは別の有効な国際法に関する核兵器の法制度の無修正の面，を含むことになる。いい換えれば，コンセンサスによって，議定書の新規則は核兵器に適用されない（これは，その新規則が核兵器に適用されえないことを意味するわけではない）。核兵器の二元性——戦争手段としてのみならず抑止の手段（その目的は核兵器の不使用にある）——のために，外交会議参加諸国は兵器使用制限に関する規則が核兵器に適用されないものとみなければならないことに合意した。付言すれば，コンセンサスと米英の宣言は，核兵器を戦争法の枠外にそしてその上においたのでもないしまたおきえたわけでもない，というのである。

以上のようなメロビッツの核兵器「カッコつき」の説明は興味深くまたかなり説得力に富んでおり，その大筋において外交会議の参加諸国の意向を把握しているといって差し支えないであろう。しかし「カッコつき」の合意（コンセンサス）の論拠やその内容（範囲）については問題があるように思われる。そこで彼の説明と比較しつつ，まず「核兵器ぬき」の合意があったといえるか否か，次にもしあったとしてもその内容は議定書中の新規則の核兵器への不適用という意味であるかどうか，をみてみよう。

まず，人道法外交会議で核兵器問題に関して参加諸国間に何らかの合意があったといえるかどうか。メロビッツはこれを肯定してその論拠を前述のようにいくつかあげたが，人道法会議の枠に限定してみれば，CICR原案の「序」に

示されたような CICR の態度および会議での諸国の態度表明が問題とされよう。CICR の態度は，先にみたように追加議定書の原案提出にあたりそれまでの準備過程での諸国の反応を斟酌して原子兵器等の問題に取組む意図はないとして原案中に全く言及しなかったにとどまるのであり，その「序」が引続き「赤十字全体としては，いくたびかの赤十字国際会議の際に，大量破壊兵器に関するその非難を明らかに表明し，その使用を排除するため合意に達するよう諸政府に要請してきた」と述べていることからもわかるように，CICR が核兵器使用を非難しその明示の禁止を求める態度はそれ以前と変らず人道法外交会議の過程でも変っていないとみなければならない。CICR のこの決意は外交会議を直接拘束するものではないが，同会議はその意を是認して事実上核兵器を取りあげなかったのであり，その限りで右の決意は会議での分脈をさぐる際に参考になる。この観点からみると，メロビッツのいうごとく，CICR の決意は核兵器の「カッコつき」を促す誘因となったといえる。ただ，ここで示された CICR の態度は作成される議定書が核兵器には適用されないことを意図したものと解することはできない。

　では次に，会議での諸国の態度表明において「核兵器ぬき」に関する何らかの合意が得られたといえるかどうか。この合意ないしコンセンサスは必ずしも積極的にすなわちすべての参加国の明示の賛成発言によって得られるものにのみ限定されるわけではない。しかし，単にこの問題に関して参加国が発言せず沈黙を守った（ないしは無視した）ことが，明示に反対しなかったのだから賛成のコンセンサスが得られたものとして解することはできない。まして少数であれはっきりした反対の意思表示があった場合，コンセンサスが存在するというのは困難であろう。

　ところで，前述のようにメロビッツは核兵器国のみならず非核兵器国も核兵器の「カッコつき」に反対しなかったとしてこれについてのコンセンサスの存在を認めている。その証拠として，西側 3 核兵器国とソ連の会議中の発言をあげるのみならず，第 1 会期でわずかの国（アルバニア，中国，朝鮮民主主義人民共和国，ガーナ，イラク，ルーマニア，ユーゴスラビア）が本会議や委員会において会議が核兵器を禁止すべきことを要求していた事実をあげて，この事実から以

後のコンセンサスは一層明らかになったとみる。つまり，以後米・英代表の発言に対する非核兵器国代表（会議で核兵器使用禁止を提案した代表を含む）の側からのいかなる反対にも出会わなかったことがあげられる。

　諸国（とくに非核兵器国）の会議への参加状況や発言内容を仔細にみるならば，たしかに会議が核兵器問題を取りあげないとすることについて，これを主張する一定国との間で妥協の結果として一定の合意ないしコンセンサスが存在したということはできるであろうが，コンセンサスはその限度にとどまるのである。米英などの発言に対する非核兵器国の積極的反対の欠如は必ずしもそれに賛成する黙示的意思表示とは解せないであろうし，それのみか一定国（たとえばインド代表）は最後まで上の発言の内容に反対し，核兵器への議定書の規定の適用を当然のこととみなしたのである。

　では，少くとも右のような合意が人道法会議で存在したとしても，次に合意の内容ないし範囲はいかなるものとみるべきであろうか。

　メロビッツが核戦争への議定書全体の不適用というテーゼをその内容として認めなかったことは適切であるといえよう。若干国（とくに一定の核兵器国）の主張を除いて，議定書の核兵器への不適用の積極的発言はなく，またその効果のもたらす重大さから判断しても，大方の参加諸国はこの不適用を論外とみなしていたというべきであろう。アメリカ代表でさえ既述のように核兵器使用が国際法の現行の諸原則により規律されることを認めていたのである。まして議定書がその原則の1つともいえるマルテンス条項を再導入し（第1条2項），また「武力紛争に適用される国際法規則」（第2条(b)）にてらして新兵器導入が禁止されているかどうかを検討すべきである（第36条）としていることからも，右のことは推測しうるのである。

　メロビッツはイギリスの宣言の内容をとらえて議定書の定めた新規則の核兵器への不適用と従来の国際法規則の適用を会議でのコンセンサスの最大限の範囲とみなしているが，これも疑問である。人道法会議において核兵器問題ないし核兵器の「カッコつき」に触れた諸国の発言のうち，イギリスの宣言の意味を明確に述べたものはほとんどなく，逆にたとえば同じ西側核兵器国たるフランス代表の発言——議定書の諸規定が核兵器には適用されないと自らはみなす

としながら，その諸規定が自衛権の侵害をもたらすとして議定書への不署名を表明——(27)は一般には議定書の規定（新規定を含めて）が自衛権行使の手段としての核兵器にも適用されうるという理解に基づいていたことを示している。また，議定書の諸規定のうち，どの部分が従来の規則の再確認でありどの部分からが新規則の表明であるかを明確に区別することはきわめて困難である。たとえ区別しえたとしても，従来の規則と比べて新規則がとくに核兵器使用に関連したものであり，それを制約する性質のものといえるかどうか，も改めて検討されなければならないであろう。もっとも，ジュネーブ条約から議定書への「発展」により，議定書と核兵器使用との不両立性が一層深刻になったと判断されることはすでに述べた。しかし，ここでいう「発展」の部類に入るとみられる新規則も大部分従来のハーグ法系統の原則の再確認を示すものにすぎず，内容的に人道法上全く新しいものとは必ずしもいえない。

　結局，コンセンサスの内容に議定書中の新規則のみは核兵器に適用されないという上の意味を付与することは議定書の「文脈」を的確に表現したものとはいえず，むしろそれはイギリスはじめ若干国の意思表明として後述のように特殊な意味をもつとみなければならない。

　人道法会議の参加国間に何らかのコンセンサスがあったとしても，その内容はせいぜいこの会議では核兵器問題は取りあげない，議論の外におくという程度のものにすぎなかったといわざるをえないであろう。「核兵器ぬき」とか「核兵器カッコつき」という短い表現はこの意味を指すにすぎないのであって，それ以上に核兵器と作成される議定書との関係について何ら暗示するものではない。そうであればこそ，一定の核兵器国はその発言や署名時の宣言の形で，核兵器と議定書との関係について，自らの意見表明を行う必要を感じたのである。もしこの点で会議のすべての参加国間の合意が存在していたとするならば，これらの意思表示は必要もなかったし，意味ももたないというべきであろう。

### (4) 宣言の性質および法的効果

　核兵器問題に関する宣言は，くり返し述べてきたように議定書の署名時にア

メリカとイギリスからそれぞれ表明された。これらの宣言はともに「了解(Understanding)」として表明されたものであるが、宣言の性質や法的効果は単に宣言国が名づける呼称により最終的に決まるわけではなく、主にその内容から判断されなければならない。これらの宣言の内容は、そのより明確な表現をとるイギリスの宣言によれば、議定書の導入した新規則が核兵器使用にいかなる効果ももたずその使用を規制ないし禁止するものではないというものであるが、はたしてかかる内容の宣言は米英のいうように純粋な「了解」ないし「解釈宣言」とみなしうるか、あるいはまた「留保」とみなされなければならないか。

解釈宣言と留保との関係ないし相違については、学説上も種々議論されているが、ここでいう解釈宣言とは後述の留保とは区別され、条約（議定書）の全部または一部の解釈を提供することを目的とするための声明であるとするならば、米英の上の宣言をかかる解釈宣言とみなすことは困難であろう。

すでにみたように「核兵器ぬき」の合意が会議において存在したとしても、その内容は上の宣言の意味するようなものではなく単に核兵器を会議で取りあげないというにすぎないのであるから、上の宣言の内容は議定書の文言および文脈からその解釈として引出しうるものではない。

したがって、上の宣言は議定書の全体または一部についての許された解釈を提供するものとはみられない。

他方、条約法における留保の意味は必ずしも統一されていないが、ウィーン条約法条約によれば、表現または呼称のいかんを問わず「その国が条約の規定を自国に適用するにあたって、若干の規定の法的効果を排除し又は変更することを意図するもの」（第2条1項(d)）である。上の宣言の内容は議定書の一定の法的効果を排除ないし変更しようとするものであるから、それはむしろ一種の留保宣言とみるべきであろう[28]。

ところが、留保の意味を「条約により自国に課せられる義務の内容または範囲を制限または限定することをめざすもの」[29]と解して、米英の宣言は議定書の新規定についていかなる国のためにも義務を含まないとしており、また条約法条約の表現からみても、両国の宣言は議定書が核兵器に適用される規定を含ん

でいないと述べているのである、とみなす見解がある。この見解はさらに、両宣言は議定書当事国の平等を害せず両国のための特権的制度の確立をめざすものではない、つまり核兵器国に同じ権利を認めるのであるから、留保国を特権的状況におく留保ではないとする。(30)

しかしこれらの宣言は、核兵器国間では平等に同じ権利を認めるものではあっても、議定書当事国となる非核兵器国との関係では核兵器国を特権的状況におくものであり、議定書の新規定が核兵器に適用される規定を含んでいないとすることは核戦争の場合議定書適用にあたって一定規定（新規定）の法的効果を排除または制限するに等しい。したがってこれらの宣言は、上のような留保のいずれの意味においても、「了解」という形式をとる「かくされた留保」とみるべきである。

そこで問題は、留保とみなされる右の宣言を議定書署名に際して行うことは国際法上認められるかどうかである。この点はまず、議定書に留保の禁止ないし制限規定はないかどうか、もしないとすれば、次に留保の許容性に関する国際法上の原則にてらして、両宣言のような内容は留保としてもはたして認められるかどうか、という形で問われねばならない。

まず前者について、1973年CICRの議定書原案は留保規定（第85条）を含み、一定の条文を除き議定書の条文に対する留保を認めていた。

そこでは留保の禁止された諸条文中に、不必要な苦痛の禁止（第33条）、戦闘外におかれた者の保護（第38条1項）、一般住民と戦闘員の基本規則（第43条）、一般住民の保護（第46条）、非軍事物の一般的保護（第47条）に関する条文が含まれていた。しかし、外交会議は議定書の条文採択についてできる限りコンセンサス方式を採用することにしたため、コンセンサスが事実上各国による条文の恣意的解釈をかくしまたはその余地を残すことを可能にし、その結果留保問題についての実際的関心は薄れた。結局、第4会期で留保規定そのものの削除提案が可決され、議定書にはいかなる留保規定もおかれないことになった。もし留保条文が採択されていたとすれば、米英の宣言は上にあげた留保禁止条文と抵触することになっていたであろう。留保規定削除により、議定書締約国ははっきりした形式の留保よりむしろ解釈宣言を多く行うことになったのである

が，そのような解釈宣言の中には内容的に留保に等しいと思われるものも含まれている。

　しかし，議定書がいかなる留保をも直接禁止していない以上，議定書に対する留保の許容性は，今日では慣習法とみなされまた条約法条約（第19条(c)）にも示されているように，議定書の目的との両立性という観点から考察されなければならないだろう。

　では議定書の目的とは何か。この目的を決定するために，なかんずく「条約の締結に関連してすべての当事国間において行われたその条約に関する合意」（条約法条約第31条2項(a)）を考慮に入れるという解釈規則を適用するのが適切であるという，またしてもメロビッツの見解(31)がある。これによれば，外交会議の核兵器に関するコンセンサスがかかる合意とみなされねばならないのであり，その目的は議定書自体の目的に一致して，人道的配慮のもとでこの文書の普遍性を求めることであった。この目的のためにこそ会議に参加した諸国は，核兵器国のためではなく核兵器のために議定書規定からの背馳（2宣言の対象である）を良かれ悪しかれ受入れたのである。このコンセンサスによって諸国代表は普遍性のために「条約の目的」を犠牲にしたといいうるか。もしそうとしても，そのことからはコンセンサスに加わった当事国を非難する理由を引出しえても，コンセンサスに一致した宣言が議定書の目的と両立しないという主張を引出しうるわけではない。この目的は当事国の合意（それは議定書の条文に表明されていない）から生ずる目的であって，理想主義的註釈者がそこに見出そうとする理想的目的ではない，というのである。

　このややもってまわった上の表現の見解を要約すれば，結局議定書の普遍性を得るため（つまり，核兵器国をも当事国とさせるため）核兵器への新規則の不適用という形で議定書の理想的目的を犠牲にすることで合意がえられたのであるから，両国の宣言は当事国の合意としての議定書の（現実的）目的と両立しうる，ということになろう。

　しかし，前述のように，かかる意味の合意が会議において得られたとはみられず，核兵器を取りあげないという合意があったにすぎないのであるから，そのために議定書の目的が犠牲にされる理由はなにもないといえる。議定書の目

的は，議定書がジュネーブ条約を補完するものであることを考えると，同条約の目的すなわち戦争犠牲者の公平な無差別的保護という基本原則と同じものとみうることは多言を要しないであろう。ではこのような議定書の目的と米英の宣言は両立可能であろうか。

前にみたようにジュネーブ条約においてさらに追加議定書においてはなおのこと，核兵器使用はそれら種々の規定の遵守を不可能にさせるのであり，したがってこれらの文書と核兵器使用とは一般に矛盾するとみなければならない。まして議定書の一定規定（第四編の一般住民保護の諸規定）は核兵器使用そのものによって直接違反されざるをえないものである。しかも核兵器の使用と矛盾するこれらの規定は議定書中において第二義的意義しかもたない周辺的規定ではなく，まさに最も重要な中心的規定に属するもので議定書の目的である戦争犠牲者の保護のための不可欠の規定である。このようにみるならば，米英の宣言の内容である核兵器使用を議定書の新規定の適用から除外することは，核兵器使用が右の中心的規定に違反しそれによって戦争犠牲者の保護が確保されないことを正当化することになり，議定書の目的に反するといわざるをえない。

上の宣言の主張に従えば，たとえば交戦国中の一国が通常兵器で無差別的にまたは一般住民を攻撃しあるいは一般住民の生存に不可欠のものを破壊すれば議定書第51，54条違反とみなされるのに，他の交戦国が同じ攻撃を核兵器によって行えば右規定違反とはみなされないことになる。このような評価を行うことは実際上不合理であって，議定書がそれをその目的と両立しうるものとして許容しているとは到底考えられない。核兵器除外はそもそも議定書の基礎を破壊し，その存在意義を大部分無くしてしまうとさえいえる。上の宣言は議定書の目的と両立し難いことを認めねばならない。

そうであるならば，上の宣言のような内容の留保は，留保に関する国際法の原則からみて行いえないはずである。議定書の他の締約国は上の宣言に対して異議を申し入れることができるとみられよう（条約法条約第20，21条）。もっとも，条約法条約によれば，目的との両立性を判定するのは各締約国に委ねられ，しかも少くとも他の一締約国が留保を受諾すればその留保国について条約は効力を生じる（同第20条4項(c)）仕組みになっているため，上の宣言を行う留

保国が議定書締約国になるのは容易である。また留保に反対する国と留保国との条約関係は反対国が別段の意図を確定的に表明しない限り生じることになる（同条4項(b)）のであるから，上の留保に異議を申し入れる国も沈黙しておれば，留保国との条約関係に入ってしまうことになる。このように，留保に関する条約法条約の規定は一般に留保国に有利に傾くため，その留保が議定書の目的と両立しないと考える国の異議申し立ての意思表示は議定書の将来にとっても重要な意味をもつように思われる。

## む　す　び

　以上，ジュネーブ条約から追加議定書への人道法の展開の中でいわゆる「核兵器ぬき」が行われてきた過程をさぐり，「核兵器ぬき」の意味とくにそれが核兵器への人道法の不適用を示すものかどうかについて若干の考察を行ってきた。「核兵器ぬき」とは，両文書起草の会議で核兵器問題を取りあげないというにすぎずその文書が核兵器に適用されないことを意味するのではないこと，また両文書とくに議定書は核兵器使用の効果によりその遵守が不可能または困難となり，したがって核戦争と一般に矛盾すること，が明らかとなった。それゆえ，人道法のこの展開に対応するため，一定の核兵器国の態度なかでも米英の議定書署名時の宣言は議定書の（新）規則の核兵器への不適用を「了解」として述べたものであるが，その実質は留保に相当ししかもかかる留保は議定書の目的と両立しないものである。核戦争を議定書から除外することは，現代武力紛争に適応するために試みられてきた人道法の展開の意義を大部分失わせてしまうことになろう。にもかかわらず，上の宣言に示されたような一定の核兵器国の態度は人道法外交会議でも執拗に表明され，またそれ以外の諸国からも不思議にも直接強力な反発を受けなかった。そのために，この宣言の内容を人道法会議のコンセンサスを得たものとして，すべての参加国により一般に受入れられたものとみなそうとする見解もあらわれていることを紹介した。

　このように，人道法の展開過程でなぜ上の宣言に代表されるような態度がくり返し表明され，「核兵器ぬき」が行われてきたのであろうか。

それは核兵器国(およびそれと同盟関係の「核のカサ」の下にある国)における核兵器の位置づけつまり核戦略と密接に関連しているからである，と考えざるをえないであろう。人道法の展開につれ核兵器使用可能の余地が挾められることから，核戦略上要請される"使える核兵器"との矛盾が増大することになるからである。かくして，とくに超大国の核戦略上の要請が人道法の形成や解釈にインパクトを与えようとするのである。「核兵器ぬき」の真の原因を究明するためには核戦略の展開と人道法との関連を検討しなければならないが，これは第Ⅳ章に譲りたい。

注
( 1 )　*Actes de la Conférence diplomatique de Genève de 1949 (= Actes (1949))*, Tome II, Section A, pp.745-746.
( 2 )　15ヵ国とは，米，英，仏のほか，オーストラリア，ブラジル，カナダ，チリ，中華民国，コロンビア，キューバ，イタリア，ニュージーランド，パキスタン，ウルグァイ，ベネズエラである。*Actes (1949)*, Tome III, Annexes, No.395, pp.182-183.
( 3 )　このアピールおよび43ヵ国政府の回答について *Appel du CICR du 5 avril 1950 concernant les armes atomiques et les armes aveugles, Réponses des Gouvernements*, Genève, 1952参照。回答中，米英など西欧の主要国はこの問題は国連(原子力委員会)で取り扱われるべきであるとして問題を逸らしたし，他方社会主義諸国の中ではポーランドが回答を寄せたに止まった。
( 4 )　CICR, *Projet de Règles concernant la protection des populations civiles contre les dangers de la guerre indiscriminée*, Genève, Juin 1955. なお，第10条2項のコメンタリーでは，「核兵器は，その使用が"放射能戦争"のそれと類似の結果を引き起こす限り，つまり一言でいえば，その放射能が兵器が敵を害すべき主要な効果の1つに止まる限り，第10条2項の枠に入るとみなすことが論理的かつ正当である。」(*Ibid.*, p.80) と述べられている。
( 5 )　CICR, *Projet de Règles limitant les risques courus par la population civile en temps de guerre*, Deuxième édition, Genève, 1958, pp.99 et s.
( 6 )　XIXe Conférence internationale de la Croix-Rouge, La Nouvelle-Delhi, oct. nov. 1957, *Actes concernant le projet de Règles limitant les risques coucus par la population civile en rtemps de guerre*.
( 7 )　XXe Conférence internationale de la Croix-Rouge, Vienne, 1965, Résolution XXVIII-*Protection des populations civiles contre les dangers de la guerre indiscriminée*.
( 8 )　XXIe Conférence internationale de la Croix-Rouge, Istanbul, sept. 1969, *Réaffirmation et Développement des lois et coutumes applicables dans les conflits*

armés, *Rapport* présenté par le CICR, Genève, mai 1969.
( 9 ) *Rapport sur les travaux de la Conférence*, Vol.I, *op.cit.*, paras.3.14-3.23.
(10) CICR, Projets de Protocoles additionnels aux Conventions de Genève du 12 août 1949, *Commentaires*, oct. 1973, p.2. このコメンタリーの「序文」には、つぎのようにこの点につき一層詳細に述べられている。「CICR は、この草案中に——若干の一般的規定を除き——原子、細菌学および化学兵器を含めなかったことを想起しよう。事実、これらの兵器は国際協定——1925年ジュネーブ議定書——または政府間機構の中での討議の対象とされている。しかし、そのことは CICR も赤十字全体も第一級の人道的側面を示す問題に関心を有しないことを意味するものでは全くない。」続けて、不必要の苦痛を生ぜしめる性質または無差別的に侵害する性質の通常兵器について、それらも議定書の枠外に置かれているが、CICR は専門家と協力してそれらの兵器の効果についての研究を行い、その報告書がすべての政府に送付されること、また、もし外交会議で諸政府がこれらの兵器の一定のものの使用の制限さらに禁止についての問題を取り上げようとするなら、会議はその問題についての一般討議を行い、さらに作業グループを設置すると述べている。
(11) CDDH/SR.39, Annexe, *Actes de la Conférence diplomatique sur la réaffirmation et le développement du droit international humanitaire applicable dans les conflits armés*, Genève, 1974-1977 (= *Actes (1974-1977)*), Vol.VI, p.114. なお、第33、46条についての投票説明の中では、それらの条文が特定兵器の使用を禁止する規定かどうかについて諸国の見解は一致をみていない。むしろ否定的な見解として、たとえば西ドイツ (CDDH/SR/41, Annexes, *ibid.*, p.196)、カナダ (*ibid.*, p.180) の見解参照。
(12) CDDH/SR/58, par.82, *Actes (1974-1977)*, Vol.VII, p.301. (この箇所は英文議事録を参照した。*Official Records of the Diplomatic Conference on the Reaffirmation and Development of International Humanitarian law applicable in Armed Conflict (1974-1977)*, Vol.VII, p.295.)
(13) CDDH/SR.58, par.119, *op.cit.*, p.310. (この箇所も英文議事録を参照した。*op.cit.*, p. 303.)
(14) *Digest of United States Practice in International Law (1977)* by J. A. Boyd, Department of State, Washington, p.920. なお、人道法会議の米代表団報告書（1977年9月8日）もこの点を次のように強調した。「会議の過程で、核兵器の使用から引き出される問題について検討がなされなかった。核兵器使用に関して問題を惹起するように思われるいくつかの条文、もっともはっきりしたものとして自然環境保護に関する第55条があるけれども、発展せらるべき規則が通常兵器およびその効果を目当てに立案されたものであり、かつ議定書により確立された新規則 (new rules) は核兵器使用に対していかなる効果をもつものとも意図されなかったし、その使用を規制も禁止もしないというのが会議を通じての米代表の了解であった。われわれはこの了解を会議中何度か示したし、それはまたフランスおよびイギリス代表によってはっきり表明された。われわれの知る限り、それはいかなる代表によっても反対されなかった。しかし、この明白な記録にもかかわらず、アメリカはその重要性のゆえに、署名および批准の時に、この問題についての正式の了解声明を行うことが望ましい。」(*ibid.*, p.919.)

(15)　CDDH/SR.56, par.3, in *Actes (1974-1977)*, Vol.VII, pp.199-200.
(16)　西ドイツの追加議定書署名（1977年11月23日）の際の宣言は次のとおりである。「第一追加議定書の条文がときにはあまり明瞭でない仕方で起草されていることを考慮に入れて，この議定書が国連憲章第51条に定められた個別的および集団的自衛の権能を制限するかどうかまたどの程度制限するかを詳細に検討することが必要である。それゆえ連邦政府は，後の批准の際，ドイツ連邦共和国の国際法上の約束を明確にしかつはっきりさせるために，補完的宣言を行う権利を留保しなければならない。」
(17)　常設国際司法裁判所のロチュース号事件判決（Publications de la Cour Permanente de Justice Internationale, Série A., No.10, p.19）参照。
(18)　なお，バクスターは「兵器使用の規制は戦争法が直面する最も困難な問題でありかつ効果的にも最も扱いにくいタイプの問題である」と述べ，また「国際法は兵器を取り扱うことにおいて比較的効果のないことを多分証明してきた。なぜなら武力行使において訴えねばならないと一度決意した国家はその手にもつ最も効果的な力の道具の使用を法が禁止することに説得されえない。」とさえいう。R. R., Baxter, "The Role of Law in Modern War", *Proceedings,* The American Society of International Law (1953), pp.90-91.
(19)　McDoughal and Feliciano, *Law and Minimum World Public Order* (1961), pp.659-668.; W. V. O'Brien, "Legitimate Military Necessity in Nuclear War", 2 *Yearbook of World Polity* (1960), pp.88-94; J. Stone, *Legal Controls of International Conflict* (1954), pp.547-548.
(20)　N. Singh, *Nuclear Weapons and International Law* (1959), pp.197-208.
(21)　ドレーパーは，第一条約が「傷（wounded）」と「病（sick）」の定義を与えていないことに注目し，「病気の定義を差し控えることの重要性は，その技術的困難さは別として，核戦争の気配によって高められている。核兵器の効果による過度の放射能は，この条約の目的上確かに病気（sickness）である。核戦争の場合に，多数の軍隊は過度の放射能によって戦闘外におかれかつ医療を必要とすることは容易に想像されうる」といい，さらに別の箇所で「傷者に対する有害な効果または保護された医療施設の破壊を引き起こす核兵器の使用は違法であろう。もしその使用が不可避的にかかる結果を含むならば，第1条の"すべての場合において"という用語の使用はこの兵器の合法的使用を除去しまたは少なくともかなり制限するであろう」と述べている。G.I.A.D. Draper, *The Red Cross Conventions* (1958), pp.76, 100.
(22)　追加議定書に関する「核兵器カッコつき」を認めようとするメロビッツも，「一般住民および非軍事物の攻撃からの免除の原則の第一追加議定書による再確認——蘇生といっても多分誇張ではない——は，新しい法典化の最も意義深い成果の1つを構成する」として，米英がこの原則を適用する詳細な規定に賛成したのは偽善である，と述べている。H. Meyrowitz, "La stratégie nucléaire et le protocole additionnel aux Conventions de Genève de 1949", *Revue Générale de Droit International Public,* Tome 83 (1979/4), pp.911-912.
(23)　*Ibid.*, pp.914-932.
(24)　*Ibid.*, pp.922-929.

(25) CDDH/SR.39, Annexe,in *Actes (1974-1977)*, Vol.VI, p.114.
(26) CDDH/SR.58, par.119, in *Actes (1974-1977)*, Vol.VII, p.310.
(27) CDDH/SR.56, par.3, in *Actes (1974-1977)*, Vol.VII, pp.199-220.
(28) 米英の宣言を条約法の意味での留保とみなす見解として，M. Bothe, K. Ipsen, und K. J. Partsch, "Die Genfer Konferenz über humanitäres Völkerrecht", *Zeitschrift für Ausländisches, Offentliches und Völkerrecht*, Band 38 (1978), SS.43-44.
(29) P.-H. Imbert, *Les réserves aux traités multilatéraux* (1979), p.18.
(30) Meyrowitz, *op.cit.*, pp.395-396. その結果，この宣言により米英両国は，それぞれの領域にある一般住民と非軍事物――そして，アメリカについては，その核兵器の保護の下にある国の一般住民と非軍事物――をソ連の核ミサイルまたは爆撃機の攻撃に合法的にさらすことになる（かかる攻撃が1977年以前の規則により禁止されない限り）。ソ連が同様の宣言を行う必要はない。なぜなら，米英の宣言は一般的性質を有するものではなく，一方的効果を生み出すものではないからである。
(31) Meyrowitz, *op.cit.*, p.938.

# 第Ⅲ章

# 冷戦（平和共存）期における核兵器先制不使用と国際法

## はじめに

　核戦争の危機が叫ばれる昨今の国際情勢の中で，核兵器使用をめぐる問題は人類の生存をもかけた重大なものであるといっても誇張ではない。まして1982年6～7月に開催された第2回国連軍縮特別総会（「SSDⅡ」，以下同じ）が何ら具体的成果をあげえずに終った今日，上の問題は一層深刻である。このような状況の中で，一条の光にみえるのは核兵器先制不使用の提案である。この種の提案は，かなり以前から国連の内外において示されてきた。しかし最近とくにSSDⅡの少し前あたりから，この問題は世界的関心を引くようになった。

　その第1は，ケナン（G. F. Kennan）やマクナマラ（R. S. McNamara）などかつてアメリカの政治・軍事の中枢にいた4人がフォーリン・アフェアーズ誌（1982年春季号）に発表した論文「核兵器と大西洋同盟」の中で，NATOの戦略における核兵器先制不使用の討議を勧めたことである。これはレーガン政権の核政策を直接批判するものであったため，当のアメリカにおいて政府レベルの反発や民間レベルでの賛否両論を生み出したのみならず，世界中になかでも軍縮を求める諸国の世論や反核運動の関心を集めた。

　その第2は，SSDⅡの一般演説においてなされたソ連の核兵器先制不使用の宣言である。この宣言は西側諸国により無視されあるいは批判されたが，軍縮総会の成功を願う非政府組織（「NGO」，以下同じ）などによって取りあげら

れ，またこの総会に提出されたインドの核兵器使用禁止条約案とともに話題を提供した。

ところで，これらの提案は，現代の国際政治情勢，核戦略等を念頭におき，それらに影響を与える目的をもってなされたものであることはいうまでもない。その意味では一種の宣伝的提案にすぎず，せいぜい国際政治の観点からの検討対象にされうるにすぎないとみる向きもあろう。しかし，前述のように核兵器の使用をめぐる問題は，大国の政治家の関心事であるばかりではなく，世界中の諸国民ひいては人類全体にとっての重大な関心事である。またこれは国際政治学の対象にとどまらず，国際法の観点からもアプローチされうる問題である。それどころか，核兵器使用問題は，現代国際法の有効性さらには存在意義さえ問う根本的な視点にかかわるものである。

本章は，核兵器使用をめぐるあらゆる問題を取り上げるのではなく，その先制不使用問題に限定したい。ここでは，それに関する諸提案をふり返り，それぞれの時期や状況におけるそれらのもつ意味やそれらに対する批評を概観した後，現代国際法のいくつかの側面に照らして核兵器先制不使用の問題を位置づけたい。逆に，この法的検討を経てはじめて，この問題の真の意味，政治や軍事におけるその意義が明らかにされるともいえよう。またそれを通じて核兵器先制不使用問題から次に進むべき道も示されることになろう。

## 1　核兵器先制不使用 (No First Use) の意味

まず，ここでいう核兵器の先制不使用 (No First Use of Nuclear Weapons) とはどのような内容をもつか。多くの場合，それは核兵器を最初に使用しないことまたは最初の使用国とならないこと，を指す。しかし，「先制不使用」は時代によりあるいは人によりやや異なる意味で使われることもあり，No First Use と類似のまぎらわしい表現が用いられることもある。そのため最初に，先制不使用の意味をより厳密化しておく必要がある。

**まぎらわしい表現**　①たとえば，先制不使用が「特定規模をこえる核兵器（つまり"戦術"と区別される"戦略"核兵器）の正当な先

制使用の禁止」として理解されることがある。この意味は戦略核戦争を始めないことを指すにすぎず，戦術核兵器の先制使用つまりいわゆる限定核戦争を許容するものである。また「都市に対する先制不使用」も軍事目標に対する先制使用を禁止せず，これも限定核戦争を許容することになろう。本章で使う先制不使用の意味は，いかなる種類のまたいかなる規模のものであれあらゆる核兵器に適用されるものである。

　②また先制不使用に似て非なるものとして「早期先制不使用（no-early-first use）」があげられる。これは即時先制使用（immediate first use）の放棄ではあるが，大規模な通常兵器攻撃による最終的敗北を避けるため，限定的な核兵器使用の選択可能性を残したままにしておくことである。それゆえ，たとえ相手が先に核兵器を使用しなくても，自国が通常兵器のみでは敗北の危機にあると判断すれば，核兵器を先制使用する余地を残すものである。

　③他方で先制不使用は，核兵器の「不使用（no use）」とも区別されなければならない。不使用は一般に先制使用のみならず，その後の第2，第3使用をも行わないことつまりいかなる場合にも核兵器を使用しないことを意味する。たとえ相手が核兵器を先制使用しても自国はそれを使用しないことをも含みうる。ただこの場合いわゆる核復仇が許されるかどうかについては議論がある。

　それに対して，先制不使用は自国が先制使用しないことを示すだけで，もし相手が先に核兵器を使用すれば以後自国は自由にそれを使用しうる点で「不使用」と異なる。先制不使用は，むしろ核兵器の第二使用（second use）以下の許容を強調するための表現ともとれる。

　ただ注意すべきは，先制不使用も相手の先制使用がなければ「不使用」に等しい効果をもつことである。したがって，もし核兵器国が1国に限られているとすれば，その国が先制不使用の立場をとれば，それは「不使用」に等しいといえる。その意味で，アメリカの核独占時代には先制不使用と不使用を区別する必要は実際上なかったともいえよう。

　④最後に，先制不使用は政策（policy）として表明されうるのみならず，一方的宣言として発表され，さらには国際条約中に挿入されることもできる。つまり，先制不使用の表明の形式は予め定まっているわけではない。それが政策

か一方的宣言かあるいは条約規定かの問題は，後述のようにその法的性格を検討する際に重要となるが，先制不使用のもつ意味そのものはその表明される形式いかんによって左右されるわけではない。

**先制不使用の意味**　　以上から，本章で特別の断わりのない限り，核兵器の先制不使用は次の意味で用いられる。すなわち，（核兵器国が複数ある状況において）1 核兵器国が他の核兵器国または他の諸国にその核兵器を先に使用しない限り，いかなる状況においても，いかなる種類または規模のものであれ，どのような核兵器も使用しないことである。したがって，これは相手の態度ないし出方（核兵器を使用するか否か）が1つの条件となっており，相手が先に核兵器を使用するならば自国もそれを使用する権利を留保することになるから，そのための核兵器の生産や保有は否定されない。つまり，先制不使用は核軍縮ないし核兵器の撤廃とも区別されねばならない。もっともこのことは，後述するように両者が無関係であることを意味するわけではない。

では，このような意味の先制不使用は，これまでどのような状況の中でどのような形式で提案されてきたか，またそれはどのような意義をもつものであったか，を次に探ってみたい。

## 2　核兵器先制不使用の諸提案

核兵器の先制不使用の提案や発言は，これまで国家，議会，団体，個人などさまざまのレベルでなされてきた。それらの提案は，主に核戦略の文脈の中であるいは核戦争の脅威に直面してなされてきたものであり，その理論面はおおむねアメリカにおける学説や非政府提案が先行する形になっている。しかしここでは国家レベル，とくに国連での発言を先に検討し，そのあとアメリカの議会の決議，さらに私的提案の主なものを紹介することにしたい。

### (1)　諸国の提案

まず，諸国の先制不使用の提案ないしそれをめぐる見解を年代順にみること

にしたい。便宜上1978年第1回国連軍縮総会の前と後に分けて，それぞれの時期の国際状況や先制不使用をめぐる見解の特徴を探ってみよう。

(a) 1970年代後半まで——国連軍縮総会以前

核兵器先先制不使用提案は必ずしも新しいものではない。核兵器の登場以来，国際情勢の変化，核戦略の展開にともない，核兵器使用の危機状況の下でつねにこの種の主張はなされてきたとさえいえる。1949年以来ソ連の原爆実験によりアメリカの核独占が破られるまでの時期において，国連原子力委員会は核（原子）兵器の規制をめぐる中心的舞台であった。そこにおいてソ連は，アメリカの原子力国際管理提案に対抗して最初にとられるべき措置として原子力の生産および使用を禁止する国際協定をあげた。これは明らかにアメリカの核兵器のみを対象としたものである。アメリカの核独占時代における核兵器不使用の提案は，結局アメリカによる核兵器の先制不使用を要求するに等しいと解せよう。逆にいえば，この時期に先制不使用という表現は用いる必要もなかったし，用いられてもいなかった。

1949年以来米ソ双方が核兵器を保有する時代に入っても，ただちに先制不使用問題が提起されたわけではなかった。

1960年代当初，国連ではむしろ核兵器使用禁止問題が多くの国の関心を引き，1961年には第16回総会において核兵器使用禁止宣言といわれる決議1653（ⅩⅥ）が採択されるに至った。これを審議した総会第一委員会の議論をみても，国連憲章違反や人道の法に反するという理由に基づく核兵器の使用禁止（いわゆる「不使用」）の妥当性がその焦点となり，先制不使用の問題は直接検討されていない。エチオピアなど12ヵ国の付託した決議案に対抗する形で提出されたイタリア修正案に示された若干の西側諸国の見解も「国連憲章に反する核兵器使用を含む武力による威嚇または武力の行使」の禁止を主張するにすぎなかった。これは，逆にいえば，憲章上認められた自衛のための核兵器使用を擁護するもので，その場合の先制使用を許容することを意味するものであった。

先制不使用そのものの提案は，1960年代中頃から中国，次いでソ連によって表明されるに至った。

**中国の提案**　中国は，1964年最初の核実験に成功したが，その当初から「いつ，いかなるばあいにも，自分から先に核兵器を使用することはない」と声明し，この主張をさまざまの機会にくり返してきた。1971年中華人民共和国政府が台湾の政権（中華民国政府）に代って国連における代表権を得てからは，国連の場で同様の発言を行っている。たとえば1971年の第26回総会において中国代表は，次のように述べた。

「中国の核兵器はまだ実験段階にある。中国は防衛のために，そして核独占を破りかつ核兵器と核戦争を究極的に除去するためにのみ核兵器を開発する。中国政府は核兵器の完全禁止と全面廃棄をつねに支持してきた。そしてこの問題を討議するため世界のすべての国の首脳会議を招集し，かつ第一歩として核兵器不使用協定に達することを提案した。中国政府は多くの機会に宣言してきたが，いま中国政府のために，私はもう一度厳粛に，いかなる時にもいかなる状況においても中国は核兵器を使用する最初の国とはならないであろう，と宣言する。アメリカとソ連が現実にかつ真に軍縮を望むならば，それらの国は核兵器を使用する最初の国とはならないことを自ら約束すべきである。」

このように，中国は核兵器の先制不使用を一方的に宣言し，米ソにも同様の態度を勧めているが，それは核軍縮，その第一歩としての核兵器不使用協定に至る前提として位置づけられている。かかる中国の先制不使用宣言は，後述の軍縮総会でもなされた。

**ソ連の提案**　ソ連も1960年代中頃に中国と似た提案を行っている。1965年5月27日国連軍縮委員会に提出されたソ連の決議案（ただし，票決に付されることを要求しなかった）は，核兵器不使用条約の考えを指示するとともに，それまでの間核兵器を使用する最初の国とならない宣言をするよう核兵器保有国に促した。さらに1966年2月1日ソ連閣僚会議議長のジュネーブ軍縮委員会宛てメッセージは，核拡散防止条約中に，その領域に核兵器を有しない条約締約国たる非核兵器国に対する核兵器の使用禁止に関する条項を押入する提案をすると同時に，次のようにも述べた。

「また核兵器の使用を違法化する時期がやってきた。国連総会は数年前かかる決議を採択した。その際決議は核兵器の使用を人道に対する罪として非難し

かつ特別条約の締結を要請した。ソ連は、もし他の核兵器国が同様にするならば、核兵器を使用する最初の国にならない義務をただちに引受ける用意がある。」

このようにソ連の先制不使用も核兵器使用禁止の文脈で提起されているが、中国と異なり他の核兵器国も受入れるという相互主義の条件のもとで提案されている点が注目されよう。この主張は、1970年代後半ソ連のみならず東欧諸国を含むワルシャワ条約機構（「WTO」、以下同じ）の提案にも盛込まれた。つまり、1976年11月25～26日ブカレストで開催された同機構政治協議委員会はヨーロッパ安全保障および協力会議の参加国に提出すべき条約案を採択したが、それによれば、その締約国は相互に相手に対して核兵器を使用する最初の国とならないことを誓約する、というものであった。これは、WTOの諸国と北大西洋条約機構（「NATO」、以下同じ）諸国間での核兵器先制不使用に限定されており、しかも条約の形式をとろうとするのが特徴的である。なおこの提案に対してNATO諸国は否定的反応を示すにとどまった。

(b) 国連軍縮総会（1978，1982年）

二度の国連軍縮総会において、核兵器の先制不使用は大きな比重を占めた問題ではなかった。もっともこの問題は後述のように第2回軍縮総会（「SSD II」、以下同じ）でのソ連の宣言を契機に関心を集めるようになったが、第1回軍縮総会（「SSD I」、以下同じ）においても全く提起されなかったわけではない。

**SSD Iにおける発言**　1978年のSSD Iでは、諸国の一般演説の中で、中国がこれまで通り、いかなる時、いかなる状況においても核兵器を使用する最初の国とはならないことをくり返したほか、非同盟諸国がこの点について提案の中で言及したことが注目される。パキスタンを含む非同盟諸国が提出した作業文書中の行動計画案には次のような表現が含まれていた。

「核兵器国は、共同してまたは個別的に、核兵器を使用する最初の国とならないことを約束すべきである。」

この文言は、軍縮総会の準備委員会がこの総会に付託した最終文書案の行動計画の中にそのまま入れられたが、同準備委員会でコンセンサスが得られなか

第Ⅲ章　冷戦（平和共存）期における核兵器先制不使用と国際法　121

ったことを示すカッコ付きのものとなった。そして結局，SSD Ⅰの採択した最終文書には右の文言は取り入れられなかった。最終文書採択に際しての諸国の見解表明の中で，たとえばスリランカ代表は，「核兵器国にとって，安全保障は相互的核抑止理論になお依拠しており，人類の生存はそれらの国の安全保障に従属せしめられている。同じ文脈において，5核兵器国のうち少くとも4国は核兵器の先制使用の放棄に同意しないであろう(5)」と述べざるをえなかった。

**SSD Ⅱ準備過程** しかし，SSD Ⅰ後も先制不使用問題は消えてしまったわけではなく，ジュネーブ軍縮委員会での交渉を中心とするSSD Ⅱの準備過程においてもこの問題はつねに伏在し，包括的軍縮計画案の中に再びあらわれた。

非同盟21ヵ国の包括的軍縮計画案(6)では，その第一段階で「核兵器使用または使用の威嚇を禁止する国際協定」をあげているため先制不使用への言及はないが，ソ連など社会主義諸国の包括的軍縮計画案は「核兵器国による，核兵器を使用する最初の国とならないという約束」をあげ，さらに地域的措置として「ヨーロッパ会議のすべての参加国の間で，そのすべての締約国が核兵器であれ通常兵器であれ相互に相手に対して使用する最初の国とならないことを約束する条約の締結」を付け加えた。

こうした提案に対する若干の批評もジュネーブの軍縮委員会において行われた。その1982年春会期に，インドが社会主義諸国のいう先制不使用の放棄は核兵器使用の完全禁止を骨抜きにすると述べたのに対して，チェコスロバキアは，もし先制使用がなければ第二，第三使用もないのであるから，どちらも同じ目的をもつものである，と反論した。またパキスタンは，先制不使用の国際協定は核兵器使用の完全禁止に向けての重要な中間措置であると位置づけた。

**SSD Ⅱにおける提案** 結局，SSD Ⅱに提出された包括的軍縮計画案(7)には，その第一段階中に「核兵器を使用する最初の国とならないという核兵器国による約束」という文言がまたもやカッコ付きで挿入された。

1982年のSSD Ⅱにおいて，包括的軍縮計画案はその内容の一部が検討され

たにとどまり，軍縮委員会に差戻されることになったが，一般演説の中で今度は中国のほかにソ連が先制不使用の宣言を行うに至った。

中国外相は，この会期で軍縮競争の即時停止と軍縮のための実質的措置をとるべきであるとして「すべての核兵器国によって核兵器を使用しない協定が達成さるべきである。かかる協定のできるまでの間，各核兵器国は，いかなる条件も付けずに，非核国および非核兵器地帯に対して核兵器を使用しないこと，およびいかなる状況の下でも相互に相手に対して核兵器を使用する最初の国とならないことを約束すべきである」と述べた。ついで「実際に中国政府は，いかなる時にもかついかなる状況においても中国が核兵器を使用する最初の国とはならないであろうこと，そして非核兵器国に対してかかる兵器を使用しないと無条件に約束するということを，世界に対して長い間くり返し誓約してきた」と付け加えた。(8)

**ブレジネフ声明**　ソ連のグロムイコ外相はその演説の冒頭ブレジネフの声明を読み上げた。その中で次のような宣言がなされた。

「諸人民を核破滅の脅威から解き放ち，かつ究極的にはその可能性そのものを人類の生活から取り除くため，自国の力の限りすべてのことをしようとする希望に導かれ，ソ連国家は，ソビエト社会主義共和国連邦が核兵器を使用する最初の国とならない義務を引受けることを厳粛に宣言する。この義務は，それが国連総会の演壇から公にされるときただちに有効となるものとする。」

さらに「その結果，世界の運命に対する自らの責任を自覚する諸国の指導者の最大の義務は，核兵器が決して使われないよう保障するためにあらゆる努力をすることである。世界の諸人民は，ソ連の決定が他の核兵器国の側の相互的ステップにより従われることを期待する権利をもつ。もし他の核兵器国が核兵器を使用する最初の国にならないという同様に正確かつ明白な義務を引受けるならば，それは世界の圧倒的多数の国々によって支持されている核兵器使用の禁止と実際上等しいものとなろう。」(9)

グロムイコは，自らの演説の中でもこの誓約を述べ，その一方的性格について次のように明確に言及した。

「わが国は，例外的に重要なもう１つのステップをとりつつある。ソ連は，

核兵器を使用する最初の国とならないことを誓約した。(ソ連は) 一方的にそうするのである。他の核兵器国がこれに従うならば，核戦争勃発の可能性は事実上完全に除去されるであろう。」

このような先制不使用の一方的宣言は，これまでのソ連の先制不使用提案より一歩進んだものであり，これを一方的義務としてただちに引受けた点に重要な意義を与えることができよう。ソ連は，SSD Ⅱに提出した覚書の中で，この宣言を行うに至った事情を説明している。

それによると，いくつかの国（西側諸国を指す）は，1970年代に引受けた核戦争を防止する約束に反して，今日核紛争は許容されまたは受入れ可能でさえあるといっている。核兵器のいかなる使用も，それに伴うすべての結果とともにグローバルな核の打合いに必然的に導くという現実的な理解にもかかわらず，それらの国は限定核戦争から全面核戦争に至る核戦争のさまざまの方法を計画し，しかも勝利を得ることを期待して，核兵器を使用する最初のものとなるという仮定に基づいて，その戦略攻撃力を展開している。そのため核戦争を回避し軍事緊張を急激に減少させるためなかんずく要求されるのは，核時代の現実の認識に基づいた，そして核威嚇の除去への新しい道を開くことのできる平和のための政治的意思である。この目的で，ソ連は核兵器を使用する最初のものとならないことを誓約した，というのである。

SSD Ⅱにおいて，東欧・社会主義諸国はソ連の宣言を支持した。たとえばブルガリアはSSD Ⅱ最終報告書の付属に入れられた「核戦争の防止」と題する提案で，次のようにそれを位置づけている。「核戦争の危険と核兵器の使用に対する最も効果的な保障は，核軍縮と核兵器の完全除去であるけれども，核兵器の使用と核戦争の開始がこの方向への最初のステップとして違法化されなければならない。相次ぐ世代を核戦争から救う行動をはじめることがすべての加盟国の共通の責任である一方，核兵器国は特別の責任を負う。この関係で，核兵器を使用する最初のものとはならないという核兵器国による義務は歓迎されねばならず，かつかかる義務をまだ引受けていない核兵器国は，このための相互的ステップをとらなければならない。」[10]

非同盟諸国中にもこの先制不使用宣言に賛成しまたはそれを支持する国もあ

ったが，たとえばインドはむしろ一般的な核兵器不使用の決議さらに条約をSSD Ⅱが採択することを求め，最終報告書付属の「核戦争の防止」提案の中にも「核軍縮までの間，核兵器のいかなる使用または使用の威嚇も禁止されなければならない」という表現を入れた。[11]

**西側諸国の態度**　他方，西側諸国はSSD Ⅱの演説の中でソ連の上の宣言を無視するかあるいは批判する態度に出た。

アメリカは，これまでもソ連の先制不使用提案を拒否してきた。レーガン政権下でも，ヘイグ国務長官は1982年4月地上軍や戦車でWTOがNATOに優位しているからソ連の提案は通常軍備による侵略のためにヨーロッパを自由にまかせるに等しいとみなし，「先制不使用の誓約は，ヨーロッパにおけるソ連の通常兵器の有利さと地政学的位置に均合うなにものをも西側に事実上残さないことにある」と批判していた。[12] SSD Ⅱにおいてグロムイコ演説の翌日になされたレーガン大統領の演説は，先制不使用についてのソ連の"挑戦"を全く無視し，クレムリン批判に終始した。

またイギリスのサッチャー首相は，核抑止に基づくNATOの立場を支持して，より直接的に「われわれの主要な必要はあれこれの種類の兵器の先制使用に反対する約束のためではない。かかる約束は戦争の緊迫の中で決して守られることができない」と述べた。[13]

フランスも核抑止を平和の武器と呼んでNATOの立場を擁護し，先制不使用提案を批判した。シェイソン外相は，「かかる現実の危険に直面して，ユートピア的なまたは人を惑わす解決があまりにもたびたび提案されてきた。全面核軍縮または先制不使用への普遍的約束がそれである。かかるフォーミュラは通常兵器の不均衡と政治的非対称がヨーロッパに存続する限り，戦争の脅威を大いにゆがめるであろう。そのうえ，これらを提案する人々は武力不行使に関するわれわれの憲章の本質規定を忘れているように思われる。この基本的条項を核威嚇への適用だけに減じることになる提案にどんな信頼がおけるであろうか」と述べた。[14]

そのほか，西側諸国の中には，直接的にではないが間接的な形で先制不使用に否定的反応を示した国もある。たとえば，SSD Ⅱ最終報告書付属に入れら

れた西ドイツ，オランダ，日本の「戦争防止，とくに核戦争防止」提案には「攻撃に対抗する場合を除いて，通常であれ核であれ，いかなる兵器をも使用しないという現行の約束に言及し続けなければならない」という表現がみられる。
(15)

### (2) 議会における決議——アメリカの場合

　上にみたように西側諸国政府が核兵器先制不使用に消極的ないし拒絶的対応を示してきたのとは裏腹に，アメリカの議会は同国の展開する核戦略や政策に敏感な反応を示し，1970年代半ばには上下両院の議員が先制不使用に関連したいくつかの決議を提案した。それらのうち代表的なものをあげる。

**下院決議**　　　　第94議会第1会期下院決議11号は以下のとおりである。[16]

　米ソは1974年11月25日ウラジオストックで達成したフォード＝ブレジネフ合意を含む，核軍備制限の討議を行いつつあるから，

　核兵器の第一撃の恐怖が軍備競争を促進しかつ核物質を拡散するための正当化としてすべての国によって用いられるのであるから，そして，

　意図の宣言は核兵器の管理に関する交渉に有益であるから，

　それゆえ次のように決議する。

　大統領は，合衆国がいかなる国との紛争においても核兵器を使用する最初の国とは決してならないという宣言をただちに出すべきであり，かつ他のすべての諸国に類似の宣言を行うよう要請すべきであるというのが，われわれの誠実さを示すべき議会の意識である。

**上下両院合同決議**　　核兵器の先制使用を放棄する合同決議（同会期上下両院合同決議533号）は以下のとおりである。[17]

　核兵器先制使用のための意図は世界の安全保障に対する許しがたい威嚇をもたらすから，そして，核兵器先制使用を放棄することの失敗は合衆国と他の諸国に核兵器の先制使用のための能力をつくるために数十億ドルを費やさせしめ，建設的かつ平和的目的のためのかかる多額の貨幣資源の使用を妨げて国際軍備競争を激化するであろうから，

　それゆえここにアメリカ合衆国の上院と下院の合同議会によって，次のように

決議する。
　議会は，核兵器の先制使用を放棄することが合衆国の政策である，と宣言する。

核兵器の第一撃戦略を放棄する合同決議（同会期上下両院合同決議618号）は以下のとおりである[18]。

　　合衆国による対兵力核能力の増強はソ連に対して先手をとった核第一撃のための能力をつくるのであるから，
　　この脅威に対して，ソ連は自らの新しいかつ危険な戦略装置を開発することによって不可避的に対抗するであろうから，
　　米ソの核戦略バランスの必然的不均衡は全面核戦争の機会を著しく増大するであろうから，
　　それゆえここにアメリカ合衆国の上院と下院の合同議会によって，次のように決議する。
　　すなわち，核第一撃戦略を放棄しかつ対兵力能力を達成するための米ソによるあらゆる努力を終らせる交渉のための可能なステップをとるのが合衆国の政策である。

核拡散防止条約締約国たる非核兵器国が核兵器国と共同して侵略に従事しない限り，その国に対して核兵器使用の威嚇を行わずまたは核兵器のいかなる先制使用も行わないのが合衆国の政策であると宣言する共同決議（同会期上下両院合同決議713号[19]）は以下のとおりである。

　　アメリカ合衆国の上院と下院の合同議会によって次のとおり決議する。
(a)　核拡散防止条約締約国たる非核兵器国が核兵器国と共同して侵略に従事しない限り，その国に対して核兵器使用の威嚇を行わず，また核兵器のいかなる先制使用も行わないのが合衆国の政策である。
(b)　この合同決議のために，"非核兵器国"および"核兵器国"という用語は，核拡散防止条約上のそれらと同じ意味を有する。
　　ただし例外として，1967年1月1日以降平和的核爆発を行ったいかなる国も"核兵器国"とみなされるものとする。

これらの決議をめぐって，第94議会第2会期中（1976年3月）に下院国際関係委員会国際安全保障および科学問題小委員会は「核兵器の先制使用，責任あ

る管理の維持」というテーマで公聴会を開催した。[20]上の諸決議の提案者のうちこの公聴会に出席したのは上下両院合同決議533号（および類似の諸決議）の提案者であるオッチンガー（R. Ottinger）下院議員だけであった。

　決議533号は，上に示した諸決議のうち下院決議11号とともに核兵器先制不使用を直接宣言するものであって，本章の取り扱うテーマそのものに関するものであること，またすでにみた中国やソ連の先制不使用宣言に酷似した内容のものであることから，オッチンガーの発言およびそれをめぐる討議は興味をそそる。

　　**決議提案者の発言**　彼は公聴会においてその決議を支持するため，戦略核兵器と戦術核兵器の使用について要旨次のような発言を行った。

　核物質とくに核兵器の使用における人間の無知と潜在的失敗が文明の破壊へ導くという見通しを取り除かなければならないという観点から出発する。
　まず戦略的使用についていえば，アメリカが核兵器を独占していた時代にはその先制使用の威嚇を行うことは，それがいかに恐るべきこととはいえ，ある程度理に適っていた。これは，その道義性は別として効果的抑止であった。
　今日状況は変り，同種の報復力をもつもう1つの核兵器国（ソ連）に対する戦略兵器の使用は，われわれの破滅を招く。米ソは，第二撃で相手を破壊しうるように第一撃に生き残る相互の能力をもった戦略核恐怖のバランス状態にある。
　ところがシュレジンジャー長官は1974年の声明で，ソ連の軍事目標のみ，一見人道的目標を攻撃する精度をもつ戦略兵器の開発を始めたと述べ，このことが第二撃能力を破壊する可能性をアメリカに与えることになるとした。巡航ミサイルがこの可能性を進める。もしソ連がアメリカのこの可能性を考えるなら，その実現前に第一撃をわれわれに加えるであろう。これはいわゆる「箱の中のサソリ」の状態である。
　この自殺的アプローチを終わらせるために，現在の戦略（および戦術）核兵器とその運搬手段を国際管理に委ねて破壊するための条約をすべての核兵器国と締結することが最優先さるべきである。
　私と同僚92名の決議533号は核兵器の先制使用の放棄をわれわれの政策として宣言するもので，この決議が戦略兵器に適用されるなら，不都合な効果をもたずまた多くの議論を惹起するはずがない。

次に戦術核兵器について、まず戦略兵器との相違は今日では任務の問題であり、戦術として分類される多くの兵器は広島・長崎原爆の何倍もの破壊力をもつ。

ところで戦術核兵器の展開について2つの理由があげられてきた。第1は、戦術核兵器は敵による通常兵器攻撃、戦術核攻撃または細菌・化学兵器攻撃に対する抑止として役立つ。第2は、現実の戦争において自殺的戦略戦争にはならないやり方で反応するより広い範囲の選択をわれわれに与える、と。またこれに関連した心理的要素として、アメリカの同盟国は戦術兵器がその領土に展開されていなければ、アメリカはその同盟国を防衛するために核戦力を使わないと信じている。したがってもしそれを撤去すれば、同盟国は自らの核兵器を生産せざるをえないと感じ、そのことが核状況に対するアメリカの管理と同盟の団結を弱めることになろう、と。

しかしこのような議論は支持しえない。戦術核戦争が全面的自殺的戦略核戦争に進まないと考えることは不可能である。いかに小型のものであれひとたび核兵器が使われれば、双方の核攻撃（応酬）による究極破壊の危険がある。最小限のこととして、核威嚇に直面していないすべての国から戦術核兵器をただちに撤去し、核拡散防止条約署名国である非核兵器国に対する核兵器先制使用を放棄するアスピン（Aspin）決議（決議713、723号）を採択すべきである。

私の結論によれば、戦術核兵器は戦略核兵器と同じく自殺的で途方もないものであり、毒ガスや生物兵器と同じ国際的不使用の地位に置かれるべきものである。それゆえこれらの兵器の抑止としての信頼性はきわめて疑わしく、抑止が失敗した場合その現実的使用は自己破壊的なものとなる。

その意味するところは、現在のわが核兵器政策によりわれわれは自らをそして同盟国を安全保障の誤った認識で迷わし、自己破滅的核兵器に訴えることがソ連の通常兵器攻撃の場合に不可欠であるという点にまで、わが通常防衛力を後退させることになる。

なお戦術核兵器の使用については中間的ステップが考えられなければならない。わが通常兵力が適切なものとなるときまでまたは国際協定が結ばれるときまで、核兵器の先制使用を行う何らかの決定に議会の参加を要求することの適否を注意深く検討すべきである。[21]

**公聴会での質疑応答**　以上のようなオッティンガーの意見表明に対して、公聴会では、質疑応答が行われた。その中で次のやりとりをみておきたい。

ザブロッキ委員長は（ビンガム議員の決議618号の方がより秀れたアプローチであると述べ）相手も同様のことをするという合意または保障なくして，アメリカの先制使用選択を一方的に放棄することの賢明さについて質した。そして，アメリカがその威嚇と闘うに適切な通常兵力をもつに至るまで核兵器の戦術使用の一方的放棄を示唆していないのではないかと質したのに対して，オッチンガーはそれは正しく，決議を提出して以来この点について自分の見解を変えた，と答えた[22]。

　さらに，対都市先制不使用 (no first use against cities) の問題について，「都市に対する核兵器の先制不使用の政策宣言にあなたは賛成するか」という質問に対して，彼は次のように述べた。「一見したところ，これはわが人口中枢を荒廃の場から免れさせることで，合理的提案である。しかし実際上，対都市核兵器先制不使用政策は限定核戦争の考え方を勇気づけるであろう。1975年11月24日のアイクリ (Ikle) の演説における都市に対する先制不使用提案は対兵力と限定核戦争という言葉で表わされ，核"防火壁"を破る結果と核応酬を制限することの困難さを考慮に入れていない。」[23] さらにこの文脈でアイクリのスピーチは逆のイメージをもつコメントとして，都市に対する先制不使用の要請は限定核戦争が可能であるという戦略理論の道義的定式化となる，とみる。それは，もし双方が対都市先制不使用理論に従うなら，軍事目標に限定された核戦争が都市に対する使用にエスカレートしないことを示唆する。

　結局，オッチンガーは，これを先制不使用の文脈において次のように否定的に評価する。「"対都市先制不使用"というこの特殊理論は，核兵器の先制不使用へのまたは核兵器使用に対する強化された管理への途上における中間駅か。そうとは思えない。換言すれば，たとえ双方がこの理論に同意したとしても，それは核兵器が使用されてはならないという考え方に進むものではない。全く逆に，それはその使用の正当化——軍事目標から都市への究極的エスカレーションが起こりえないという正当化——を与えるであろう。」[24]

　公聴会では，先制不使用をめぐって，さらに賛否両論のさまざまの見解が表明された。最後に軍備管理軍縮局のアイクレ，国務省のヴェスト，国防省のウェードの3人はそれぞれ自分の属する部局の見解を述べた。これらはアメリカ

政府の見解を示すものとして重要であるが，そのうちヴェストの述べた国務省見解をみておきたい。

**国務省の見解**　まず，アメリカ戦略核戦力の中心的目標はアメリカとその同盟国に対する核攻撃および核脅迫を抑止することである。この目標は，最低限，この核戦力が全面的第一撃を受けた後でも，敵に耐ええないレベルの損害を加えうることを要求する。議会の提案については，次の基本的な3点に言及する。

第1のかつ最も基本的な問題は，もしアメリカが核兵器を使用する最初の国となる可能性を放棄するなら，抑止とエスカレーションのコントロールに対するその効果はいかなるものとなるか，という点である。アメリカの核能力およびそれを使用する意思は，戦争勃発を抑止し，また核による大虐殺に至るレベルへの戦争エスカレーションを抑止することにある。潜在的侵略国は，アメリカの核兵器先制使用放棄を，核対応を惹起する恐れなしにいかなるレベルの通常兵力をも用いうることの保障として解釈しうるであろう。

われわれはまた，通常兵力での対応かまたはありうる敗北かのいずれかの選択に政策策定者を限定させるような政策が，われわれの計画に対してもつ効果を検討しなければならない。もしアメリカが差し迫った敗北に直面するならば，最終的にすべてのカケはくずれることを皮肉にも主張しえよう。小規模な核兵器の限定された数を使用することにおける遅れは，アメリカの敗北を避けるために後により多くのかつより大きな核兵器の使用の計画を要求するであろうことを認めねばならない。

第2の問題は，アメリカの先制使用放棄のわが同盟国に対する効果はいかなるものか，という点である。これらの国々とわれわれがもつ安全保障関係は，世界の全地域の安定に寄与してきた。われわれとソ連との間の現在の戦略的均衡は，わが同盟国の集団的強さの維持を一層重要なものとする。もしわれわれが通常防衛と戦略的報復の間のつなぎの梯子を取りはずすなら，同盟諸国は彼らの防衛のためアメリカがその戦略軍を使う意思を疑うであろう。一般的効果として，同盟国の信頼を危うくし，いかなる武力侵略に対しても同盟国を援助するというアメリカの意思につき疑問を生ぜしめることになろう。

第3の重要な問題は，核兵器拡散の可能性に対する先制使用の放棄の効果はいかなるものかという点である。この放棄は，アメリカと同盟国が通常兵力でのみ対応することを潜在敵国に確認させることになるから，わが同盟国に対する攻撃

が一層ありうるものになるかどうかの問題を惹起することになろう。わが核のカサの保護を減らすことは，いくつかの核兵器接近国に抑止と防衛における援助をもはやアメリカに十分頼れないとして，自らの核兵器能力を開発するよう決定させるであろう。これは，NPT締約国たる非核兵器国に対する先制使用を差控えるというより制限的な提案の場合にもおこりうる。

NPT締約国たる非核兵器国に対する先制不使用政策は，明らかに同条約へのより広い参加を奨励しかつ締約国の安全保障を強化するためのものである。しかしながら多くの非核器国にとって最も差し迫った安全保障の関心は，多分隣接する非核兵器国との通常武力紛争の可能性であり，主たる核兵器国の活動ではないのである。かかる状態において，核兵器が関心の対象である限りで，必ずとはいえないまでも典型的には，彼らの隣国がこの兵器を開発し，それによって地域的な力関係をくつがえす恐れがある。アメリカの採用する先制不使用政策は，このタイプの安全保障の関心を軽減するかどうか疑問である。限定された核不使用の保障は，同盟国および潜在敵国によって，より拡大される不使用誓約への手始めの楔として，みなされることを付言しなければならない。(25)

**下院議員の声明**
**――先制使用政策批判**
なお，公聴会の最後に記録のために付託されたミッチェル下院議員の声明は，次のように先制使用政策を批判している。

ベトナム戦争でのアメリカの敗北の余波の中で，われわれすべては一定の戦闘状況において核兵器の最初の展開に訴える国家政策の強調の増大に気付いている。多くの理由で，核兵器先制使用そしてこの政策を強調する戦略は，アメリカ市民の最善の利益ではないと考える。

第1に，限定核戦争を行う能力は考ええない。ひとたび核戦争が始まれば，全面破壊に導くことはほぼ確実である。

アメリカの先制使用政策強調のもう1つの結果は，予防的（preemptive）戦争または偶発戦争の可能性が増大することである。

スコヴィルが述べたように「柔軟戦略能力は，核の引金を引くことを容易にするだけである。」先制使用政策擁護者の肯定とは逆に，この目的の効果は，核の敷居をより低くすることであろう。

新戦略と最近の核威嚇の第3の重要な結果は，核軍備競争のエスカレーションである。

分別ある人なら核戦争は自殺的であるという結論に達しうるにちがいない。

以上のように，アメリカの議会での先制不使用をめぐる議論はアメリカ政府の核戦略とくに近年の限定核戦争をめざす対兵力戦略を意識において展開され，かかる戦略を批判する立場から先制不使用決議が提案されたことがわかる。したがって，議会での議論は核兵器先制不使用政策がアメリカの核戦略にどのような影響を及ぼすかに焦点をおき，必ずしも先制不使用政策の法的意義や範囲を明らかにすることに関心が向けられたわけではない。この点はむしろ次にみるように学者などの私的提案の中でいくらか追求された。

### (3) 私的提言

　先制不使用の私的提案やそれに関する議論は，1960年代以来主にアメリカの学者を中心に行われてきた。最初の本格的ともいえる提言ないし主張は，1963年タッカー（R. C. Tucker）の主宰の下にプリンストン大学国際研究センターから出された「核兵器先制不使用提案，賛成と反対」中の4論文において展開された。(26) それらのうち，この問題を詳しく論じたタッカーとフォークの見解をみておこう。

**タッカーの見解**　まずタッカー論文は，先制不使用の計画が一方的政策としてあるいは1つの条件——すなわち禁止の違反者に対する報復——の場合を除いていかなる条件の下でも核兵器使用を違法とする核兵器国間の国際協定として実現されうるとみて，次のように論じた。

　先制不使用の原則の確立がアメリカおよび他の諸国のあらゆる安全の利益になると信じるいくつかの理由がある。かかる協定の締結は，アメリカの核政策における明らかな変更を意味する。つまり，「われわれは，毒ガスまた生物戦争のように，核兵器を敵によるその先制使用に対する報復（retaliation）の場合を除いて使われてはならない兵器であるという考えを決して受入れてこなかった。」

　「とくに西ヨーロッパに対するソ連の大量の地上侵入の場合に，核兵器使用を始めることは，アメリカのNATO政策においてくり返し宣言されてきた。さらに今日戦術核兵器はNATO軍において"通常のもの（conventional）"となり，同軍は爾来全面的非核戦争を闘うようにはほとんど装備されていない，とよくいわれる」からである。

　「核兵器先制不使用の協定は，核兵器の先制使用を行わないあらゆる国に，た

とえ侵略国に対してさえ，戦術または戦略核兵器の使用のいかなる威嚇をも行わないことをもちろん含むであろう。かかる兵器を所有する国によって正当になされうる唯一の核威嚇は，他方がそれを使う場合にそれで報復するという威嚇であろう」という。

タッカーは，この政策が次の3つの理由でアメリカの利益になるとみる。

①まず心理的関係，つまり先制不使用協定が核兵器国の最高指導者たちの精神傾向に及ぼしうるインパクトである。

②先制不使用がアメリカと西側の軍事的立場や抑止の姿勢を弱めるという主張に対して，「アメリカと西ヨーロッパの結合した経済・労働資源は，ソ連とその東の従属国のそれより優れている。……おそらく核兵器先制不使用協定は，西側の防衛のため通常兵力の一層の増強を必要とするであろう。しかしこれは西側の能力内のことである。」「要するに核兵器先制不使用協定は，ヨーロッパ諸国がアメリカの参加の抑制に伴ったより強力な非核防衛体制をつくりあげることを促進する効果をもつであろう。」

③核兵器先制不使用の政策は，核兵器の拡散を防止する手段の1つとして重要である。

このようにタッカーは，先制不使用政策または協定が従来のアメリカの戦略を変更するものであるが，結局アメリカとNATO諸国にとって有益であることを認め，かかる協定の締結によって核兵器はすでにその使用の禁止されている毒ガスと同様の法的地位におかれるであろうことを予測している。この論文の発表時はまだ核拡散防止条約もなく，また限定核戦争の戦略も十分展開していなかったことを考えると，タッカーの見解はかなり楽観的観測を行っているとも思えるが，むしろ当時の状況からは，アメリカの戦略と正面から対立することなく，先制不使用の政策を展開しえたともいえよう。

**フォークの議論**　フォークは，タッカーの主張に付言する形で，しかしより本質的問題にまで踏み込んで，次のように論じている。

先制不使用政策は，包括的軍縮や実質的世界政府を要請する安定した平和体制の確立のような，今日到達不可能と思われる国際環境における基本的変化のための部分的代替にすぎない。国家がその支配を維持する限り，国家の兵器庫から核兵器を取除くよう説得されるとは思えない。しかしながら，核の平和維持の可能性におけるあまり野心的ではないがそれでも価値のある改善は，先制不使用の態

度,立場および約束の誠実な採用から引出されることができよう。

もし原子爆弾の兵器としての地位がかなり正式に違法であると事前に宣言されていたなら,アメリカは第二次世界大戦において軍事必要の要請の下で原爆を導入したかどうかは疑わしい。たとえば,われわれは広島と長崎に対する毒ガス使用によって第二次世界大戦中に同等のインパクト(同じ量の損害を仮定すれば)を与えたであろうか。この問題は,兵器の地位がその使用の決定に対してある関係をもつことを示唆している。先制不使用の立場に賛成する議論は,それがあらゆる状況の下で核兵器に最初に訴えることを妨げるという負担を引受ける必要はない。ある重要な状態における有意味な禁止の設定を示すことで十分である。

これは核自衛に依拠する要求の再検討にとって好都合な機会である。先制不使用について考えうる一方法は,たとえ核攻撃以外のあらゆる種類の攻撃に対して効果的な選択の余地がないとしても,自衛の手段として核兵器を便用する権利の否定の形式をとる。

先制不使用提案について,むしろ基本的な技術的考察を行うことが適切である。この提案は,核クラブの現在のメンバーのみを拘束する規則をつくるための,または普遍的秩序の構成要素——武力行使を律する国連憲章規範の付属——として作用する規則をつくるための企てとみなされうる。しかし,この提案を二国関係を安定させる手段として,または可能な一方的措置として考えることが有益であろう。一方的措置として,先制不使用の立場は,その意図の明確化から利益を受ける国にとって意味をもち,また核兵器に頼らずにその安全の利益を保持しうる国家によって事実上有益である。先制不使用の基準(スタンダード)は,その提案の一方的な,二国間の,多数国間のまたは普遍的な形式のいずれが考えられるかによって,いくらか異った分析に従う。

先制不使用の提案は,単に意図の宣言からなると解される必要はない。この方法は承諾機構をつくる必要のないことから容易であるのは事実である。この潜在的単純性は多分ある条件に従う。もしこの提案が協定の形式で考えられるなら,共通の実施手続を定める規定を挿入するための種々の要求を考察することが適切である。たとえば米国憲法上のまたは国連憲章上の修正,立法行為,行政府の意図のくり返される誓約,先制不使用の立場に合致するようなそれぞれの防衛体制の調整,公衆や軍の将校の教化,といったものである。

単なる意図の宣言に実施手続が付け加えられるなら,交渉と承諾の恐るべき問題が多分惹起することは明らかである。同時的一方措置の採択は,各参加国がその望むことのみを実施することによってこれらの障害のいくつかを取り除く。一方的措置の採用と交渉制度(これは意図の宣言に信頼醸成要求を付け加える)の受

入れの間には大きな開きがある。

しかしながら，実施基準についての合意を得ることの困難さは，アメリカの政策を核兵器の先制使用から，より明確にはヨーロッパにおける戦術核兵器への現在の依存から方向転換させるキャンペーンを無意味にするわけではない。"細菌戦争"の放棄は意図の宣言にかかり，道義的転換により強められた。それゆえ，核兵器の宣言的禁止でさえ，必ずしも特定国ではなく全体としての体制（システム）の安定についてかなり有益である。

宣言的形式で考えられる先制不使用の提案は，一定の重要な軍縮の効果をもつ。たとえ提案が交渉された国際協定の形式をとるとしても，査察と管理の入念な体制をもくろむ必要はない。重大な違反はただちに識別可能である。しかし，使用（"威嚇"の観念を含むと想定して）の概念を明確化する努力は，定義と交渉の主たる問題をあらわすであろう。

もし核兵器が他国の政治的態度に影響を与える明らかな目的をもって再展開されるなら，また一方が核兵器の生産を倍増するなら，それは"威嚇"になるか。もし"威嚇"が"使用"の概念から除かれるなら，その提案のいくつかの主な目的は犠牲にされる。この問題は提案が一方的措置としてなされる場合には消滅する。なぜなら，その場合一方的に行為する国は自ら必要と思う"使用"の説明を行いうるからである。

先制不使用提案の文脈で，協定の規則の違反は他方をして他のすべての規則から解放するわけではないことが強調されなければならない。アメリカの自衛観念は，侵略国が最初の規範を侵犯した後には無制限の請求を正当化するように思えるから，説得力ある批判にさらされてきた。宣言または協定に違反した核兵器の先制使用が，犠牲国にその後の無制限の使用資格を与えるとみなすことは望しくないであろう。均合いのとれた対応のみが許容されるべきである。

今日戦争に対する核兵器の関連性（relevance）は軍事計画の中に深く組み込まれている。化学・生物兵器の場合決してそうではなかった。つねに軍縮の動きに懐疑的な軍事気質から国家が不都合な条件の下で先制不使用宣言を行う意思を委ねられていると想像することは難しい。

このことは先制不使用の宣言が無価値であることを意味しない。この宣言は戦略的立場と道義的約束を明らかにする。それは，戦争と平和および新世界秩序の発展への公的な態度をときには修正しうるような討論を開始する。それは国際体制の惰性に挑戦することを求める。その惰性は永久平和を決して維持してこなかったし，また高くつくそして残忍な破壊に導く危機をきわめて長期にわたって避けても来なかった。これらの利点の見通しは，先制不使用提案を今日魅力的な軍

縮提案としている。

**フォークの包括的先制不使用誓約**　フォークは，上の論文から約10年後の1978年には，軍事的非核化の文脈の中で，先制不使用について次のように一歩進めた議論をしている。

　包括的な先制不使用誓約は，もう１つの建設的ステップとなろう。かかる宣言的措置は，核兵器が毒ガスまたは生物兵器と同様に違法な戦争兵器であるという重要なシンボル的認識を提供することができよう。先制不使用誓約は，信頼されるためには，それにより核兵器のための特殊な第二使用（second use）の意図を知らせながら，核兵器を戦線から撤去し，かつ通常軍備能力を増大する計画と整合されなければならないだろう。かかる先制不使用宣言は厳粛になされかつ実施されるなら，ついでより思い切った非核化形式を支持すると思われる教育的経験としての大きな価値をもつであろう。現在世界の環境においてかかる宣言を行うことに最も気の進まないのは，皮肉にも超大国ではなくて，武力攻撃を受けやすい賤民国家(バリア・ステート)である。賤民国家は，深刻な安全保障の威嚇に直面していながら，核兵器に対する何らかの代替を引出すことのできない唯一の国である。しかしたとえ賤民国家が先制不使用の軌道の外に留まらねばならないとしても，このステップは現体制(システム)の地政学的つながりに関連するので，見込みのあるものであろう。

**ダンの否定的評価**　同時期（1978年）に書かれたダン（L. A. Dunn）の論文[27]は，他国との武力紛争における核兵器の先制使用の総括的放棄，とくにアメリカの総括的先制不使用宣言政策（blanket no-first-use declaratory policy）の核不拡散に対するインパクトについて検討を加えた。そこで彼は要旨次のようにこの政策をかなりネガティブに評価している。アメリカのかかる宣言政策は，第１に他の核兵器国に対する核兵器の抑止効果の認識にほとんど影響を与えないし，第２に核兵器が他の兵器と質的に異なっているという事実を変えない。アメリカの総括的先制不使用の採用は，多分西ドイツに対する核兵器取得の圧力の増大を助長するであろう。ひとたび西ドイツが核兵器を取得すれば，それはイタリア，スペイン，ことによるとスウェーデン，スイスさらに日本に核拡散圧力を増大する恐れがある。かかるスピルオーバー効果は，右のアメリカの立場が秩序よりむしろ無秩序を増大する源となるという

恐れの付加的理由を提供する。

　要するに，アメリカの総括的先制不使用の立場が拡散奨励に向けてもたらすインパクトはさまざまである。短い期間では，とくに日本でそしてより少い程度において韓国で核兵器取得の圧力の増大は現在の束縛によってなお抑えられるであろう。しかし最も重要な場合——西ドイツでは，宣言政策におけるかかる変更はとくに秘密の核準備および自らの核戦力開発決定の双方の可能性を多分かなり増すであろう。この結果は，先制不使用擁護者の不拡散目標に直接反するのみならず，秩序よりむしろ地域的かつグローバルな無秩序に寄与することになろう。

**4人の提言**　最も議論を呼んだ提案は，最初に触れたように，バンディ（M. Bundy），ケナン，マクナマラ，スミス（G. Smith）が共同執筆してフォーリン・アフェアーズ誌に発表した「核兵器と大西洋同盟」と題する論文において示された。これら4人がかつてアメリカの政治・軍事の中枢にかかわっていたことからも，そしてこの論文がアメリカ政府の核戦略と対立する核兵器の先制不使用を勧めるものであることからも，アメリカ内外に多くの波紋を投げかけた。

　この論文の反響の大きさを考慮して，その要旨をやや長めに次にまとめておきたい。

　(a)　この論文は次に述べる"新政策"が大きな利益をもたらしうることを主張する。しかしこれは議論の出発点を目ざすもので，その終結を目ざすものではない。33年間，大西洋同盟は，東からの侵略を撃退するため必要ならば核兵器を使用するというアメリカの確言された準備に依拠してきた。そのための理論が相次いであらわれたが，すべての理論の主たる要素は，アメリカがヨーロッパにおける侵略に対して防衛するため核兵器を使用する最初の国であるという意思を確認してきた——事実もし必要なら先制使用者となる計画をたててきた——ということである。この要素こそ今日再検討を必要としている。

　この政策はアメリカの核優位が圧倒的であったときに最初に確立されたが，この優位は爾来長い間にわたって失われてきたし，かつ回復しえないものである。そこで次のような新しい同盟政策と理論への移行の方法と手段の注意深い研究の時期が来ている。つまり，核兵器は侵略者がこれを最初に使わない限り，使われ

てはならないというものである。

　(b)　最近アメリカの限定核戦争の準備による混乱は次の事実に由来する。すなわち，ソ連と大西洋同盟双方における本質的に等しいきわめて過剰な核兵器体系の進展はすべての形態の核戦争の危険についての新たな関心を生ぜしめた，ということである。双方のこの体系の豊富さはだれかによるこの兵器のいかなる先制使用の理性的計画をたてることをも以前にも増して困難にした。

　最も小規模なものであれ，核兵器のいかなる使用も限定されると信頼しうるために何らかの説得力ある理由を述べることに成功した人はいないという事実を認める時期が来た。25年以上の間，あらゆるまじめな分析と軍事演習は，核兵器の最も限定された戦場使用さえ文民の生命と財産にとりきわめて破壊的なものとなることを例証してきた。

　同盟によるまたは同盟に対する，ヨーロッパにおける核兵器のいかなる使用も，すべてに破壊をもたらし何ものにも勝利をもたらさない全面核戦争へのエスカレーションの高いかつ避けえない危険性をもたらす。全面核戦争の世界的規模の災害に対して唯一のはっきり区別しうる防火壁は，すべての他の種類の紛争と核兵器の何らかの使用の間にたてられるものである。この防火壁を広くかつ強く維持することはすべての人類の最大の利益である。核兵器の最も限定された使用さえ度肝を抜く結果がもたらされ，無制限のエスカレーションにならないという保障は双方にとり全く不可能であるから，いずれの側によっても核兵器の先制使用の効果性を主張する政策の賢明さについて最大の疑問が提起されねばならない。それゆえ，先制不使用の可能性，要求，困難性および利益を検討することが時宜を得ている。

　(c)　同盟の先制不使用政策の提案の惹起する最大の問題は，中部前線におけるNATOの抑止姿勢の実効性に対するそのインパクトの問題である。NATOに対するアメリカの核のカサの創設には強い理由の存在したことを想起せねばならない。条約第5条に示されたアメリカの当初の誓約は核保障として理解された。先制使用の準備は当初から含意されていた。今日この保障を修正することは同盟の受諾における大きな変更であり，かかる変更はその含意の最も注意深い探求なしになされてはならない。かかる探求において西ドイツの役割が中心でなければならない。

　先制不使用政策は，この特別の保障の放棄ではなくその再定義を含むものである。西ドイツへのいかなる核攻撃に対してもアメリカの核兵器で応える用意でいることがなお必要であろう。そしてこの約束は先制不使用政策がわれわれのドイツの同盟を放棄するものではないということを強く示す必要があろう。

第Ⅲ章　冷戦（平和共存）期における核兵器先制不使用と国際法　139

(d) 先制不使用政策は，同盟の通常兵力なかんずく中部前線での現地兵力および迅速な援軍に使われる兵力の適切性における信頼強化を必要とすることは明らかである。先制不使用政策のための基本的主張は厳格に軍事的用語で述べられる。

先制不使用についての同盟の姿勢は予め示された特別の効果をもつであろう。それはヨーロッパにおけるとくにアメリカの通常兵力を維持しかつ改善することの重要性に新たな注意を引くであろう。先制不使用政策における主たる政治的困難さは，それがヨーロッパとくに西ドイツにおいて同盟およびあらゆる効果的抑止におけるアメリカの関心の減少の証拠として受け取られることである。ここでの主張はまさにその逆である。かかる政策は同盟を協力的かつ効果的なものとして維持するための最善の政策である。

(e) 核兵器先制使用放棄の考えは，核兵器の選択的および制限的使用のための現行のNATOの計画の注意深い再検討により試されねばならない。先制不使用以外の受入れうる政策があるかどうか。可能な一例は"早期の先制不使用（no-early-first-use）"と呼ばれうるものである。この政策は究極の大規模な通常兵力の敗北を避けるためのある制限された核行動の選択を開いたままにしておくことができる。そして即時的先制使用の放棄と通常能力について強調することによって，現在の恐怖の減少になにほどか役立つと考えられる。しかし，明確かつ単純な立場がわれわれとその同盟にとって大きな価値をもつのであり，例外に伴う心配は例外が容易に規則となることである。

(f) ここに提案したことをだれが検討すべきか。この問題は諸政府によって決定されなければならないが，それは市民によっても検討されうるしまたされねばならない。

(g) 先制不使用政策の第1の利点は，なお必要な核抑止力の取扱いにある。ひとたび信頼すべき先制使用計画の必要から免れるなら，いわゆる"エスカレーション優位"の能力，つまりいかなるレベルでも核戦争を闘いかつ"勝利"する能力をつくりまたは回復するためにすべての種類の新しい核能力が必要であるという確信へと導いた複合した多くの議論から免れることができる。先制不使用の下で必要なものは，われわれがすでに過剰なまでに有する一連の能力，つまりソ連の核攻撃に対する適切な報復（retaliation）のための能力である。（それは，ソ連をしてやはり先制不使用政策に賛成させるはずのものである。）

同盟の唯一の核の必要は適切に残存するさまざまの第二撃能力のためであることがひとたび明らかになれば，主要核体系の近代化の要求はこれまでよりますます控え目なものとなろう。かかる政策の下で中性子爆弾の展開が必要かまたは望

しいかどうかは疑わしい。

　ここで誤解を避けることが重要である。1980年代の条件の下でしかも双方の核戦力の大規模削減を行う協定の存在しない状況の下で，広汎な，多様なかつ生き残り可能な核戦力が核抑止のためになお必要であることは明らかである。(たとえば，ポルトガルからポーランドまでのヨーロッパ"全域"の非核地帯提案は，ソ連の無数の長距離兵器が西ヨーロッパを目標としうるという現実を十分考慮に入れているようには思えない。) しかし，先制不使用政策は同盟の核体系のための新しい要請の減少を伴うから，あらゆる種類の恐怖をかなり減らせるであろう。この効果的政策はヨーロッパにおける通常兵力による侵略の危険を減じるであろう。

　(h)　これまで軍事政策の問題を検討してきたが，われわれの関心は政治的な面にある。先制不使用の最も明白な宣言的政策によってさえ除去しえない１つの根本的な現実が残る。たとえ同盟の核兵器国が他の同盟諸国の支持を得て先制不使用政策に加わるとしても，そしてたとえこの決定がこれらの諸国とソ連によるかかる政策の共同宣言に導くとしても，双方のだれも，通常戦争が大規模に勃発しても実際上核兵器が使用されないということをあらゆる可能な疑問をこえて保障することはできないであろう。われわれはソ連についてこの仮定を行いえないし，またソ連の指導者たちがわれわれについてそれを行いえないことを認めねばならない。核兵器が存在する限りその使用の可能性は残る。

　しかしこの不可避的な現実は先制不使用政策の価値を減ずるものではない。この価値はなかんずく西側同盟自体の対内的健全さのためである。効果的な通常兵力バランスと生き残りうる第二撃核能力の姿勢は，恐るべき受入れがたい"限定"核シナリオの真剣な予期を強いるものより，より文明的な深い意味においてわれわれの人民と政府にとりはるかに望ましいものである。

　われわれのソ連との関係において，先制不使用が役立ちうると信ずべき強い理由がある。ソ連政府はかかる政策を宣言して，西側にそれへの参加をくり返し提言してきた。かかる宣言が限定された信頼性しかもちえない一方で，この政策を共同に宣言することの双方に対する真の価値を無視するのは正しくない。核兵器先制使用を放棄することは，以後の違反に対する責任の大きな負担を受入れることである。このようにはっきり宣言された共同誓約の存在は，どちらの側にも核兵器の不意の使用のコストとリスクを増大し，かつそれに応じてかかる使用の威嚇の政治的効果を減じるであろう。先制不使用の姿勢と政策は，双方に核軍備の誠実な削減への道を開くのに役立ちうるであろう。

　(i)　同盟における先制不使用政策は，朝鮮およびアジアの他の部分におけるアメリカの姿勢について同時に問題を提起するであろう。われわれは中心的同盟の

中央前線にわざと焦点を合わせたが，そこでの正しい選択は他の場所での正しい選択に役立ちうると信じている。

**提言に対する論評**　　以上のようなアメリカの4人の提言は，前述のようにアメリカ政府の批判的反応，第2回国連軍縮特別総会での諸国やNGOの注目を引き，賛否両論をまきおこした。そのうちおそらく最も包括的な批判は，同じフォーリン・アフェアーズ誌に掲載された4人のドイツ人の論文「核兵器と平和の保持」において展開されたものであろう。この論文は次の諸点にわたってアメリカの4人の提案を論評している。

　(a)　ケナンらアメリカの4人の提案の検討は，戦争になれば核兵器が自国領土で最初に使用され，平和維持に特別の関心をもつドイツ連邦共和国のような国でとくに真剣になされねばならない。最も重要なことは核戦争の防止のみならず，通常戦争を含むいかなる戦争をもいかに防止するかにある。ここで論議すべきは，西側同盟にある核兵器の防衛的先制使用（defensive first use）でなければならない。

　(b)　現在のNATOの柔軟反応戦略は，侵略者が武力紛争の引きがねを引くことによって利益も成功も期待しえないような方法で，通常兵器であれ核兵器であれどんなレベルでも敵による攻撃に対処することを目論んでいる。核兵器の先制使用放棄は戦争防止の現戦略から決定的特徴を奪うことになる。それゆえソ連はその危険を計算し，ヨーロッパで戦争を開始しうる立場におかれると結論せざるをえない。ソ連は核兵器が自国領域で受入れえない損害をもたらすことを恐れる必要はもはやなくなるであろう。それゆえ核兵器先制使用の信ずべき放棄は戦争を一層おこりうるものとするであろう。4人の執筆者の決定的弱点は，十分な証拠を与えずに先制不使用政策が戦争を一層ありそうにないものにするであろうと主張していることである。

　ヨーロッパにおける西側核兵器の先制使用はどのような状況のもとでありうると考えられるか。それはワルシャワ条約による大規模通常攻撃がもはや通常手段で対抗されえず，NATOをして核兵器の限定的使用つまり小量の小型兵器の多分警告的発射のみを強いる状況においてのみ考えられる。

　(c)　ヨーロッパ防衛に対するアメリカの約束について，4人の執筆者の勧告から引出される結論はきわめて煩わしいものである。彼らは先制不使用がヨーロッパに対するアメリカの保護的保障の放棄ではなくて"単なる再定義"をあらわし

ていると主張する。それは事実であるが，アメリカの現在の約束からの後退の形においてそうなのである。

　全面核戦争の世界的災害に対する防火壁は他のすべての種類の紛争と核兵器使用の間にあるという彼らの意見は，非核同盟パートナーに対するアメリカによる核保障をソ連による核兵器の事前使用の場合に限定するに等しい。全ヨーロッパのNATO地域に対する大規模通常攻撃の場合でさえ，ソ連は自国領土が核兵器にさらされない限り聖域にとどまることは確かであろう。それゆえ多年にわたりソ連がときにはグローバルな提案を装って核兵器の先制使用の米ソ共同放棄を迫ったことは十分理解できる。

　提案されている先制不使用政策は危険の共同体としてのヨーロッパ・アメリカ同盟におけるヨーロッパ人とくにドイツ人の信頼を壊すであろう。そして同盟の戦略的統一と西ヨーロッパの安全保障を一層危険にさらすであろう。

　(d) 核兵器先制使用の放棄がなされれば，潜在的侵略者の危険は一層計算しうるものとなる。さらにソ連の通常兵力優位の意味は劇的に増大するであろう。ヨーロッパにおける通常戦争は再び可能となり，それは再び他の手段による政治の継続となるであろう。ドイツ人と他のヨーロッパ人にとって，一層ありうる通常戦争は核兵器の先制使用の選択を含む現代の戦略を通じての戦争防止にとって代るものではない。

　(e) 4人の執筆者は，政治的圧力からヨーロッパのパートナーを保護し自由社会を守るという問題を取扱っていない。

　西ヨーロッパの通常戦争での敗北に直面してさえ核兵器使用を放棄するという執筆者たちの忠告は"死より赤"がそのときなお生きているヨーロッパ人にとっての唯一の残された選択であることを示唆するに等しい。

　(f) 1979年12月のNATOの二重進路決定（double-track decision）すなわち軍備管理交渉の失敗の場合の軍備増強，をやめるべきであるとは結論しない。

　(g) 武力の1つの形態——核兵器の先制使用——の放棄についての特別の強調は，すべての実際的目的上通常兵器の使用に対する禁止の減少をもたらすことにより，国連憲章第2条に規定された武力行使に対する一般的禁止の重要性を減少させる。ドイツ連邦は他の同盟パートナーとともに，武力行使の一般的放棄と特定兵器の問題を切離すのは法的に疑問であり，かつ政治的に有害であるという見解をとる。核兵器の先制使用の禁止にともない他の兵器の先制使用の禁止はより少くなるかどうか，そしてそのとき強大な通常軍備の国に脅かされた国は武力行使の禁止によって保護されることがより少くなるかどうかの問題が提起されなければならない。

核兵器の早期先制使用への依存を減らす企てに着手しなければならない。4人の執筆者は可能な選択として"早期先制不使用"政策に言及するが，結局彼らはそれを核選択の単なる変　種(バリエーション)として放棄している。

核兵器の早期使用への依存の減少は，第1に東西交渉による通常兵力の相互のバランスのとれたかつ検証しうる削減を通じて企てられるべきである。われわれは西側の通常軍備の増強によるかかるバランスの回復がいかに困難であるかをすでに指摘してきた。われわれの意見では，それゆえ執筆著たちの示唆する先制使用放棄のための本質的前提条件はみたされえない。

要するにわれわれは，通常（軍備）選択の強化によって核の敷居を引上げる努力が緊急に必要であると考える。核兵器の先制使用とくに早期先制使用への依存を減らすことは，われわれの諸国における高度の政治的優先の問題でなければならない。

西側同盟はその当初からいかなる武力であれ，その先制行使の放棄を約束してきた。核兵器の存在は30年間戦争を防止し，自由を維持し，同盟の成功に本質的に寄与してきた。核兵器の先制使用への依存の減少はこの目的に役立つであろう。しかし予見しうる将来の状況において，先制使用の選択の放棄はヨーロッパと全同盟の安全保障利益に反するであろう。

こうした批判に対するアメリカの4人の反論も行われ，[31]第2回国連軍縮総会におけるソ連の前述の先制不使用宣言とも相俟って，核兵器先制不使用をめぐる議論は（今日まで主に軍事的側面に限られてはいるが）盛んに行われている。

以上みたような先制不使用の諸提案とそれに対する批判に共通にみられる特徴は次の点であろう。

**提言と批判の共通点**　まず，先制不使用の私的または非政府レベルの提言は主にアメリカの学者や政治家の間でなされてきた。最近のアメリカの4人の論文をきっかけに，アメリカのみならずNATO諸国や非同盟世界でもこの問題は関心を集めるようになった。

ただ先制不使用の議論は，もっぱら米ソ核戦略の観点からとくにNATOとWTOの間の関係を念頭においてなされている。アジアその他の地域での核戦略に及ぼす影響や中国によりくり返されてきた先制不使用宣言をめぐる議論はほとんど行われてきていない。つまり，核兵器の先制不使用として一般化した議論にまで十分展開されていないといえる。

さらに，これまでの先制不使用提案は，「政策」として提示されてきた。この問題は法的観点からもアプローチが可能でありまたなされなければならないにもかかわらず，これまでフォークなどによる若干の立法論的主張を除いて，国際法の立場から評価する試みはほとんどなされていない。戦略的観点の強調のあまり法的評価は無視されてきたともいえるであろう。

以下には，これまでみてきた先制不使用をめぐる議論を国際法の観点から整理し論評することにしたい。

## 3 核兵器先制不使用の法的評価

核兵器先制不使用の問題を現代国際法の諸側面から検討するには，先制不使用に関係のある国際法諸分野の内容をみる必要があるが，同時にその前提として，現代国際法体系の基本構造および基本原則にてらして先制不使用問題がどのように位置づけられるかをみなければならない。

**現代国際法の基本構造**　まず現代国際法の基本構造の特徴やその基本原則のうち先制不使用と関連するまたはそれに適用されるものはなにか。現代国際法は基本的には主権国家相互間の関係を規律する規範の総体といえるが，その構造は国家の行態（作為と不作為）のあらゆる面における完全な自由を前提とするものではなく，そこにはその自由を規律する基本原則が作用している。その中で最も基礎にあるものは，一方で（他国の）国家主権の正当な行使を妨げてはならないという原則であるとともに，他方で国家行為を規律する原則や規則には従わなければならないといういわば諸国家関係における国際法の妥当性を認める原則であるといえよう。国家の戦略や政策の確立・選択は国家主権の行使に属する問題であるとともに，その確立または選んだ戦略や政策が国際法の規律の外におかれるわけではなく，現代国際法の原則にてらしてその法的評価を受けることは避けえない。

戦略あるいは政策としての核兵器先制使用あるいは不使用の選択も，それゆえ国際法の規律の及ばない彼岸の問題ではなく，まさにそこに妥当する国際法があり，それによる評価が可能な，いや必要な問題なのである。既述のように

核先制不使用は，あるいは政策として一方的宣言の形式であるいは国家間の国際協定として提案されてきた。国際協定は条約として法的拘束力をもちその内容が法的評価の対象とされることはいうまでもないが，一方的宣言の形式をとる場合でも法的評価を免れえない。

今日国家の一定の一方的行為に法的効果を付与することを認める傾向があらわれていることも，これを促進するであろう。もっともこの場合，国際司法裁判所が核実験事件判決（1974年）[32]で認めるように，すべての一方的行為が法的拘束力をもつのではなく，それは法的約束の性格を付与する意図が公に示されたような一方的宣言に限られている。裁判所によるかかる評価の適切性はともかく，この基準にてらせば，既述のような第2回国連軍縮総会におけるソ連の先制不使用の一方的宣言，さらに中国によりくり返されてきた同旨の一方的宣言は法的拘束力をもつとみなしてよいであろう。したがってもしこの宣言に反して核兵器の先制使用を行えば，これらの国は国際法違反として国際責任を負わなければならないことになろう。

他方，単なる政策としての先制不使用宣言は，一方的行為の上の基準にてらすならば，法的拘束力をもつものではないといえるであろう。しかし，そのことはこの政策選択に法的評価が及ばないことを意味するわけではない。先制不使用の政策宣言は，その宣言自身が法的拘束力をもつものではないとしても，現代国際法からその宣言内容が検討され，評価を受ける余地は残されている。

**国際法による評価** したがって，核兵器先制不使用が国家の政策としてまたは法的拘束力あるものとして一方的宣言の形式をとるかあるいは国際協定の形式をとるかを問わず，この核先制不使用という内容は一定の法的意味をもった国家の行態とみなすことができる。では，どのような国際法分野の原則ないし規則からかかる国家の行態は評価されなければならないか。

現代国際法の下では，いかなる国家行為も特別の禁止規則のない限り許容されるといういわば国際法の完結性を前提とする原則はもはや認め難く，逆にこの場合には国際法規則が欠缺しているかあるいは少くとも類似の規則からのアナロジーによりまたはその前提となる原則により国家行為は規律されていると

みなければならないことである。核先制不使用との関連で，このような原則として第1にあげられるのは，武力行使禁止の原則であろう。この原則は現代国際法の最も重要な基本原則の1つであることはいうまでもないが，最近国連総会決議などで人類の生存や地球の存続と関連させつつ表現されることさえある。人類生存の要請は，人類の滅亡さえ現実に可能と考えられるようになった状況を前にしてはじめて生れるもので，核兵器の出現や核軍拡競争を契機としていることはいうまでもない。もっとも武力行使禁止原則の中で例外的に許された自衛権に基づく行動（や国連の強制行動）の主体さえも人類の生存を危うくしかねない核兵器の使用を許容されるかどうか，それが右原則に反することにならないかどうかといった疑問も提起されよう。

要するにこの原則との関連では，武力行使禁止と核兵器（先制）使用の関係を明らかにしなければならない。たとえこの検討において核兵器（先制）不使用問題がこの原則から直接影響を受けないつまり両者は直接関係がないという結論に達しても，次にいくつかの国際法分野からこの問題を検討してみる必要がある。これらの主たる分野としては，先制不使用問題が直接関係する人道法およびこの問題の提起されてきた軍縮（軍備管理）法があげられる。

## (1) 武力行使禁止原則との関係

まず戦争禁止原則，より正確には武力行使または武力による威嚇禁止の原則は核兵器の先制不使用あるいはより一般的に兵器不使用問題とどのように関連づけられるか。

戦争の制限・禁止は連盟規約・不戦条約・国連憲章という国際社会の基本文書の中で展開されてきたが，それらの文書中に兵器使用の制限・禁止は直接関係づけられあるいは言及されていない。しかしそのことは戦争禁止原則について，兵器使用問題が無関係であることをただちに意味するわけではない。戦争，または武力行使はほぼ必然的に兵器の使用を伴う（軍事占領が一発の銃声も発せずに行われることもあるが，それは例外的現象であろう）。逆にいえば，戦争または武力行使の禁止は一見その中心概念として，兵器使用禁止を伴うように思われる。ドイツの4人の前述論文は，武力行使の一般的放棄と特定兵器問題を

切離しえないものとみなしている。しかし兵器の不使用は戦争や武力行使禁止の事実的結果ではありえても，ひとたび戦争または武力行使が行われれば（しかも現代国際法の下でもかかる武力紛争は発生しうる），兵器使用の規制は戦争法ないし人道法の体系の下で位置づけられることになる（後述）。もっともこれは兵器一般ないし害敵手段一般の規制についてのことであり，大量破壊兵器なかでも核兵器の使用について，戦争禁止原則との関連が見出されるかどうかの問題は残る。

　この問題は国連憲章の下で武力行使禁止原則との関連で論じられてきた。核兵器使用禁止宣言ともいわれる1961年の総会決議1653（ⅩⅥ）をめぐる議論での西側諸国の見方，それを代表する既述のイタリア修正案は，国連憲章に反するような方法による核兵器使用を含む武力による威嚇または武力行使が憲章違反であると主張することによって核兵器使用禁止と武力行使禁止原則との関連を認めようとした（武力行使禁止原則の例外としての自衛の場合における核兵器使用を許容する点にこの修正案の意図があったのだが）。またすでにみたようにフォークが核兵器使用の"威嚇"をその使用に含めて取扱おうとするとき，憲章第2条4項の武力による威嚇の禁止との関連が念頭におかれていたことはいうまでもない。

**国連総会決議をめぐる議論**　　国連総会は1970年代はじめ「国際関係における武力不行使および核兵器使用の永久禁止」という議題を検討し，次のような決議2936（ⅩⅩⅦ）を採択した。

　（総会は）国連憲章において宣言され，かつ友好関係宣言において再確認された武力行使または武力による威嚇の放棄は，すべての国が尊重すべき義務であることに注目し，……
　武力行使または武力による威嚇の放棄と核兵器の使用の禁止は，国際生活の法として，遵守されるべきであると信じ，
　1．国連憲章に従って，国際関係においてそのすべての形式および表現における武力の行使または武力による威嚇の放棄，および核兵器使用の永久禁止を国連加盟国のために厳格に宣言する。

　国連総会でのこの議題の取扱い方や右の決議からみて注意すべき点は，まず

ここで問題にされているのは核兵器使用の「永久」禁止であって，その先制不使用そのものではないということである。この点については，先制不使用は当然永久禁止の一部を構成するとみることも可能であるが，既述のように先制不使用は第二使用以下を禁止していない意味であるから，この決議の「永久禁止」とは先制不使用を含むより厳格な禁止をめざしていることはいうまでもない。

**武力行使禁止と核兵器使用禁止の関係**　次に，武力行使の禁止と核兵器使用の禁止の関係づけられ方である。すなわち，武力行使禁止の原則から当然核兵器使用も禁止されることを単に意味しているのか，あるいは武力行使禁止原則に違反するような武力行使（違法な武力行使）の場合に核兵器使用は永久禁止されるが，国連憲章でも認められる自衛権などの合法的武力行使の場合にはその使用は禁止されないことを意味しているのか。

　前者の意味であるとすれば，問題は単純であり武力行使が禁止される以上核兵器であれ通常兵器であれその使用が禁止されるのは当然という意味ともとれるが，それよりもむしろ，核兵器の性質が国連憲章の目的・精神に反するから，国連憲章の第1の目的，最高の原則である武力行使禁止はそれと矛盾する核兵器使用を許さないという結果を引出す，と解すべきであろう。この解釈は総会決議1653につながるものであり，また核兵器のいかなる先制使用も当然上の原則に反するから許されないことになる。

　後者の意味に解すると，この決議はほとんど核兵器の先制使用に対する歯止めとならないように思われる。この解釈によれば，武力行使禁止を核兵器使用禁止と狭くリンクさせ，自衛権の行使や国連の強制行動のような国連憲章の認める武力行使にその使用禁止をリンクさせないことにより，この場合の核兵器の先制使用は許容されることになる。

　この解釈は西側諸国が政府宣言としてあるいは軍備管理・軍縮に関する提案において採用してきたものである。アメリカが同国やその同盟国が（通常兵器によってさえ）攻撃された場合つまり自衛権発動の場合を除いて核兵器使用を行わないと宣言したカーター大統領の1977年第32回国連総会での演説以来のアメリカの諸発言，最近ではSSD Ⅱでの西ドイツ・オランダ・日本の前述の提

案すなわち「攻撃に対して反撃する場合を除き，通常兵器であると核兵器であるとを問わず，いかなる兵器も使用しないという現行の公約」への言及も上の解釈と合致するといえよう。

これらは武力行使禁止原則に反する武力行使に核兵器であれ通常兵器であれ兵器を先制使用しないといういわば当然のことを述べているにすぎず，裏を返せば違法な武力行使に反撃する場合には核兵器であれ通常兵器であれ（先制）使用することを留保した発言ともとれる。決議をこのように解釈するなら，いかなる国も自らの武力行使を違法なものとみなさないのが常であろうから，武力行使において兵器使用を何ら規制しないに等しく，核兵器使用規制との関連ではこの決議はほとんど意味をもたないものとみられよう。

**特別委員会の議論　　この点に関して見落しえない議論が国連の「国際関係
　　ソ連条約案**　　における武力不行使原則の実効性強化に関する委員会」において展開されてきた。1977年総会決議32／150により設立されたこの特別委員会は1976年にソ連の提出した「国際関係における武力不行使に関する世界条約案」などをめぐって検討を開始し，1978年以来特別委員会内に設置された作業グループの討議では武力不行使と核兵器不使用の関係の問題が焦点の１つとなった。

ソ連の世界条約案は，その前文最終項に「（締約国は）すべてのタイプの兵器を含む国際関係における武力行使または武力の威嚇の放棄を国際生活の法とする願望により鼓吹されて」と述べ，第１条１項第一文の武力不行使の約束に続けて第二文に次のような規定をおいた。

　　したがって，締約国は，陸・海・空または宇宙空間において核兵器または他の
　　タイプの大量破壊兵器を含め武力（armed forces）の使用を差し控えるものとし，
　　かつかかる使用の威嚇を行わないものとする。

1979年同特別委員会の作業グループにおいてソ連代表はその世界条約案を説明したが，その中で第１条は国連憲章のほか1970年の友好関係宣言，国際関係における武力不行使と核兵器使用の永久禁止に関する総会決議2936（ⅩⅩⅦ），侵略の定義（総会決議3314（ⅩⅩⅣ））およびヨーロッパの安全保障と協力に関

する会議の1975年最終文書のような国連憲章を拡大する文書に基づいていると述べ，第1条1項について次のように付け加えた。

　1項は二文からなる。第一文は武力不行使原則の一般的定式化を含み，第二文はいかなるタイプの兵器の使用をも禁止する規定を伴った武力（armed forces）不行使に関する一般的定式に拡大するものである。
　とくに1項第二文について"すべてのタイプの兵器"の侵略目的での使用禁止は，国際法の法典化および漸進的発達においてはじめて，武力行使のためのすべての手段を禁止する原則を普遍的にかつ条約の形式において確認することが提案されたことを意味する。特定タイプの兵器の使用を禁止するための独自の措置の可能性を排除することなしに，条約案は包括的形式においてかつあらゆる種類の兵器の不使用問題に対する合成的解決によって，武力不行使原則の実効性強化の問題を軍縮および軍備競争制限の措置と整合させている。
　武力行使に関する禁止をすべての種類の兵器に拡大することにより，条約案は核兵器使用禁止に関して特別に強調する。この強調は，核戦争を回避する問題が国際平和と安全を確保する問題を解決するために基本的に重要であるという普遍的認識を反映している。条約案中に考えられた核兵器使用禁止の目的は，核・熱核兵器使用禁止に関する1961年宣言（決議1653（ⅩⅥ））および国際関係における武力不行使と核兵器使用の永久禁止に関するその決議2936（ⅩⅩⅦ）において総会により是認された規定に対する法的確認を与えることである。(35)

さらに同代表は第4条（軍縮）の説明の中でも核兵器使用禁止との基本的関連に言及している。

　国際関係における武力行使の放棄が国際法の地位に引上げられるなら，そして同時に核兵器の使用が禁止されるなら，それ（核破滅をもたらす危機の除去のこと——筆者）は達成されうる。」「武力不行使の一般問題を核兵器使用禁止とともに有機的全体として解決する必要は世界問題の現状により命じられる。核兵器はその出現の時期から最も危険な大量破壊兵器とみなされてきた。この兵器の力が一定しているどころか増大している今日，それはこれまで以上に真実である。

以上のようにソ連の条約案は，武力不行使と核兵器不使用のリンクのさせ方について，核兵器の他の兵器と比較しえない性質とくに核戦争の人類にとっての危険性からその一般的使用の禁止を引出しているようにみえる。この条約案

第Ⅲ章　冷戦（平和共存）期における核兵器先制不使用と国際法　151

を国連憲章の展開としてとらえていること，1961年核兵器使用禁止宣言への言及，武力不行使と核兵器使用禁止の「有機的」関連という表現はそれを補強している。

**自衛権の場合**　しかしまた条約案第3条は「この条約のいかなるものも国連憲章および諸国により以前に締結された条約・協定の下での国家の権利義務に影響を及ぼさないものとする」と規定し，ソ連代表も第1，4条の説明の中で次のように自衛権の場合に言及していることに注意しなければならない。「さらに，民族解放戦争および民族解放運動への諸国により与えられる援助を含む，憲章に従った力（force）の合法的行使の他の例のような，自衛の権利は条約第3条に規定されている。」「もちろん，核兵器を含む力の行使を差し控える諸国の義務は，憲章第51条において確認された個別的および集団的自衛の権利になんら影響を与えない。逆に，この義務は侵略に対する自衛の権利およびそれ（侵略）がすでに行われかつ侵略者がこの侵略の果実を利用しようと企てるすべての場合に侵略の結果の除去のために闘う権利を強化するであろう。」この説明から判断するならば，自衛権行使の場合核兵器不使用の影響を受けないとも受け取れる。もしそうなら，この問題に関するソ連の態度とアメリカの態度には大きな距りがないことになろう。

**賛否両論**　ところで，ソ連の条約案については，上の作業グループで賛否両論が表明されたが，とくに核兵器使用禁止との関連をめぐって，次のように諸国の見解は分れた。いくつかの代表は，第1条は憲章に基づきながらその下で諸国の引受けた義務を具体化しかつ現代化するいくつかの要素を含んでいるとし，とくに1項第二文は現代世界の関心を増大させてきた通常兵器および高性能（sophisticated）兵器の双方のすべてのタイプの使用を禁止したのであるから，第一文に規定された原則の重要な結果をなす約束を含むものであるとして，これを支持した。

逆に，1項第二文は第一文の義務のくり返しであるとみる見解も表明された。憲章第2条4項の禁止はそこに含まれている兵器に関して絶対的であり，禁止を特殊化する企て——それは明らかに"核兵器および他のタイプの大量破壊兵器を含む"という句の効果である——は誤導するだけである。あらゆるか

つすべての兵器が禁止されている以上,法文書における特定兵器への言及は無意味なことを起草するか,あるいはある兵器が他の兵器以上に禁止されているという印象をつくり出す願望のいずれかを示唆するものである。後者のアプローチは禁止の一般性を弱め,言及された兵器の法的地位についての混乱を拡げ,軍備管理と軍縮への実質的な進展を妨げる,と述べられた。

このような見解の対立は今日も続いている。1982年の特別委員会の一般討論でも,武力不行使原則はとくに核兵器使用の不許容の明示的かつ確固とした表明を必要とするという多数の代表の見解とこれを否定する他の代表の見解が述べられた。そして,これをめぐる米ソの際立った対立もみられた。ソ連代表は,総会決議とくに最近の核破滅防止宣言(決議36／100)が核兵器に最初に訴えることは人道に対する犯罪であると宣言していることをあげ,現代において武力行使禁止の問題は大部分核兵器使用の不許容を確立し,核戦争の危機を除去する問題であったと述べて,ソ連の世界条約案に核兵器使用禁止の条項をおくことは人民にとって核戦争が許容されるという考えあるいは核戦争が限定されうるという考えに甘んじることを許さない義務を負わせるであろうと結んだ。

他方アメリカ代表は,武力不行使に関する条約問題はソ連の宣伝手段として用いられたといい,核兵器および他の大量破壊兵器の使用禁止に特別の強調がおかれるべきであるという要求は国家戦略的政策に照応するもので武力不行使原則の実効性強化に資するものとはみられない,と述べた。

**非同盟諸国の作業文書** このような対立の中で,非同盟諸国グループは1981年特別委員会の作業グループに修正作業文書を提出[36]した。

この文書は16項に及ぶものであるが,その第12項は次のようである。

　厳格かつ効果的な国際管理の下の全面完全軍縮の目標の実現に向けての進展は,国際関係における武力不行使原則の実効性を強化するであろう。このために核兵器保有国は,非核国に対する核兵器の使用または使用の威嚇を差し控えなければならない。核兵器国は,非核兵器国の人民の安全保障および福祉を危うくする核分野におけるいかなる活動も差し控えなければならない。核兵器保有国はま

た他の核兵器国に対して核兵器を使用する最初の国となることを差し控えなければならない。

これは，武力不行使原則を全面完全軍縮と結びつけるとともに，そのために非核兵器国に対する核兵器不使用ならびに核兵器国相互間の核兵器先制不使用を要求するものである。この修正作業文書は1982年の特別委員会作業グループで検討に付されたが，上の第12項については次のような批判的意見が寄せられた。

まず，全面完全軍縮は核兵器使用禁止と区別して取扱われるべきことが示唆された。第二文について，非核兵器国の消極的安全保障問題はジュネーブ軍縮委員会で検討中であることを想起すべきで，また一定タイプの力の使用が他のタイプの兵器の使用より一層低い程度で武力不行使原則に違反することを意味するから，いくつかの代表により受入れえないとみなされた。第三文は，一定国の戦略的政策を考慮に入れていないし，また平和目的のための核活動における国家間の協力を妨げると解釈されうるという理由から留保が表明された。第四文も実定国際法に対応せずかつ多くの国の安全保障政策に反するためコンセンサスが得られない提案であるとされた。武力行使禁止において，武力行使の一定の形式たとえば通常兵器が憲章の規定する以外の状況で受入れうることを意味するような軍事手段の序列体系を確立することは危険であると思われた。

上のように特別委員会での検討は当時継続中であったが，武力不行使原則と核兵器不使用の一般的関連について今後も諸国代表のコンセンサスを得ることは困難とも思われる。しかしソ連の条約案や非同盟諸国の作業文書がこの関連性を認識し，それを明文化する規定をおこうとしていること自体に一定の意義を認めなければならないであろう。

これまで述べてきたことから少くともいえるのは，武力不行使原則との関連の議論において念頭におかれているのは一般に核兵器不使用であるが，その場合当然先制不使用も含まれていることである。しかし先制不使用をもし相手が核兵器を先制使用した場合の第二，第三使用の許容の面に力点をおいてみるならば，武力不行使原則は兵器との関連ではその第一使用の規制という点に意味

があるのであって，かかる原則と第二，第三使用の許容ないし規制との間には直接結びつくものはないように思われる。

また，武力不行使原則と核兵器不使用の関連について，これまでの諸国の態度の表明から国連憲章の禁止する武力行使，その中心である侵略戦争の場合核兵器（および他の大量破壊兵器）使用も許容されるべきではないという点で一致がみられるように思われる。それ以外の場合つまり憲章上許容される武力行使の場合に核兵器使用も許容さるべきか否かにつき，今日まで一致がみられない。しかしこの点こそ最も重要なのであり，上にみた国連総会決議や特別委員会におけるさまざまな議論もこれを念頭において展開されてきたのである。現代国際法が武力行使禁止原則を国際平和と安全維持のための原則とみなすかぎり，また今日の核兵器が人類の滅亡をももたらしうるものであるという認識に立てば，上の原則により維持されようとする目的といかなる紛争にせよ核兵器の使用とは両立しえないといわざるをえない。現代国際法の展開は将来上の不両立を公認する方向に向うべきものとみなければならない。

### (2) 人道法との関係

上にみた核兵器先制不使用と武力行使禁止原則との間のリンクのいかんを問わず，すでに発生した武力紛争中の諸行為を規制することを目的とする国際法，つまり戦争法ないし国際人道法に照らしてこの先制不使用問題を評価し，位置づける必要がある。それどころか，核兵器の（先制）使用をめぐる法的評価の中心は人道法とのかかわりの中にあるとさえいえる。

ところで，人道法からアプローチする場合，核兵器の先制不使用と単なる不使用（つまり使用禁止）は従来ほとんど区別されずに論じられてきたことに注意しなければならない。というより，人道法と核兵器の関係を論ずる際，これまでは核兵器使用一般の人道法規則からみた違法性（ないし合法性）が問われてきたのであり，そこではことさら先制（不）使用のみが問題にされたわけではない。

そして，核兵器使用一般の人道法上の評価については，すでに多く論じられ，また私も本書の別の章で取扱ったからここで詳細に再論しないが，要する

に核兵器の使用を禁止するような条約上明文の規定がないとはいえ，既存の国際法（人道法）の諸原則や規則からその使用の違法性を引出すことは不可能ではない。学説上も核兵器の性質やその破壊力の大きさを考慮に入れてそのいかなる使用も違法とみなす見解が有力であると思われる。そして，核兵器先制（不）使用の場合も核兵器（不）使用一般の人道法上の評価がそのままあてはまるとみられる。先制（不）使用も核兵器（不）使用の一部であることに変りはないからである。

**ロザスの見解** 一例をあげれば，最近「国際法と核兵器使用」と題する論文を著わしたロザス（A. Rosas）はその結論部分で次のように述べている。

　　核兵器使用に関するどのような特定の規制が戦争法の一般原則によって最小限のものとして課せられているかを探ろうとするよりもむしろ，われわれは現代国際法に基づいた次の規則を示唆したい。すなわち，核兵器の先制使用は違法である，ということである。この規則はとくに次の原則と規則の組合せから引き出される。①不必要な苦痛の禁止，②区別原則と無差別戦争の禁止，無差別的効果を与える核戦争の確率とあわせて，③環境保護の原則，④人権保護の原則（これはもちろん①〜③と密接に関連する），⑤核戦争勃発防止の原則，これは1973年米ソ二国間協定および第10回国連特別総会最終文書で表明された。⑥これまで締結されたすべての核軍備管理協定に内在する核軍縮原則，およびとくに部分的核実験禁止条約に基づいた核降下物防止の原則。

　もっとも，ロザスは上の文に続けて「核兵器先制使用が違法であるという解釈は，大方の核兵器国の現在の安全保障政策と衝突するのみならず，法条文の分析に厳格には限定されない目的論的考慮に一部分は基づいていることを認めなければならない」と付け加えていることもあわせて知らなければならない。

　上にあげられた6つの原則のうち①と②が直接人道法に該当するものであり，少くともこれら2つの原則は彼のいう目的論的考慮に基づく以前に十分確立しているものである。

　このような人道法に関する学説のほか，既述の先制不使用提案や宣言も，そのあるものは先制不使用の誓約や協定によって核兵器使用一般の違法性を確立

しまたは強固にするのに役立つとみなしているようである。国連総会などでの核兵器先制不使用提案に対する諸国の賛意の表明，さらに核兵器国である中国とソ連が一方的宣言の形ではあれ先制不使用の態度を表明していることは，政策としての表明の意味をこえて，核兵器使用の人道法上の違法性を認める国家の意思表示という側面をあわせもっているといえよう。また，アメリカ議会でのオッチンガー議員の発言やタッカー，フォークの見解などにみられるように，核兵器先制不使用の誓約や協定の締結により，核兵器はすでに使用禁止の確立している毒ガスや細菌兵器と同様の法的地位におかれることを希望しあるいは予測する見方も示されてきた。

**先制不使用と不使用の違い**　しかしながら，より厳密にみるならば，核兵器先制不使用と不使用一般の意味の相違，そこから引出されてくる先制使用の法的禁止ないし規制と使用一般の法的禁止ないし規制の相違を見落としてはならない。つまり，法理上核兵器先制使用の規制ないし違法性から核兵器使用一般の規制ないし違法性を直接引出すことはできないし，また先制使用の違法性とその使用一般の違法性は，必ずしも同じ範囲に及ぶものとはいえない。

すでにみたように核兵器先制不使用をめぐる議論は，一般的にいえば核兵器使用そのものは現行の人道法上必ずしも違法ではないという前提的認識の下になされているようにさえ思える。この認識の下で（とくに戦略的政策的配慮を含めて）核兵器の先制使用だけは放棄すると誓約され，さらにそこから先制使用を違法とみなす余地が生れるのである。したがってもし相手国が核兵器を先制使用すれば（もしその相手国にも先制使用禁止の法的効果が及ぶとすれば，その先制使用を理由とする責任追及は別として），自国は核兵器の第二使用以下を相手国に対して自由に行う裁量権をもつと解されているようである。たとえ先制使用が違法とみなされても，第二使用以下は先制不使用の誓約にもはや拘束されず，違法とみなされないというのである。再びロザスの言葉を借りれば，「その（先制使用）禁止は，敵軍事同盟のある国がたとえ限定的規模でさえ核兵器に訴えたならば，敵軍事同盟のすべての国との関係で拘束性を失う。かくてその禁止が適用されなくなれば，その状況は国際法の一定の基本原則によりなお規律

されるであろう。」

 他方，核兵器使用の一般的禁止の観点からみるならば，その禁止は核兵器の先制使用の場合のみならず，第二使用以下にも当然妥当するものとみなされる。つまり，人道法上先制使用は禁止されるが第二使用以下は禁止されない，というものではないのである。この点で右にみた先制不使用の誓約ないし協定の適用範囲とは異なるともいえる。

 もっとも，フリード（J. H. E. Fried）はこれとの関連で次のように述べている。

> 核兵器先制使用禁止の承認はなお核兵器を全体として違法化するものではないという異議が唱えられるであろう。この異議は現実的にいえば根拠がない。なぜなら先制使用禁止が守られるなら──核第一撃がないなら──核復仇の問題は起こらない。核戦争が存在しないからである。先制使用禁止が守られないなら，その場合事実上，相互の災害は測り知れない経過をもたらしうるだろう。どちらの場合にも，その結果は核戦争を全体として違法化する条約の下における場合と同じである。[39]

**核復仇の問題**　　フリードのみるように，核兵器の先制使用禁止とその使用の一般的または全面的禁止の間には実際上はその及ぼす効果について大きな差異がないかもしれない。彼はこの現実的観点から，核復仇の法的問題の検討を避けているのであるが，少なくとも理論的観点からは，先制使用禁止に反して先制使用がなされた後の核兵器の第二使用以下の使用の自由ともいえる法状況と核兵器の一般的使用禁止に反して核兵器が使用されたことに対するいわゆる核復仇としての第二使用以下の法状況とは同じとはいえない。

 核兵器の性質の非人道性に照らせば，復仇としての核兵器使用がそもそも人道法上許容されるかどうか疑問は残るが，いまここでこの点は問わないとしても，一般に武力紛争における復仇行為は一定の条件をみたした場合にのみその違法性を阻却されるにすぎないものである。いわゆる戦時復仇とは，相手の先行する違法行為を止めさせ人道法遵守に戻らせるためにいかなる手段もない場合自国も已むをえず違法行為に訴えることを指すが，この場合最も重要な条件

として，復仇措置としての違法行為の程度も相手の違法行為との均衡を失するほど重大なものであってはならないという均衡性の原則に従わなければならない。これを核復仇にあてはめてみると，相手の違法な核兵器先制使用が行われた場合に，それを止めさせるため他に手段のない場合自国も相手に対して核兵器使用に訴えることである。

この場合核復仇の措置は相手の核兵器先制使用の重大性と均衡を失するものであってはならない。この均衡性の条件は，相手の核兵器先制使用に対して自国も同種の核兵器を復仇として使用するという同種復仇の場合にはみたされやすいといいうるが，たとえば相手が化学・細菌兵器のような核兵器以外の大量破壊兵器を先制使用した場合，それに対して核兵器を復仇として使用しうるかどうかは均衡性の観点から疑わしい。

とはいえ，核復仇が認められる限り，核兵器の第二使用以下の人道法上の許容性は，戦時復仇の諸条件に合致しているか否かにより評価される余地が残されている。

それに対して，前述のように核兵器の先制不使用の誓約ないし先制使用の禁止だけからは，第二使用以下についてかかる核復仇の条件を考慮しその許容性を検討するまでもなく，第二使用以下は核先制攻撃を受けた国またはその同盟国の自由に任されているだけであるともいえる。ロザスは先制不使用のまさにこの効果を高く評価しているようである。つまり「核兵器に訴えることが敵を自動的に禁止から解放するという原則は抑止として役立ち，通常兵器と核兵器の間の決定的境界を越えることを一層困難にする。敵がかかる状況において相手同盟のいかなる加盟国に対しても核兵器を使用する資格をもちうるという原則は，現代戦争の現実に調和していると思われる。」

このような先制使用禁止の抑止的効果はともかく，その禁止がひとたび相手の先制使用によって破られた場合，自国の第二使用以下は右禁止からは解放されるとしても国際法上まったく無制約とみなされるわけではないであろう。この第二使用以下にも人道法の原則や規則の適用は当然認められるであろう。そして，人道法分野の最近の文書ともいえる1977年追加議定書はなかでも軍事行動から生ずる危険に対する一般住民や個々の文民，また非軍事物の保護を詳細

に規定しており,いったん核戦争になれば第二使用以下であってもこれらの規定に抵触する場合が多いと思われる。

なおこの議定書はまた,一般住民や文民,非軍事物を復仇の対象とすることをも禁止しているから,前述のような許容される核復仇もこれにより規制を受けているといえよう。

このようにみるならば,先制使用禁止の場合の第二使用以下の法状況は一見核先制攻撃を受けた国またはその同盟国の自由に委ねられているようにみえて,実はそこにおいても人道法の規制を受けているのであり,核兵器の一般的使用禁止を前提とする核復仇の法状況と大差ないように思える。上の追加議定書の規定からもそのことが確認されたといえる。

このようにみるならば,先制不使用の提案や宣言は,人道法の観点から核兵器使用の一般的禁止にほぼ等しい効果をもち,かつ一般的禁止の明文化を促進させる役割を果しうるように思える。

### (3) 軍縮法との関係

人道法がもっぱら武力紛争時に適用されることを目指したものであるのに対して,次にみる軍縮法は武力紛争時に限定されずあらゆる時,とくに平時に機能するものである。核兵器先制不使用の誓約も平時においてさえ一定の意義をもちうる。前述のように先制不使用に関する提案や誓約は主に軍縮および軍備管理の文脈の中で宣言されてきた。

では,かかる提案や誓約は軍縮法においてどのような意味をもつであろうか。

ところで,軍縮法という言葉は国際法上の用語としてこれまでよく用いられてきたとはいえず,また十分確立しているものでもない。しかし,国連憲章に具現されたような国際関係における武力行使禁止原則および集団的安全保障体制の結果として,軍備規制および軍縮は国連憲章体制と両立しうるし,さらに軍縮や軍備管理に関する相次ぐ条約の作成により,体系化されてきたとさえいえる。その結果,国連憲章および国連体制の下でのそれらの条約は今日では国際法の新しい分野,つまり軍縮法を可能とするまでに至っている。この軍縮法

概念の細部についてはまだ議論を残したままであるが，その中核は国家の軍縮義務であり，またその最終目標は核軍縮（核兵器の完全撤廃）を含む全面完全軍縮である。この目標をめざすさまざまの措置（部分措置ともいわれる）が1963年部分的核実験禁止条約や1968年核拡散防止条約のような軍縮・軍備管理に関する諸条約の中で定められてきた。

**軍縮法の枠組における先制不使用**　このような軍縮法概念は，狭義においては兵器の（先制）不使用措置を含まない。なぜなら（先制）不使用は直接軍備削減を意味しないからである。しかし軍縮法の最終目標である全面完全軍縮は当然いかなる兵器の不使用をも含むと思われる。それゆえ，広義の軍縮法体系の中に核兵器の（先制）不使用の問題を評価し位置づけることはできる。

　では，形成途上の軍縮法の枠組の中で，核兵器先制不使用の誓約はどのように位置づけられるであろうか。かかる誓約はまず平時における国家の軍備に心理的インパクトを与えると思われる。先制不使用は，論理的にも先制使用のための核軍備を不必要なものとする。もっとも万一核兵器を先制使用する相手に対してその第二使用以下のための核兵器を抑止として保有しておく必要から，それは核軍備の撤廃という軍縮義務に導くものではない。

　しかし先制不使用誓約は，先制使用のための核兵器体系の新しい開発や実験を必要としなくなるから，核軍備管理さらには核軍縮を一定程度促進させることになるとはいえる。したがってたとえば包括的核実験禁止の問題にも好ましい影響を与えると思われる。ケナンらアメリカの4人の前述論文でも先制不使用政策の下で主要核体系の近代化要求，なかでも中性子爆弾の展開に疑問を投げかけたことはすでに見たとおりである。

**ゴールドブラットの指摘**　ゴールドブラット（J. Goldblat）は軍備管理における先制不使用の重要性を指摘して次のように説明している。[40]

　核分野における先制不使用は，第一撃能力と通常結びついた戦力における優位の観念の放棄を意味しうるであろう。それはまた，戦術的，短距離核戦力の必要

を取り除くであろう。それらの核戦力は，通常兵器での侵略に対抗するため，潜在的武力対立の領域における戦場使用のために意図されたものである。……あらゆる国に対する核兵器の先制使用の放棄は，大国が自らの核兵器を核攻撃を抑止するためにのみ維持することを含むであろう。抑止効果は第一撃に応える核第二撃を開始する威嚇を通じて達成されるであろう。そして核第二撃政策は戦術使用よりむしろ戦略使用のための，第一撃に生き残りうる異なったタイプの兵器を要求する。

他方，核兵器先制不使用と通常軍備（増強）の関係については注意を要する。すでにみたアメリカ議会の公聴会での証言のみならず主にアメリカの学者の私的見解の多くは，核兵器先制不使用誓約の条件としてまたはそれと引き換えに通常軍備の増強を提案している。これはNATOとWTOの核軍備と通常軍備のバランスを念頭においていることは明らかである。核兵器先制不使用政策をとれば，通常兵力に優るWTOの方が有利になるとして，NATOの通常兵力増強を上の政策採用の代替として要求するのである。したがって，この見方に立てば，核兵器先制不使用は通常軍備増強を要求し，軍縮法体系の確立に好ましからざる影響を及ぼすということにもなろう。

ゴールドブラットは上の引用文に続けて，通常軍備の問題を次のように論じている。

> 同時に，核兵器の先制不使用の政策は国家が通常兵器でもって，通常侵略を撃退する能力を維持または獲得することを含む。たとえば中性子爆弾よりも対戦車通常兵器で敵の戦車を阻止する能力である。これは双方のうち一方がかなりの優位にある地域において非核戦力におけるバランスを確立することを要求しよう。現在の不均衡は弱い方の通常軍事力を増強することによってか，あるいは強い方の軍事力レベルを引き下げることによって，矯正される。明らかに後者のコースが前者よりも関係当事者の安全保障利益に適うであろう。
>
> バランスを達成することは，必ずしも他方を兵力対兵力で均合わせること，またはすべてのカテゴリーの兵器の量的または質的な直接のパリティを確立すること，を意味するわけではない。重要なのは対立する当事国の全体的軍事力の均衡である。

このように核兵器先制不使用と引き換えに通常軍備の増強を主張する見方の

背後には，東西勢力間の軍事バランスの発想がみられる。しかもこのバランスは核戦力と通常戦力の間のバランスを前提としているのである。これは結局米ソの全体的軍事力（核・非核を含めて）の現状を一応バランスのとれたものとして肯定し，そのうえで核兵器先制不使用誓約はアメリカに有利な核戦力の意義を減殺するから，逆にソ連に有利な通常戦力に見合う通常戦力をアメリカ（西側）ももたなければならない，とするのである。しかし，米ソの通常戦力が総合的にみて大きくバランスを欠いているかどうかの事実問題は検討の余地を残している（ケナンらアメリカの4人もソ連の通常戦力の過大評価をいましめている）。さらに，質量ともにきわめて異なった核戦力と通常戦力の間のバランスをはかるという発想自体現実的に可能なものかどうか大いに疑問である。核兵器先制不使用の発想は元来核戦争と非核戦争の間に境界線を引き，核戦争の危険を減じることによってすべての国の安全保障を強化しようとするものである。したがって核先制不使用を通常軍備増強と直結させる見方は，中央ヨーロッパのみを視野におさめる NATO 戦略に引きずられた結果であるともいえよう。核先制不使用誓約は，限定核戦争に対抗して核兵器使用の可能性を低めるものであるから，国際社会の緊張緩和に寄与し，その結果核軍縮のみならず通常軍縮にも好ましい影響を与えうるものとみなすことさえできよう。

**先制不使用と不拡散・核のカサ**　最後に，核先制不使用提案は核兵器不拡散，さらに非核化の分野にも問題を惹起してきたことに注目しなければならない。前にみたダンの見解によれば，核不拡散体制の枠組の中でアメリカの核兵器先制不使用誓約は（それがもしなされれば）むしろ核兵器の拡散を促進させ，より具体的には西ドイツをはじめいくつかの核兵器接近国による核軍備を促がすことになろう。なぜなら，これらの非核兵器国はアメリカの核のカサによる保護を期待してきたが，この保護はアメリカの先制不使用誓約によって意義を失うことになるからである，というのである。しかしながら，アメリカと同盟関係にある非核兵器国の保護のための核兵器の先制使用を強調することは，NATO の核戦略の"正当性"にあまりにも影響されたものであるといえよう。この NATO 戦略は今日 NATO 諸国内部でさえとくに反核運動により核戦争を挑発するものとして批判にさらされているのである。

逆に，核先制不使用誓約は核兵器への依存をそれだけ少なくし，したがって，核のカサによる保護体制の必要性あるいは非核兵器国による核兵器の開発・生産の必要性をも減じることになろう。まして一般的に適用される核先制不使用の約束がすべての核兵器国によって宣言されるなら，長い目でみれば核不拡散の目的に一層役立つことになろう。

　またフォークも指摘するように，核先制不使用の誓約は非核化地帯の設定をも支持し促進する結果になると思われる。核兵器国は自らの核兵器の先制不使用を誓約することによって，先制使用のための外国核軍事基地の維持を必要としなくなるであろうし，非核兵器国の側もその領域の非核化を宣言することによって自らの安全保障を一層信頼されるものとすることができよう。

　以上のようにみるならば，核兵器先制不使用の誓約は，軍備管理および軍縮を促進するための有利な条件を提供することができ，その結果，現代国際法体系における軍縮法の確立と発展に寄与するものである。

## む　す　び

　これまで述べてきた核兵器先制不使用提案やそれをめぐる国際法上の問題の検討から，次の諸点が一応確認されうるであろう。

　まず，核先制不使用の考え方は新しいものではないが，具体的には最近の核政策ないし戦略の展開のコンテクストにおいて提案されてきたものである。より正確にいうならば，一定の核兵器国により宣言された核先制不使用の誓約は相手核兵器国によって擁護される限定核戦争論に対抗するものとみなされうる。なぜなら限定核戦争論は敵の通常軍備による攻撃に対して核兵器の先制使用を勧めるからである。

　にもかかわらず，核先制不使用誓約は原型としての核抑止の発想を否定するものではない。つまり，かかる誓約は敵の核兵器先制使用に対する同じ核兵器の第二，第三使用を禁止せず，それゆえ抑止としての核軍備の保持を許容するものである。この意味で核先制不使用提案は東西関係の平和と安全の維持における核兵器の重要性あるいは核バランスを必ずしも否定するものではない。

核先制不使用誓約は全面完全軍縮または核軍縮に直接導くわけではないが，核軍備管理や核軍縮へ向けての出発点となりうるものである。すべての核兵器国によるかかる誓約は先制使用核兵器の開発や貯蔵を不必要とする。そのため，核先制不使用は国連での軍縮措置の準備過程においてたびたび提案されてきたのである。

　また，核先制不使用誓約の意義は，国際法とくに人道法のコンテクストにおいて最も顕著である。この誓約はたとえ一方的宣言としてなされても，そして核兵器の不使用と先制不使用の法的地位は同じものではないにもかかわらず，先制不使用は戦争の違法化された今日の国際社会において核兵器使用の違法化（さらに犯罪化）の方向に有利に作用する。人道法からみた核兵器先制不使用の評価は核兵器国の態度に影響を与えるにちがいない。国際法とくに人道法は武力紛争時にその実効性が低下するとよくいわれるが，実際には諸国は核兵器の（先制）不使用の法的地位を考慮に入れて，その戦略や政策を策定し，実施しなければならないだろう。

　このようにまとめうるならば，核先制不使用は核時代の世界における人類の生存にとって好ましい条件をもたらすものといえるであろう。

**注**
（1）　後述のタッカーの論文参照。なお，「第一撃（First Strike）」は first use と同じ意味ではない。「第一撃」とは，一般に敵の全戦略潜在力の完全な除去をめざす先取り的核攻撃で，とくにソ連の戦略戦力の報復能力を除去するためのものとして西側では位置づけられているが，米ソとも他方が第一撃能力の保持を企てていると主張している。*World Armaments and Disarmament, SIPRI Yearbook 1982*, pp.263ff. 参照。
（2）　そのために，核兵器と他の兵器の区別はきわめて重要である。核兵器を通常兵器に近づける（たとえば中性子爆弾のように）ことにより，"灰色"領域の兵器を生み出す努力が行われている現代においては一層そうである。しかし，核兵器の厳密な公式の定義は，これまであまりなされてきていない。この定義を与えている唯一の条約ともいえる「ラテンアメリカにおける核兵器の禁止に関する条約」（1967年2月14日作成）は，第5条で「この条約の適用上，「核兵器」とは，核エネルギーを制御されない方法で放出することができる装置であって，戦争目的に使用することに適した一群の性質を有するものをいう。その装置の輸送または推進のために使用できる器具は，その装置から分離することができるものであり，その装置の部分でないものである場合には，

この定義に含まれない」と定めた。また,米国防総省の軍事用語辞典(Department of Defense, *Dictionary of Military and Associated Terms*, JCS Pub.1.1 June 1979)によると,核兵器とは「分裂あるいは融合またはその両者であれ,原子核を含む反応によって放出されたエネルギーにその爆発が由来する装置」とされる。したがって,この定義によれば,核エネルギーを放出しても爆発を伴わない装置は核兵器とはみなされない。最近ジュネーブ軍縮委員会で検討されている放射性兵器(Radiological Weapon)は,核爆発によらないで放射線を放出するものであるため,その法的規制の観点からは核兵器とは区別されたカテゴリーに分類されているようである。

( 3 ) *Official Records of the General Assembly Tenth Special Session,* Plenary Meetings Vertim Records of the Meetings, 23 May- 30 June 1978 (1981), A/S-10/PV.7, par. 127.
( 4 ) A/AC.187/55/Add.1.
( 5 ) *Official Records of the General Assembly Tenth Special Session, op.cit.,* A/S-10/PV.27, par.218.
( 6 ) CD/223.
( 7 ) *Special Report of the Committee of Disarmament,* A/S-12/2, Appendix I. なお,第2回軍縮特別総会準備委員会の作成した「第2回軍縮特別総会の勧告と決定の実施の再検討に関する混合文書」はその勧告中にカッコ付きながら「第11回特別会期は,核戦争の威嚇の増大に注意を集中し,戦争防止のための緊急措置を採択すべきである。これについてこの会期に検討されるべきいくつかの提案がある。たとえば,(a)核兵器の使用または使用の威嚇に関する完全禁止,(b)核兵器国による,核兵器を使用する最初の国にならないという共同のまたは個別的宣言」を入れていた。*Report of the Preparatory Committee for the Second Special Session of the General Assembly devoted to Disarmament,* A/S-12/1, Annex 1.
( 8 ) A/S-12/PV.8. なお,「軍備競争の即時停止と軍縮のための実証的措置に関する中国代表団の提案」(A/S-12/AC.1/23, Annex)にも同様の表現がみられる。
( 9 ) A/S-12/PV.12.
(10) Proposal by Bulgaria: Prevention of Nuclear War in *Report of the Ad Hoc Committee of the Twelfth Special Session,* Annex III, A/S-12/32.
(11) *Ibid.,* A/S-12/32. par.20,; Annex III. なお,なおSSDII最終報告書採択後の各国の立場説明において,核兵器の先制不使用に言及したのはソ連,中国のほか,ハンガリー,東独,パキスタン,ブルガリア,メキシコ,白ロシア,チェコスロバキアであった。
　とくにメキシコ代表(A. G. Robles)は,6月9日メキシコの外務次官が核兵器の先制不使用にまだ同意していない4核兵器国を招待したが,ソ連はすでにそれに同意したから総会がこの改革を要請すべきなのはあと3ヵ国のみである,と述べた(*Press Release* GA/6632, 10 July 1982)。
(12) *The New York Times,* June 16, 1982.
(13) A/S-12/PV.24.
(14) A/S-12/PV.9.

(15) Proposal by Germany, Federal republic, Netherlands, Japan: Prevention of War, in particular nuclear war, in *Report of the Ad Hoc Committee of the Twelfth Special Session, op.cit.*, Annex III.

なお、鈴木首相（当時）は、衆議院本会議で行ったSSDII帰国報告についての質疑に答えて、次のように述べた。「次に、核先制攻撃の問題でありますが、米国は、いかなる攻撃に対しても、これに対応しうる有効な態勢をとることをその抑止力の基本としているとわれわれは理解しています。現実の問題として、たとえば欧州の場合のように、ソ連が通常戦力の分野で圧倒的に優位に立っている状況において、米国が核の先制使用を一切行わない旨表明することは、米国がもつ柔軟かつ有効な防御態勢に対する信頼性を失わしめ、もってその抑止力を損うことになるというのが、米国を含む西側諸国の一致した基本認識でありまして、わが国としてもこれを理解しているところであります」（第96回衆議院会議録第26号，1982年6月21日，17頁）。また衆議院予算委員会でも鈴木首相は，アジアでの核先制使用に関する質問に対して，同様に答えた（第96回国会衆議院予算委員会議録第21号，1982年6月24日，31頁）。

(16) H. Res.11, 94th, Cong., 1st sess.

(17) H. J. Res.533, 94th Cong., 1st sess. なおこの決議と同じ内容の決議として H. J. Res. 534, H. J. Res.535, H. J. Res.536, H. J. Res.575, H. J. Res.620 がある。

(18) H. J. Res.713, 94th Cong., 1st sess. この決議と同じ内容の決議として、H. J. Ras.626, H. J. Ress.714 がある。

(19) H. J. Res.713, 94th Cong. 1st sess. なお、これと類似の上下院合同決議723号（H. J. Res.723, 94th Cong., 1st sess.）は、「核拡散防止条約締約国たる非核兵器国が核兵器国と共同して武力紛争に従事しない限り，その国に対して核兵器のいかなる使用も行わないことが合衆国の政策であると宣言する共同決議」と題する。

(20) *First Use of Nuclear Weapons: Preserving Responsible Control*, Hearings before the Subcommittee on International Security and Scientific Affairs of the Committee on International Relations, House of Representatives Ninety-Fourth Congress Second Session, March 16, 18, 23, and 25, 1976.

(21) *First Use of Nuclear Weapons,* Hearings, *op.cit.*, pp.9-17. なお，最後の点について，オッチンガーはさらに続けて次のように述べた。核兵器使用の恐るべき決定は，ただ1人の人間またかかる権限を委任された人たちの手でなさるべきではなく，議会の委員会または議会のすべてのものの与かるところとされるべきである。かかる解決方法は，カリフォルニアのクランストン上院議員により提案された。しかし，これに対するセイバリング議員の留保すなわちかかる措置は自ら核兵器使用決定を行う恐るべき責任を大統領から免れさせることを認めることになろうという留保を指摘しなければならない。

(22) *Ibid.*, p.18.
(23) *Ibid.*, p.32.
(24) *Ibid.*, p.33.
(25) *Ibid.*, pp.155-159.
(26) *Proposal for Non First Use of Nuclear Weapons: pros and cons.* Policy Memoran-

dum No.28, Center of International Studies, Princeton University, Sept. 15, 1963. 4論文は次のとおりである。"No First Use of Nuclear Weapons: A Proposal" by R. C. Tucker; "Some thoughts on A No-First- Use Proposal" by R. A. Falk; "No First Use of Nuclear Weapons: A Critique" by K. Knorr; "A Comment on Proposal for a Ban on the First Use of Nuclear Weapons" by H. Null.

(27) L. A. Dunn, "No First Use and Nuclear Proliferation", *International Journal*, Toronto, Vol.XXXIII No.3, Summer 1978, pp.573-587.

(28) M. Bundy, G. F. Kennan, R. S. McNamara, G. Smith, "Nuclear Weapons and the Atlantic Alliance", *Foreign Affairs*, Spring 1982, pp.753-758. なお、ジョージ・ケナン「核先制使用戦略の放棄を」エコノミスト1982年5月25日号参照。

(29) バンディはケネディ大統領の安全保障問題特別補佐官、ケナンは元駐ソ大使、マクナマラは元国務長官、スミスはニクソン政権下で戦略兵器制限交渉（SALTI）の首席代表であった。

(30) K. Kaiser, G. Leber, A. Mertes, F.-J. Schulze, "Nuclear Weapons and the Preservation of Peace A Response to An American Proposal for Renouncing The First Use of Nuclear Weapons", *Foreign Affairs*, Summer 1982, Vol.60, No.5, pp.1157-1170. なお、同誌には、「先制不使用をめぐる討論」（*ibid.*, pp.1178-1180）の中で投稿されたさまざまの意見（一般に先制不使用に批判的である）が述べられている。

(31) これらの批判やコメントに対するアメリカの4人の返答は同誌中の The authors reply (*ibid.*, pp.1178-1180) に掲載されている。また、ヘイグ国務長官の批判などに対する反論として M. Bundy, "'No First Use' needs careful study", *The Bulletin of the Atomic Scientists*, June 1982, Vol.38 Number 6, pp.6-8.

(32) Nuclear Tests (Australia v. France), 1974 *ICJ Reports*, para.43; Nuclear Test (New Zealand v. France), *ibid.*, para.46.

(33) *Report of the Ad Hoc Committee of the Twelfth Special Session*, A/S-12/32. Annex III, *op.cit.*.

なお、1982年日本の衆議院外務委員会において、国連憲章第51条の自衛権、憲法第9条と核兵器使用との関係についての質問に対して、政府委員は国連憲章に核兵器使用禁止の明示的条文が盛られておらず、「憲法の条文上、それが条文に照らして自衛権が認められているという見地に立ちますれば、自衛権の行使の必要上やむを得ない場合に核兵器の使用ということは憲法上は認められるということはあり得ると思うのでございますが、政府がわが国の特殊な背景及び憲法の立つ平和主義の観点から、政策として核兵器そのものをつくらない、もたない、持ち込ませないという政策をとることは、また別の見地からのものであろうと考えます。」と答弁した。外務委員会議録第14号（1982年5月13日）5頁。

(34) Draft World Treaty on the Non-Use of Force in International Relations, A/31/243, Annex.

(35) *Report of the Special Committee on Enhancing the Effectiveness of the Principle of Non-Use of Force in International Relations*, A/34/41. 1979, pp.30-32.

(36) A/AC.193/WG/R.2/Rev.1. これらの国はベニン、キプロス、エジプト、インド、イ

ラク，モロッコ，ネパール，ニカラグァ，セネガル，ウガンダの10ヵ国である。
(37) 本書第Ⅰ章，第Ⅱ章参照。
(38) A. Rosas, "International Law and the Use of Nulcear Weapons" in *Essays in honour of Erik Castrén,* Helsinki, 1979, pp.92-93.
(39) J. H. E. Fried, "International Law Prohibits the First Use of Nuclear Weapons", *Revue Belge de Droit International,* Vol.XVI, 1981-1982-1, pp.49-50.
(40) J. Goldblat, "Arms Control Implications of No First Use", *Disarmament Times,* Vol. V, No.9, 17 June 1982.

第Ⅳ章

# 核の脅威に取組む国際司法裁判所
核抑止と自衛の議論

## はじめに

　1990年代以降のポスト冷戦期に入った国際社会の秩序（「国連法システム」ともいえよう）は核兵器の位置づけ（核戦略）やその使用の評価を変えたかどうか。この問題は，とくに1996年国際司法裁判所（「ICJ」，以下同じ）の核兵器の威嚇・使用の合法性に関する勧告的意見の表明以来，その評価をめぐって展開されてきた。本章では，まず，この勧告的意見の内容について説明し，次いで，その問題点——とくに核抑止の位置づけと自衛による核兵器使用の問題——を検討したい。

## 1　核兵器威嚇・使用合法性に関する
　　国際司法裁判所の勧告的意見

### (1)　勧告的意見の経緯

　核兵器使用の国際法上の評価について，ICJ に勧告的意見を要請する動きの発端は，冷戦期の終焉を象徴する「ベルリンの壁崩壊」の年（1989年）にニューヨークの核政策法律家委員会の設立した「反核兵器国際法律家協会（「IALANA」，以下同じ）」が1992年に，核戦争防止国際医師会など他の NGO とともに，「世界法廷プロジェクト」を構成したことにある。このプロジェクト

の目標は、世界保健機関(「WHO」、以下同じ)と国連加盟国に訴えて、核兵器の合法性についてICJに勧告的意見を求めさせることであった。1993年5月、WHOは、その総会決議で、「健康および環境上の影響の観点から、戦争における国家の核兵器使用は、WHO憲章を含む国際法上の義務に違反するか」について、ICJの勧告的意見を要請した。翌1994年12月、国連総会は、その決議49／75Kで、「いかなる事情の下においても、核兵器の威嚇または使用は、国際法上許されるか」について、同じくICJに勧告的意見を求めた。

　WHOの付託した問題について、35ヵ国が陳述書を提出し、9ヵ国が他国の陳述書に対する意見を提出した。また、国連総会の付託した問題については、28ヵ国が陳述書を提出し、3ヵ国が他国の陳述書に対する意見を提出した(うち1ヵ国はその意見を撤回)。1995年10月30日〜11月15日にかけて、22ヵ国およびWHOが、ICJの法廷で口頭陳述を行った。これほど多数の国が陳述書を提出し、また、口頭陳述を行ったのは、ICJ開設以来はじめてのことであった。また、日本の口頭陳述においては、政府代表の陳述のほか、広島市・長崎市の両市長が原爆投下による被害の実相について陳述したのも異例のことであった。1996年7月8日、ICJは、WHOの請求を、WHOの活動範囲内の問題ではないとして、11対3で却下した。しかし、同日、ICJは、国連総会の要請には答えるとして、勧告的意見を発表した。なお、この勧告的意見については、14名の裁判官全員が、宣言ないし個別または反対意見を表明した。[(1)]

## (2) 勧告的意見の内容

　以下、この勧告的意見の要旨を、とくに人道法からみた評価を中心にあげておきたい。

**法律問題**　裁判所は、まず勧告的意見を求める総会の要請に対して管轄権を有するかどうかを検討し、ICJ規程第65条1項から、総会が国連憲章によって要請を許可された団体であり、かつ、要請事項(質問)が同規程および国連憲章の意味における「法律問題」であるとして、これを肯定した(意見(以下同じ)10〜11項)。また、裁判所は、質問を文字通り解釈すれば、単純な否定的答えにならざるをえないことから、質問の真の目的は明らかで、

すなわち,「核兵器の威嚇または使用の合法性または違法性を決定すること」であるとした（20項）。

**関連適用法規**　　ICJは，質問に答えるために，関連適用法規について検討した。まず，市民的および政治的権利に関する国際規約（「自由権規約」，以下同じ）第6条の「生命に対する権利」は，敵対行為においても適用されるが，生命の恣意的剥奪か否かは特別法すなわち武力紛争に適用される法によって決定され，自由権規約から引き出されるものではないとし（24～25項）。ジェノサイド条約中のジェノサイド禁止は，核兵器に訴えることが意図の要素を引き出す場合にのみ適切であり，各ケースの特殊事情を考慮に入れた後でのみかかる結論に達することが可能であるとした（26項）。また，環境の保全および保護に関する規範（1977年追加議定書第35条3項，1977年環境変更技術軍事使用禁止条約など）も，ここでの問題に直接適用される法規ではないとした（27～33項）。

ICJは，この問題を規律するため最も直接的に関連する適用法は，国連憲章に具現された武力行使に関する法および敵対行為を規制する武力紛争に適用される法（ICJが関連すると決定する核兵器に関する特定条約を含む）であるとした（34項）。

この法を本件に適用するに当たり，ICJは，核兵器の若干の特性，すなわち，他の兵器による損害よりもはるかに強力な熱とエネルギーの放出，および放射線をあげ，これらの特徴は核兵器をして潜在的に破滅的なものとするとし，その破壊力は空間的にも時間的にも限定されえず，すべての文明と地球の全生態系を破壊する潜在力を有する，とみる（35項）。

**国連憲章の諸規定**　　次いで，ICJは，武力の威嚇または行使に関する国連憲章規定に移る。憲章第2条4項による武力行使の禁止は，他の関連規定（第51, 42条）に照らして検討されねばならないが（38項），これらの規定は，特定兵器に言及していない。条約または慣習上，すでにそれ自体違法な兵器は，それが憲章上の正当な目的のために使用されても合法となるのではない（39項）。

憲章第51条の自衛権には，必要性と均衡性の条件という慣習国際法規則（ニ

カラグァ事件) が適用される (41項)。均衡性原則は, すべての事情における自衛による核兵器使用をそれ自体としては排除しない。しかし, 同時に, 自衛の法の下で均衡性のある武力行使は, 合法的であるためには, とくに人道法の原則および規則を含む武力紛争に適用される法の要求を充たさなければならない (42項)。

憲章第2条4項における武力の「威嚇」と「行使」の観念は, 所与の場合における武力行使そのものが違法であれば, かかる武力を行使する威嚇も違法であるという意味で, 一体化している (47項)。抑止の政策が, 効果的であるためには, 核兵器使用の意図が確かでなければならない。これが第2条4項に違反する「威嚇」か否かは, 特定の武力行使が国家の領土保全または政治的独立に対して, または, 国連の目的に対して向けられているか, あるいは, それが防衛の手段として意図された場合, それが必要性および均衡性の原則に必然的に違反するか, に依存する (48項)。

**武力紛争に適用される法** 武力紛争に適用される法に関して, 裁判所は, まず, 核兵器の使用を規制する国際法の特殊な規則があるかどうか, 次いで, 固有の武力紛争に適用される法, すなわち人道法の原則および規則, ならびに中立法, に照らしてこの問題を検討する (51項)。

前者について, 国際慣習および条約法は, 一般的またはある事情の下で, とくに正当な自衛の行使の場合に, 核兵器または他の兵器の威嚇または使用を許可する特定規定を含んでいない (52項)。核兵器使用を禁止する条約規定があるかどうかについては, 1899年第二ハーグ宣言 (毒ガス禁止宣言), 1907年第四ハーグ条約付属のハーグ陸戦規則第23条(a) (「毒又ハ毒ヲ施シタル兵器」), 1925年毒ガス議定書の規定の解釈はさまざまで, これらの条約の当事国はこれらを核兵器に当てはまるものとして取り扱ってこなかった (54〜55項)。1972年生物・毒素兵器禁止条約および1993年化学兵器禁止条約にも核兵器使用の特別の禁止は見出せない (54項)。

ここ20年来, 核兵器に関して多くの交渉が行われ, いくつかの条約が締結された。非核地帯条約の中でも, トラテロルコ条約第1条, 同議定書II第3条およびラロトンガ条約の議定書2第1条は直接に, そして核不拡散条約は無期限

延長との関連で，核兵器の使用を取り扱っている（59項）。しかし，裁判所は，核兵器の取得，生産，保有，展開および実験をもっぱら取り扱う条約は，それ自体核兵器使用の禁止を構成するものではないとする（62項）。

**慣習国際法**　慣習国際法の検討に移ると，核兵器の使用を違法とみる諸国が1945年以来の核兵器不使用の恒常的実行を核兵器保有国の法的信念（opinio juris）の表現とみるのに対して，若干の事態における核兵器の威嚇および使用の合法性を主張する諸国は，そのために抑止の理論と実行を援用し，1945年以来の核兵器の不使用は単にその使用を正当化するような事態が幸い生じなかったからだと主張する。裁判所は，「抑止の政策」の実行について判断する意図はないが，それは一定数の諸国が冷戦の大部分の間その実行に依拠しかつそれに依拠し続けているという事実であることに留意して，過去50年にわたり核兵器に訴えられなかったことが法的信念の表現を構成するか否かの問題については，国際社会の構成員の意見が大きく分かれていることから，かかる法的信念の存在を見出すことができないと考える（64〜67項）。

**一連の国連総会決議**　決議1653（XVI）など核兵器の違法性を確認している一連の総会決議が核兵器使用禁止の国際慣習法規則の存在を表しているかどうかについて，裁判所は，所与の決議の内容およびその採択の条件をみる必要があるとし，ここで問題とされている諸決議は，かなりの数の反対票および棄権票を伴って採択されたから，核兵器問題に関する深甚な関心の明らかな兆候ではあるが，核兵器使用の違法性に関する法的信念の存在を確認しえない，とする（71項）。さらに，総会決議1653（XVI）に示される慣習法の一般規則の核兵器という特定事例への適用は，核兵器使用を禁止する慣習規則の特定規則がないことを示している（72項）。これらが毎年総会で広範な多数決により採択されることは，核兵器使用の特定かつ明示的禁止により，完全核軍縮に向かう重要な一歩を踏み出すべきだという，国際社会の広範な部分による希望を表すが，核兵器使用を特定して禁止する慣習規則の既成法（lex lata）としての出現は，一方で生成しつつある法的信念と，他方で抑止の実行へのなお強い依拠，の間の耐えざる緊張によって妨げられている（72項）。

**人道法・中立法**　　最後に，裁判所は，国際人道法および中立法の原則・規則に照らして検討を行う。人道法諸文書に含まれた基本的諸原則としては，一般住民・民用物の保護を目的とする戦闘員と非戦闘員の区別の第一原則と，戦闘員に不必要な苦痛を与えることの禁止の第二原則をあげる。この第二原則の適用において，国家はその使用する兵器について手段の選択の無制限な自由を許すものではない。人道法の基本諸原則は，国際慣習法の侵すことのできない諸原則を構成する（77項）。慣習法である人道法の部分は，1949年ジュネーブ諸条約などに具現された武力紛争に適用される法である（81項）。

　人道法の諸原則および規則の核兵器のありうる威嚇または使用に対する適用可能性に関する疑問が，これらの原則および規則が核兵器の発明以前に発達したものであり，1949年ジュネーブ4条約とそれに対する2つの追加議定書をそれぞれ採択した1949年および1974-1977年のジュネーブ諸会議が核兵器を特別には取り扱わなかったという理由から，ときどき提起されてきた。しかしながら，かかる見解はきわめて少数のものによってのみ支持されている。広範な多数の諸国および学者の見解では，核兵器への人道法の適用可能性についての疑問はありえない。ICJは，この見解に与する。核兵器は，人道法の原則および規則の大部分がすでに存在するようになって後に発明された。1949年（ジュネーブ諸条約）および1974-1977年（追加議定書）の諸会議は核兵器をわきにおいたが（85項，本書第Ⅱ章参照），このことから，人道法の確立した原則および規則が核兵器に適用されないという結論は引き出せない。本手続きにおいて，核兵器の新しさのゆえに国際人道法がそれに適用されないという主張は明示的に拒絶された（86項）。

**勧告的意見の結論**　　これらの理由により，裁判所は，総会の諮問に次のように答える。（13票対1票）（105項）

　A．核兵器の威嚇または使用のいかなる特別の権限も，慣習国際法上も条約国際法上も存在しない。（全会一致）
　B．核兵器それ自体の威嚇または使用のいかなる包括的または普遍的禁止も，慣習国際法上も条約国際法上も存在しない。（11票対3票）

C．国連憲章第2条4項に違反し，かつ，その第51条のすべての要請を満たしていない，核兵器による武力の威嚇または武力の行使は，違法である。（全会一致）
D．核兵器の威嚇または使用は，武力紛争に適用される国際法の要請，とくに国際人道法の原則および規則の要請，ならびに，核兵器を明示に取り扱う条約および他の約束の特別の義務と両立するものでなければならない。（全会一致）
E．上述の要請から，核兵器の威嚇または使用は，武力紛争に適用される国際法の諸規則，とくに人道法の原則および規則に，一般に違反するであろう。しかしながら，国際法の現状および裁判所の有する事実の諸要素を勘案して，裁判所は，核兵器の威嚇または使用が，国家の存亡そのもののかかった自衛の極端な事情のもとで，合法であるか違法であるかをはっきりと結論しえない。（7票対7票，裁判所長の決定投票）
F．厳格かつ効果的な国際管理の下において，すべての側面での核軍縮に導く交渉を誠実に行いかつ完結させる義務が存在する。（全会一致）

### (3) 勧告的意見の論点

この勧告的意見のいくつかの問題は，次節でくわしく論じるとして，上の意見から引き出しうるいくつかの法的論点をあげておきたい。

**勧告的意見の非拘束性**　本件は国家間の係争事件ではないにもかかわらず，国際機関の請求に基づいて ICJ が勧告的意見という形式でその法的見解を示したものである。したがって，勧告的意見は事件当事者ではない当該国際機関に対して拘束力を有するものではなく，国連加盟諸国に対しても同様である。しかし，勧告的意見は，国連の主要機関の1つである ICJ の見解（法解釈）を示すものとして高い権威を有しており，国家の見解や実行にも影響を与えることは否定できない。本件で，裁判所は WHO の請求を却下し，国連総会の請求には答えたが，そのことから，国連の諸機関または専門機関が勧告的意見を求める資格と条件が示されたといえる。本件では，核兵器の使用の合法性・違法性の問題は，WHO の「活動の範囲内において生ずる」問題ではないと判断された。あわせて，本件では，実際には軍縮関係の NGO が諸機関に ICJ への勧告的意見の要請を求めたことを端緒とするが，このような仕方で勧告的意見を求めることは，一種の民衆争訴（actio popularis）

につながるといえるかどうかといった問題も含んでいる。

**抽象的法律問題**　また，本件における総会の質問は，一般的抽象的で具体性を欠き，また，政治的であるとして，裁判所は勧告的意見を回避すべきであるという意見もあったが，裁判所がこれまでに勧告的意見を与えた事例などを参照して，また，本件の裁判所の意見（10, 13, 14項など）や裁判官の個別意見を検討してみると抽象的法律問題についても，また政治問題であってもその中に法律問題が含まれている限り，裁判所は勧告的意見を与える傾向にあることは明らかである。

**武力の威嚇と核の威嚇**　勧告的意見では，諮問事項に最も直接に関連する法の筆頭に国連憲章を挙げ，憲章規定による核兵器の合法性問題に関連して，憲章第2条4項，第51条，第42条に言及している。たとえば，第2条4項の武力の「威嚇」と「行使」の関係から，核兵器の「威嚇」と「使用」の関係を引き出し，使用が違法なら威嚇も違法として，威嚇と使用を一体化している。これは，「武力による威嚇」の要件についての1つの新しい解釈を示すものともいえる。また，核兵器の威嚇は抑止政策に関連するが，いわゆる核抑止論は，核兵器の威嚇・使用の合法性の観点から評価すべき問題たりうるかという論点が提起された。

**決議は法的信念の証拠か**　核兵器使用を直接規制する条約がないことから，慣習法が存在するかどうかが焦点と考えられたが，その観点から，国連総会決議1653（XVI）など核兵器関係の諸決議の内容が慣習法の1要素としての法的信念の証拠となるかどうかについて，かなり慎重な意見が示された。

**結論の不整合**　勧告的意見の結論部分のうち，とくに105項Eの意味，その第一文「核兵器の威嚇・使用は人道法の原則・規則に一般に違反する」とその第二文「核兵器の威嚇または使用は，国家の存亡自体のかかった自衛の極端な事情において合法であるとも違法であるとも結論できない」のそれぞれの意味と両文の一見不整合な関係をどのように解釈すべきかについて問題を残している（この問題は後述2で取り扱う）。

交渉完結義務の言及　　勧告的意見の結論部分の105項Fの「核軍縮交渉を誠実に行いかつ完結させる義務」は，核兵器拡散防止条約第6条の規定——完全軍縮条約について「誠実に交渉を行うことを約束する」——より一歩進めたものである。これは，裁判所が諮問事項でないにもかかわらず言及したもので，諸国とくに核兵器国にとり新しい義務を定めたものかあるいはすでに慣習法化している義務を明記したものと解釈しうるか疑問であるが，裁判所がこれに言及したこと自体，裁判所の核問題についての態度を知る上できわめて注目される。

## 2　核兵器使用への人道法アプローチ——ICJ意見論評1

では，まず，ICJの勧告的意見（多数意見）に沿いつつ，人道法からみて核兵器の使用がどう評価されているかを見ておきたい。なお，ICJの14人の各裁判官は，すべて個別意見を表明したことからみても，「人類の命運をかけた」（ベジャウイ（M. Bedjaoui）所長の宣言）ともいえるこの問題にきわめて誠実に取り組み，実定国際法の解釈に託つけつつ，意識的にであれ無意識的にであれ各人のいわば「法学的」世界観を開陳したといえよう。いいかえれば，各自の世界秩序観ないしその思想をかなりくわしく展開していてきわめて興味深いが，ここでは裁判所の多数意見を中心に検討したい。

### (1)　核兵器の性質・効果

特定兵器の使用の許容性について人道法からアプローチする場合，まず検討すべきは，法的評価の前提となるその特定兵器，ここでは核兵器の性質・効果についてである。いいかえれば，すべての兵器の使用が合法である（または違法である）という立場をとらない限り——つまり，この立場をとれば，もはや特定兵器の合法・違法を問うことは無意味であろう——，この性質・効果の程度がその使用の合法・違法を分ける1つの規準ないし敷居となる。

核兵器の固有の性質　　ここで，核兵器の性質・効果については，それを実証したともいえる，広島・長崎への原爆投下の性質・効

果がおそらく最も正確に示しているとも思われるが，それについては，とくに日本の学界では周知のことなので，ほどんど述べる必要はない。爆風・熱線・(初期・残留)放射線の3性質の相乗的効果，中規模の都市を破壊するほどの深刻な効果があることは周知の事実である。

なお，ICJ意見は，核兵器の性質・効果について，戦略・戦術核兵器等の分類による区別をせず一括して説明し，その特性から，核兵器は潜在的に破壊的であり，すべての文明と地球のエコシステム全体を破壊する潜在力をもつと説明し，その使用は将来の世代にとって深刻な危険をもたらすと述べた（ICJ意見35，36項）。核兵器の「固有の性質」としての一括した取扱いは重要であり，また，賢明な判断であると思う。

その軍事戦略的利用・位置づけから，核兵器が当初から「絶対兵器」といわれてきた所以は，この性質・効果の判断に基づいている。

### (2) 人道法アプローチ

ところで，人道法からアプローチする場合，まず注意すべきは，戦争法ないし人道法が古い歴史をもつのに対して，核兵器は，第二次世界大戦末に登場した新兵器であることである。そのため，かかる新兵器に人道法は適用されうるかという前提問題が存在する。古い戦争法・人道法文書の解釈・適用にむしろ否定的な見解もなくはないが，大方の国際法研究者は，また軍事マニュアルに示された諸国の態度も，これを肯定してきた。また，核兵器使用に関する世界で唯一の国内裁判である1963年原爆判決（本書第Ⅰ章参照）も，広島・長崎の原爆投下に対する第二次世界大戦時の戦争法を適用するという仕方で，これを肯定した。ICJは，現在の核兵器を念頭において，現在の人道法の原則や規則から判断を加えたが，既存の人道法の原則や規則の核兵器への適用可能性に疑問を挟まなかった（意見85～87項）（なお，前述第Ⅱ章参照）。

ICJは，古くからの条約・慣習法から現在の1949年ジュネーブ条約・1977年追加議定書に至るまでの人道法の展開を説明し（意見74項以下），人道法の基本原則として，原爆判決の場合と同じく，1つは文民・一般住民と軍事目標の区別による前者の保護原則（第一原則），2つは不必要な苦痛の禁止原則（第二原

則)をあげ(意見78項),そこから105項E第一文で,次のように結論した。「核兵器の威嚇または使用は,武力紛争に適用される国際法の諸規則,そしてとくに人道法の原則および規則に一般に違反するであろう。」

**原爆判決との比較** このような結論は,原爆判決の結論(本書第Ⅰ章参照)と基本的に同趣旨である。つまり,核兵器に関する国内裁判所および国際裁判所の意見において,戦争法・人道法に照らし,かつ,その発達を考慮に入れて(ただし,両裁判所とも核兵器に関する国連総会決議の実定法性(法源性)を必ずしも肯定しなかったが),広島・長崎への原爆投下ないし一般に核兵器の使用は,違法と判断されたのである。

しかし,問題は,むしろ,ICJ意見が,上の文言に続けて,105項E第二文で,次のように述べていることである。「しかしながら,国際法の現状および裁判所の有する事実の諸要素を勘案して,裁判所は,核兵器の威嚇または使用が,国家の生存(very survival, survie)のかかった自衛の極端な事情の下で,合法であるか違法であるかをはっきりと結論しえない。」

この文言から分かるように,ICJ意見は,原爆判決にはなかった,自衛の場合を取り上げたのであるが,その背後には,シュヴェーベル(S. M. Schwebel)判事も個別の意見でその文言がいみじくも Real politik を暗示する表現であると述べているように,実は,国際政治の理論ないし軍事戦略の理論としての核抑止の問題が伏在しているように思われる。

## 3 核抑止の位置づけ──ICJ意見論評2

### (1) ICJ意見における核抑止政策

ICJ意見は随所で「抑止(deterrence, dissuasion)の政策」に触れている。意見66項によれば,「一定の事態における核兵器の威嚇および使用の合法性を主張する他のいくつかの諸国は,それらの国の主張を支持して,抑止の理論と実行を援用した。これらの諸国は,一定の他の諸国と連携して,これらの国の安全保障上の死活の利益を脅かす武力攻撃に対する自衛権の行使において,核兵器の使用の権利をつねに留保してきたことを想起する。これら諸国の見解で

は，核兵器が1945年以来使用されてこなかったとしても，それは，現行のまたは生成途上の慣習によるのではなく，その使用を正当化しうる事情が幸運にも生じなかったからである。」

**ICJ は核抑止政策に与したか**　次いで，意見67項では，「裁判所は，『抑止の政策』として知られている実行についてここで言明するつもりはない。裁判所は，一定数の諸国が冷戦の大部分の間この実行に与し，かつ，これに与し続けているのが事実であることに留保する。」この項では，裁判所は，抑止政策が事実としても，そこからその合法性の判断を引き出すことを慎重に避けている。

他の箇所でも抑止政策に触れているが，最後に96項では，裁判所は，国連憲章第51条の自衛権に言及した後，「裁判所は，国際社会のかなりの部分が多年にわたり与してきた『抑止の政策』についての既述の実行を無視しえない」と述べて，ここでは抑止をやや積極的に評価している。この「無視しえない実行」としての抑止政策を勘案して，引き出された97項とほぼ同文の105項Ｅ第二文が結論として述べられた(5)。

## (2) 抑止政策・戦略と法の関連づけ

抑止の「（合）法化」ともいえるこの問題は，より一般的にいえば，（抑止）政策や戦略（国際政治）と法（人道法や自衛権）の関係の問題である。

**国際政治理論から**　従来，国際政治・戦略と法とくに国際法の関連については，本格的な研究があまりなされてこなかった。国際法研究者は，国際政治や戦略の議論をわきにおき，その法分析（解釈）においてかなり無頓着であったし，他方で，国際政治・戦略（軍事）研究者は，国際法の存在さえ無視するか，せいぜい実効性のないものとみなしてきた。(「法は政治の侍女」かという古い議論が今日も想起されるのは，この問題の研究が欠けていることにも一因があるように思われる。) リアリスト（モーゲンソー，ケナン，カーなどの古典的現実主義やヴォルツ（Walz），メルツハイマー（Mearsheimer）など構造的現実主義（structural realism）の論者）の議論は，その典型である。たとえば，ヴォルツの『国際政治理論（Theory of International Politics)』(1979年）では，リ

アリズムの基本的仮定として，①国際システムのアナーキー性，②国家の攻撃的軍事能力，③他国への武力行使の可能性，④国家の最も基本的な動機としての生存 (survival)，⑤生存の戦略，をあげ，この5つの仮定に基づいた，国家の3つの主要行動パターンとして，①国家の戦争準備，②国家の生存保障→同盟の樹立，③他国に対する相対的力の最大化，をあげている。要するに，国家は国際システムにおける生存 (survival) のための「自助 (self-help)」措置をとらねばならない。

この議論から，国家の生存のための自助措置としての核兵器の使用ないし「核の傘 (カサ)」に頼る抑止政策が，国際法規範によるチェックなしに，引き出されうることはいうまでもない。現実の政治過程においても，たとえばアチソン元国務長官がキューバ封鎖について述べたように，法はその法をつくる国家を破滅させえない，国家の survival は法問題ではない，とみなされてきた。[6]

もっとも，最近のリアリストの理論とくに constructivism と呼ばれる理論では，法の役割がかなり評価されており，国際政治研究の状況が変わりつつあるといえるかも知れない。また，あえて，倫理の観点から核戦略にアプローチしたナイの『核の倫理 (Nuclear Ethics)』(1986年) では，彼自らをタカ派でもハト派でもないフクロウ派と称し，抑止は条件付きで道義的だとする。そして，核の倫理についての5つの公理をあげるが，その筆頭に，自衛は正当だが限界をもった大義名分であるとしつつ，「核兵器を決して通常兵器と同じように扱ってはならない」と述べている。

**法社会学的観点から** 他方，法社会学的観点から，この両者の接合を企てたものとして注目されるのは，広瀬和子の「核兵器使用の違法性」と「核抑止の論理」の関係を論じた最近の研究である。[7] そこでは，上位システムとしての国際関係における政治と法という2つの下位システムの関連が企てられる。そこでは，国際法上実体法としての核兵器使用の違法性を前提として，国際共同体の一般利益のための核抑止の機能を検討し，抑止行動は違法防止を分担するメカニズムとして（つまり，手続法として）国際法上正当性を与えられると論じている。これは法と政治を繋ごうとする興味深いかつ触発的分析である。

ただ,ここでは,ただちにこの大問題に取り組むことはできない。また,ICJ意見は,上述のように抑止政策の法的位置づけを直接には避けつつ,自衛の脈絡に持ち込んだ。つまり,抑止政策を自衛権という法概念を通じて「法化」(法的フォーミュラ化)しようとしたといえよう。

そこで,ここでは,核兵器をとにかく「法の土俵」に乗せて,国連法システム——とくに武力行使禁止原則と自衛権——から核兵器使用の問題にアプローチしてみたい。

## 4 武力行使禁止原則と核兵器——ICJ意見論評3

まず,国連憲章の掲げる基本原則の1つである武力行使禁止原則(威嚇禁止を含む)からみて,核兵器の使用(威嚇を含む)をどう判断するかという問題がある。

この点に関しても,ICJ意見は一定の判断を行っている。意見37〜39項で,裁判所は,武力による威嚇または武力の行使に関する憲章の規定に照らして,核兵器に訴えることの合法・違法の問題を検討するとし,まず,憲章第2条4項および第51条をあげている。なお,憲章第7章の強制措置は取り扱わない(意見49項)。

「威嚇」と「行使」は相伴う

しかし,ICJ意見39項もいうように,第2条4項の規定が核兵器を含む特定兵器に言及していないことはいうまでもない。その意味で,憲章は,特定兵器の使用を禁止も許容もしていないとも読める。意見は,憲章第2条4項の「威嚇」について,武力「行使」が違法なら「威嚇」も違法であると解釈した。換言すれば,「威嚇」と「行使」の観念は「相伴う」と解釈した(意見47項)。結局,結論的に,意見105項Cに「国連憲章第2条4項に違反し,かつ,その第51条のすべての要請を満たしていない,核兵器による武力の威嚇または武力の行使は違法である」と述べた。

しかし,これは,武力行使禁止レベルの問題(*jus ad (contra) bellum*)と核兵器使用の国際法的評価の問題(*jus in bello*)を直接結びつけようとする問題の

立て方自体に問題があったがためか，その答えとしての結論は，実は適切な答えになっていないものである。つまり，第2条4項違反の武力による威嚇または武力行使は，いかなる兵器によるものであれ，（国連法上）違法なのであり，とりわけ核兵器による場合だけが違法なのではないであろう。この点で，意識的にか無意識的にか，*jus ad bellum* と *jus in bello* の両アプローチの混同がなされているように思われる。

問題は，憲章第2条4項に違反しない武力行使（威嚇を含む），または，憲章第51条の自衛権のすべての要請を満たしている武力行使における核兵器使用（威嚇を含む）も国際法上違法かどうかであり，前述した人道法に照らした核兵器使用の評価は，この場合をも念頭においているのである。

しかし，ICJ意見105項Cのような考え方をすれば，第2条4項に違反せず，または，第51条の自衛権の行使としての，核兵器使用は合法かどうかという問題が改めて提起されざるをえないことになる。

## 5 自衛と核兵器——ICJ 意見論評 4

そこで，このような問題に対して，意見105項E第二文のような答えがなされたのである。この答え方は，前述したリアリストの国際政治理論，「抑止の政策」理論から判断すれば，当然の帰結であるといえるかも知れないが，法解釈としては一見かなり「独創的」ないし法創造的であり，上述のように *jus ad bellum* と *jus in bello* を関連づけようとする努力の跡が伺える。

ここで，意見105項E第二文の文言を解釈するのではなく，*jus ad bellum* と *jus in bello* のこの関連づけのアプローチは法の土俵でみてみると何を意味しているのかという点だけを少し検討したい。つまり，核兵器使用は，人道法上合法か否かを問わず，あるいは，違法としても，*jus ad bellum* 上の自衛だけを理由にして，国際法上許容される余地があるのかという問題である。

もっとも，ICJ意見では，リアリストのいうように「国家生存（survival）のかかった極端な事情」の場合に限っているが，では「生存」がかかるとはいかなる場合か（たとえば，領土攻撃を受けた，占領された，あるいは国家の主権独立を

失うかも知れない状態か),また誰がそれを判断しうるかといった問題が法的には提起されうるが,(8) これは自衛権を行使する国家がとりあえずの判断主体であろうから(リアリストも国家アクター以上にこの点をつめないようである),ここでは法(理論)的には自衛一般の場合を念頭におきたい。

ところで,この問題については,国連の軍縮討議の場において,何度か議論され——とくに1961年国連総会での核兵器使用禁止決議1653（XVI）をめぐる議論でのイタリア修正案（国連憲章に違反する場合のみの核兵器使用禁止）(9)——また,国際法の学界でも,以前から議論がなくはない。ここでは,その議論のいくつかの論点をあげておきたい。

### (1) 自衛権から核兵器使用の権利を引き出す議論

この議論は,若干の ICJ 裁判官が個別的意見で展開している。（なお,意見40〜42項参照。）しかし,これは必ずしも新しい問題ではなく,おそらくこれまでになされたこの問題に関する最も詳細な検討の一例として,国際法協会（「ILA」,以下同じ）の1962年ブリュッセル大会で,ラポルトゥールのシュバルツェンベルガー（G. Schwarzenberger）が「国連憲章下の自衛と禁止兵器の使用」に関する報告書を提出し,それをめぐってなされた議論があげられよう。(10)

シュバルツェン
ベルガーの見解　　シュバルツェンベルガーの主張は,ILA 英国支部の決議——その中に,「*jus ad bellum* 違反国,つまり,違法戦争国に対する復仇としてのかかる兵器の使用は許される」が含まれていた(11)——を支持する論拠を提供しようとするものであったが,彼の主張の要点は次のように要約することができよう。

すなわち,侵略者に対する自衛行動をとる国が侵略者の軍隊と一般住民に対する戦争規則の保護を否定しうるとすれば,それは次の３つの理由のいずれかにより正当化されうる。①侵略者の法益剥奪（outlawry）——侵略国は国際法適用の能力と意思を欠くから,その国際法主体としての承認は撤回される——,②復仇,および③両者の結合,すなわち,復仇による法益剥奪。

彼の結論の核心は,核兵器の使用が毒および施毒兵器の使用禁止に入ることを前提に,慣習国際法のもとで,*jus ad bellum* 違反は,慣習国際法が復仇に

対して課す制限の範囲内で，復仇による jus in bello の違反を正当化する，とするものであった。

**ILA の討議**　これに対して，ILA の討議では，戦争慣習規則の適用における復仇を理由とする侵略者に対する差別の点について，かなりの発言者から賛否両論が表明された。その代表的な発言をみれば，まず，シュバルツェンベルガーの報告に対する賛成意見として，ソーン（L. B. Sohn）（米国）によれば，戦争の禁止は，その違反に対する十分な抑止が存在する場合にのみ，適切に実施されうるのであり，究極破壊の威嚇となる核兵器の使用の威嚇のみが侵略者をストップさせうるとすれば，核兵器は侵略者に対して使用することができる。侵略戦争は人類に対する最高の犯罪であり，それを抑止するために必要ないかなる行為も正当化されうるというのである[12]。

他方，報告者の結論（および英国支部報告書の結論）に反対し，またはそれに異論を唱える見解として，ショイネル（Scheuner）（ドイツ）は，侵略者に対して戦争法から逸脱する差別措置の行使が復仇の場合として取り扱われるかに疑問を提起し，むしろ戦争規則のすべての交戦者への平等適用によるべきであるとする。ラプラデル（P. de LaPradelle）（フランス）は，厳格法では，jus ad bellum 違反を制裁するために核兵器の使用を認めることはできず，また，国連体制の下で合法戦争と他の違法戦争との区別は存在せず，憲章第51条の場合を除き武力行使は違法であるが，自衛は核兵器の使用の率先活動を正当化しえないとした[13]。

結局，シュバルツェンベルガーの主張は，ILA の決議に生かされなかった。

以上から，国際法学界の動向をかなりよく反映しているともいえる ILA の議論の傾向をみると，大方の見解は核兵器使用の慣習国際法上（とくに毒・施毒兵器使用禁止）の違法性を前提としており，その上で，侵略者に対してまたは自衛としての核兵器の（先制）使用について，かかる使用を憲章違反の侵略行為に対する制裁とみなす色彩が強いものの，この場合，戦争規則の平等適用を理由に，禁止兵器の許容に対する否定的見解が有力であった。

ソーンのように，違法兵器の使用を許容するために，侵略という最大の犯罪を引き合いに出すなら，侵略による jus ad bellum 違反の重大性が相手国の

*jus in bello* 違反を圧倒する（ないし *jus in bello* の違法性を阻却する）という理屈が成り立つかどうか。これはレベルないし質の違う問題（*jus ad bellum* 違反と *jus in bello* 違反）を量的に比較しようとするものではある。

なお，自衛が侵略行為に対抗する場合に限られるかどうかの問題が生じうるが，ILA の議論ではそれには触れていない。

**自衛の違法性阻却理論** 相手の侵略性を必ずしも要件としない自衛——国家領域に由来する危険を避ける必要によるといったカロライン号事件のいわゆるウェブスター・フォーミュラ，あるいは，武力攻撃がなくとも国家の死活利益の侵害の場合——が，今日の国連憲章システム下でももし可能とすれば，侵略に対抗するものでもないかかる自衛行為がなぜ核兵器使用の違法性を阻却するかの新たな理論立てを必要とする。たとえば，「国家生存（survival）がかかっている」から，とか，自衛は国際法の基本原則であり，その行為はいかなる（法的）制限にも服しないといった理由づけである。問題は，こうした理由づけが妥当かどうか入念に検討する必要があるが，たとえ妥当と仮定しても，その場合でも，均衡性の原則には従わなければならないことについてはほぼ異論はない。なお，均衡性原則の意味について，自衛行為の（相手の）武力攻撃との均衡のほか，自衛の目的（相手の撃退）との均衡の意味にとれば，自衛行為の範囲は柔軟になる。

最後の点については，その後，1975年の万国国際法学会（Institut）において，ズーレク（J. Zourek）（チェコ）の報告書「国際法における自衛の観念」および彼の質問書き（クェスチョネア）に対する他の会員の回答においても，自衛における核兵器の許容性の問題として提起された。ズーレク暫定報告では，きわめて強力な国に攻撃された弱国が通常兵器の不均衡を避けるために，たとえば核兵器のような禁止兵器を使用しうるかという問題を提起し，「侵略犠牲国がその生存のために戦う際，防衛手段の選択を制限されてはならない」と思われるとしたが，多数の見解はむしろ否定的であった。かかる場合，侵略国も等しく核兵器で反撃し，かつ，核ホロコーストが生ずるという現実の危険が存在するとみる。さらに，政治的，イデオロギー的に分裂した世界において，核兵器の使用は文明の破滅になりかねない世界紛争へと速やかに導くとする。彼の

クェスチョネアの中に,「武力攻撃の犠牲国は,その通常兵器の明白な弱さを補うために,国際法によって禁止された兵器(たとえば核兵器)に訴えることができると認める用意があるか」という項目が入れられ,それに対する万国国際法学会の会員のうち6人の回答は,賛否両論に分かれ,禁止兵器の使用は認められないという意見の方が多かった。しかし,この問題は核抑止の問題を提起するという見方(ショーモン(Ch. Chaumont)),および,マクドゥーガルの次のような主張が注目される。すなわち,これは脈絡によるとし,違法な攻撃を行う当事国が核兵器を所有するなら,かかる兵器の使用は犠牲国の唯一の生存手段となりうるとし,この極端な場合に,「法の役割はきわめて小さい」とみる。[15]

その後も,国際法の学界や研究者のこの問題に対する見解にはさほど大きな変化はないように思われる。

**リースマンの見解** なお,マクドゥーガルの説を引き継いでいるともいえるリースマン(W. M. Reisman)の見解によると,サンクト・ペテルブルク宣言はじめ戦争法文書の文言解釈に依拠することは時代遅れであり,政治のアクター(エリート)の態度・期待から判断せねばならないという。それによると,米国では,税金によりつくられた兵器は事実上合法であり,ある事情の下で使用しうるし,かつされねばならないという推測ができる。そして,国際関係の非集権システムでの効果的コントロールは,分散したアクター(国家)の相互主義と報復を通じて行われるとし,かかる分権化されたシステムでの安定は兵器の発達を求めることになり,国際政治ではグレシャムの兵器法則(すなわち,悪い〔核〕兵器が良い〔通常〕兵器を駆逐する)が妥当する。世界公序システムは暴力(強制)のレベルの低いことを期待するが,この期待は抑止システムにより確保される。[16]

こうした判断は,リアリストの見方に通じるものであり,ここで追及してきた「抑止の法化」つまり国連法システムにおける自衛のための核兵器使用の法的位置づけの議論を逆転させ,元に戻すことになろう。

他方,戦争法・人道法レジームから見ると,侵略国に対する抵抗または自衛の場合においては,特別にまたは例外的に禁止兵器の使用が許容されるという論理は認められない。1977年追加議定書前文では,1949年ジュネーブ諸条約お

よびこの追加議定書の規定が，すべての場合に，その被保護者に対して，武力紛争の性質もしくは起源または紛争当事国が擁護しまた紛争当事国に帰せられる理由に基づくいかなる不利な差別もしないで，完全に適用されなければならないことを再確認している。いわゆる平等適用の原則である。

しかし，先に述べた ILA の議論では，*jus ad bellum* 違反が *jus in bello* 違反を正当化しうるかの問題が，シュバルツェンベルガーの報告やそれについてのメンバーの議論でも，主に復仇理論に依拠して検討されてきたが，その場合，核復仇の条件の議論が先行せねばならない。つまり，非核兵器の違法使用に対する核兵器による復仇が許容されるかどうかの問題が提起される。

### (2) 復仇理論における核兵器使用の許容性

問題は，「戦時」復仇の理論——「平時」に制裁としてであれ武力復仇は現代国際社会においてもはや許容されない（友好関係原則宣言参照）——を援用して，自衛（または違法戦争）の場合に犠牲国（または制裁国）側の核兵器使用が復仇として許容されるかどうかである。

**戦時復仇の要件** 戦時復仇については，いくつかの条件があげられる。従来からの学説では，その条件として，①先行違法行為の存在，②他にとるべき手段のないこと（補助性の原則），③先行違法行為と復仇行為が均衡していること——ICJ 意見46項は，自衛と同じ均衡性原則をあげ，アゴー（R. Ago）は，復仇は処罰行動であるとし，違法行為と復仇行為の均衡性を主張する——，④余りにも非人道的な行為は復仇としてさえ許されないこと[17]，があげられる。もし自衛における核兵器の使用がその条件を満たせば（とくに相手による核兵器の先制使用がなされた場合），その限りにおいて，国際法上違法性を阻却されうることがありうるとはいえよう。ただ，ICJ の意見でも述べられた核兵器の性質・効果から判断して，その条件（とくに③と④）を満たしうるかどうかについては議論が分かれるところである。

しかし，ICJ 意見105項 E 第二文で問題になると思われるのは，自衛権行使の対象とされる国（ICJ 意見では，その国が違法戦争国ないし侵略国であるかどうかに言及していない）に対して，自衛権行使国（または，その国に「核のカサ」を提供

している集団的自衛権行使の核兵器国）が核兵器の先制使用（first use）を戦時復仇を援用して行いうるか否かである。この場合に，上に述べた復仇の許容条件（とくに③均衡性の要件，④非人道性）が満たされうるかきわめて疑わしい。

　以上の自衛における核兵器使用の合法・違法の議論，とくに復仇理論（の均衡性の要件）を援用する議論は，おそらく価値選択を迫るものである。すなわち，国家の生存（survival）ないし国益の価値と（侵略国ないし自衛権行使の対象国，および状況によっては第三国の）人民一般（さらには人類一般）の生存維持の価値であり，ラードブルフのいう価値相対主義的見方をすれば，団体主義（ないし超個人主義）か個人主義かの世界観の選択となろう。国際関係のアクターとしての国家そのものの生存（survival），すなわち国家体制の存続（その内容に立ち入らない）を最高価値とすれば，それを守るための核兵器使用は場合によっては（つまり，核エスカレーションによる全面核戦争の結果，すべての国の破滅にならない限り）許容され，国家の如何を問わず国民個人・人類の生存を最高価値とすれば，この価値を否定することになる核兵器の使用は許されない。[18]

## むすび――核軍縮交渉完結義務と核抑止政策

　ICJ もおそらくその意見（とくに105項 E）のもたらしうる事態に対する不安から（意見98項参照），意見105項 F で，総会の諮問事項の外にあった，核不拡散条約（NPT）（99項で言及）など軍縮・軍備管理関係条約の定めている意味をこえる核軍縮交渉完結義務について，ここではその存否を確認しえないとはいわずに，全会一致の国連総会決議などに依拠して（意見100～101項），いとも簡単にはっきり肯定した。

　ICJ 意見が出された後の国連総会決議――決議51／45Mや決議52／380。なお，後者の決議は賛成116（中国を含む），反対26（米・英・仏・独・露を含む），棄権24（日本を含む）により採択されたものの，全会一致ではないことに注意。――でも，国連総会の多数派はこの義務を強調している。これが国連法システムに適切に位置づけられうるし，また，世界法思想においても高く評価されるだろうことは容易に予測できるものである。

とはいえ、他方で、勧告的意見後も5核兵器国の態度をみれば、とくにその核抑止政策の変更はないとされてきたし、ICJの勧告的意見が議論を収束させたわけではない。ただ、ICJ意見は、従来曖昧なヴェールに包まれていた「自衛と核兵器の関係」といった問題点の所在を明らかにしたといえよう。

これからは、むしろ、一方では、自衛措置あるいは侵略に対する制裁と核兵器の関係のさらなる議論、他方では、ICJの取り扱わなかった問題、つまり、核兵器の「国内」使用（ICJ意見50項）の問題を検討すれば、人権や環境の議論との関連においても核兵器が俎上にのぼることになると思われる。

注
（１）　*ICJ Reports 1996*, p.226.
（２）　本当は、この性質や効果を考慮すれば、果たして従来の「兵器（weapon）」概念に入るかどうかさえ問い直す必要があるが、ここではそれに踏み込まない。なお、核兵器ないし核爆発装置の定義は、いくつかの非核地帯条約で与えられている。たとえばトラテロルコ条約第5条（核兵器）、ラロトンガ条約第1条（核爆発装置）。
（３）　また、たとえば核兵器の使用場所による区別も、逆に軍事戦略的にはほとんど無意味ともいえる。たとえば、軍艦への使用で得ようとする軍事利益（軍艦の機能麻痺）は、通常爆弾でも同様の効果をもたらしうるのであり、おまけに、船員の放射線被爆や海域の核汚染という国際的非難を浴びるマイナス効果が付加される。砂漠での使用は法的には可能でも大した軍事的意味はなく、環境破壊の問題が残る。ICJ意見91項では、英国文書や米国口頭陳述から、公海の軍艦または人口希薄地域の軍隊に対する小型核兵器の使用は文民被害が小さいとする主張を紹介しつつ、同意見94項では、小型核兵器のクリーンな使用を擁護する国はその使用正当化の明確な規準を示さず、また、エスカレートしないことを示さなかったとして、この主張の妥当性を退けている。
（４）　1969年万国国際法学会（Institut）エジンバラ決議「軍事目標と非軍事物の区別、とくに大量破壊兵器の提起する問題」決議で採択。ICJでのソロモン諸国代理人（David）の口頭陳述（M. P. Laufranchi, T. Christakis, *La licéité de l'emploi d'armes nucléaires devant la Court Internationale de Justice, Analyse et Documents*, Paris, 1997, pp.212 et seq.) 参照。
（５）　ICJ意見の抑制的表現とは異なり、裁判官の個別意見では、抑止論の評価をめぐってさまざまの批評が入り乱れ、奇しくも各裁判官の世界観が現れているともみえる。たとえば史判事（中国）の宣言では、抑止政策に加わる「国際社会のかなりの部分」は、若干の核兵器国と「核のカサ」の保護を受け入れる諸国から構成され、これら諸国は国際社会の重要かつ強力なメンバーではあるが、「国際社会のかなりの部分」ではないと述べ、核抑止は国際政治の分野に属し、法的意味なしとみる。ブラボは、抑止論は

核兵器国と同盟国の実行をつくるが，法的実行をつくるものではないという。
（6）　1963年米国際法学会で，アチソン元国務長官は，キューバ封鎖について，これは法問題ではないとし，「米国の力，立場および威厳が他国によって脅かされた。そして法はかかる究極権力——主権の源に接近する権力——の問題を取り扱わない。」と述べた。(Proceedings of American Society of International Law, 1963, p.14.)
（7）　広瀬和子「『核兵器使用の違法性』と『核抑止の論理』——法社会学的分析（1），（2・完）」国際法外交雑誌97巻2，3号。なお，都留康子「核と平和——核兵器廃絶への方途」臼井久和・星野昭吉編『平和学』VI章，三嶺書房，1999年の分析も興味深い。
（8）　そのような場合として，米国務省法律顧問マテソンは，少なくとも二度の世界大戦，朝鮮戦争，湾岸戦争，仮定としてのワルシャワ条約機構軍の西ヨーロッパ侵攻をあげる（Proc. of ASIL, op.cit., 1997, p.14.）。
（9）　西側大国（核兵器国）の主張も，一般に自衛における核兵器使用を肯定してきた。たとえば，1954年6月11日英仏メモランダムで，軍縮小委員会の国家メンバー（カナダ，仏，英，米，ソ連）は，侵略に対する防衛の場合を除いて，核兵器の使用は国連の文言に従って禁止されたものとみなすべきである，と述べた。ソ連代表は，憲章が「侵略に対する防衛の場合」に核兵器の使用を許すという含意は，国連憲章の偏った解釈であり，それは実際に憲章を中傷するものであると述べた（International and Comparative Law Quarterly, Vol.5, 1956, pp.439-440）。米代表は，米大統領がすでに多くの機会に，米国は核爆弾または他の兵器を侵略的には使わないことを憲章の下で義務付けられていると述べた。

1961年国連総会で，核兵器使用禁止決議1653（XVI）が採択されたときの討議で，英国はこの決議を批判して，憲章は個別的および集団的自衛を認め，それは侵略を排撃するために必要な武力（いかなる程度の武力であれ）を行使する権利を含んでいるとし，イタリア修正案は，国連憲章に違反する場合にのみ核兵器の使用を禁止することを提案した。エチオピア代表は，これを自衛の口実で核兵器使用を許可するものであると批判した。H. Fujita, International Regulation of the Use of Nulcear Weapons, Kansai University Press, 1988, pp.292-293.

なお，核兵器の第一撃に関する5核兵器国の見解について，A. Cassese, Violence and Law in the Modern Age, Polity Press, 1988, pp.57-58. A. カセーゼ（曽我英雄訳）『戦争・テロ・拷問と国際法』敬文堂，1992年，73-74頁。
(10)　The International Law Association, Report of the Fiftieth Conference, Brussells, 1962, pp.156-237. なお，1958年ILAニューヨーク会期におけるシュバルツェンベルガーの報告書で，自衛における武力行使と禁止兵器の関係の問題が提起されていた。Report of the Forty-Eighth Conference held at New York, 1958, 1959, p.592.
(11)　ILA英国支部の採択した決議の内容は，次のとおりであった。(a)戦争法は無差別空爆を禁止せず。(b) ABC兵器の使用は毒・施毒兵器使用禁止規則と両立せず。(c) jus in bello 違反国に対する復仇としてのかかる兵器の使用は許される。(d) jus ad bellum 違反国（違法戦争国）に対する復仇としてのかかる兵器の使用の権利を否定しえない。

(e)略。*Ibid.*, pp.233-234.
(12)　ソーンは続けて、もし国連が侵略行為を抑圧する武力をもつべきなら、その究極的任務は、核兵器を使って侵略者を処罰することであり、さもなければ、もし侵略者がその侵略に成功すれば、国連の全システムは腐敗するだろう、という。*Ibid.*, pp.171-172.
(13)　さらに、グラゼル（ルーマニア）によると、侵略者による核兵器の先制使用がなくとも、すべての侵略者に対する核兵器の使用を許す復仇理論は正しくない。彼の理論によれば、非人道的な兵器・方法の使用を許さず、違反行為の重大さと均衡を失する手段も許さない。侵略戦争に対して自衛する国が戦争犯罪を侵す権利をもつということはできず、また、核による反撃は非核兵器の違法な使用に対して不均衡であるという。また、ハラスチ（ハンガリー）は、核兵器使用禁止は絶対的であり、自衛権は *jus in bello* 全体の破壊をもたらすような最も野蛮な戦争手段の行使の可能性を確保できないとみる。*Ibid.*, pp.184-186.
(14)　*Annuaire de l'Institut de Droit International*, Vol.56, 1975, pp.70 et seq.
(15)　*Ibid.*, p.77.
(16)　W. M. Reisman, "Deterrence and International Law", in *Nuclear Weapons and Law* (Edited by A. S. Miller and M. Feinrider), 1984, pp.129-132.
(17)　ちなみに、人道的性格の条約（身体保護規定、復仇禁止規定）の終了・運用停止は認められず（条約法条約第60条5項）、1949年ジュネーブ諸条約共通第1条、第一追加議定書第1条から、人道法は相互主義によるのではないと考えられる。ソロモン諸島（David）の意見、*La licéité, op.cit.*, p.216.
(18)　*Revue Internationale de la Croix-Rouge*, No.823 に特集の諸論文、とくに Mohr 論文（p.107）参照。ソロモン諸島の意見（David, *La licéité*, p.216）は、国益より犠牲者益を重視する。
(19)　たとえば、ICJ で口頭陳述した米国務省法律顧問マテソンは、ICJ 意見後も米国とNATO の核政策の変更は不要であるとし、核抑止政策への影響はないとみている（*AJIL*, Vol.91 (1997), pp.417, 435.; *Proc. of ASIL*. 1997, pp.12-15.）。なお、1997年12月7日クリントン大統領の米核戦略に関する新たな指令 PDD（大統領指針）は、「戦略核兵器の第一義的使命が長期核戦争に勝利するためではなく、核戦争の抑止にある」とし、この新戦略でも核先制使用は認められ、一定条件のもとでは非核兵器国への核攻撃も選択肢に含まれるとし、「ならず者国家（rogue State）」の生物・化学兵器攻撃に反撃する核報復も認めた。
(20)　仏陳述（*La licéité, op.cit.*, p.204）では、核兵器国の特別責任に言及されている。リースマンの「責任の差異（大国の大きな責任と権限）理論」によれば、NPT（および安保理決議984（1995））が国際の平和と安全維持のための核兵器使用についての「責任の差異レジーム」を確立しているとし、NPT による核大国の抑止政策、安全システムを肯定する。他方、NPT を「核アパルトヘイト」とみる見解にも注意を払わなければならない。

　他方で、1998年5月11-13日のインドの地下核実験に際して、インドは、隣接の核兵器国（中国）に対する自衛のための核兵器開発の必要性を主張した。本章で取り扱っ

たICJ意見は，かかるインドの主張を究極の自衛の目的によるものとして正当化させる余地を与えているともとれよう。F. L. Kirgis, "India's Nuclear Test", ASIL, *Flash Insight,* May 1998, pp.1-2. 参照。
(21) ICJ意見では，核兵器の国内使用を取り扱うよう要請されなかった（意見50項）から，人権（さらに環境法）からのアプローチを避けえたのかも知れない。国内的使用の問題を論ずるには，国際人権規約の人権委員会の一般報告14／32の検討も必要となろう。なお，シュヴェーベル判事は，個別意見で，「ならず者国家」のみならず，テロリズムの威嚇・行為に対する核抑止ないし核対応が必要であるとみている。

補論

# 核抑止論と集団的自衛条約
## 安保条約体制50年の軌跡

## はじめに──「核兵器のない世界」と核抑止の関係

**安保50周年の共同発表**　日米安保条約署名50周年に当たっての日米安全保障協議委員会の共同発表（2010年1月19日）は、半世紀にわたる日米安保体制を評価し、アジア・太平洋地域の平和と安全のための米軍の駐留とその抑止力の維持を支持して、現状を次のように述べている。「国際社会全体においても、テロ、大量破壊兵器とその運搬手段の拡散といった新たな脅威が生じている」とし、「このような安全保障環境の下、日米安保体制は、引き続き日本の安全とともにアジア太平洋地域の平和と安定を維持するために不可欠な役割を果たしていく。」そして、「日本及び米国は、必要な抑止力を維持しつつ、大量破壊兵器の拡散を防止し、核兵器のない世界の平和と安全を追求する努力を強化する。」としている。この署名50周年に当たっての鳩山首相の談話（2010年1月19日）でも、「日米安保体制に基づく米軍の抑止力は、核兵器を持たず軍事大国にならないとしている我が国が、その平和と安全を確保していく上で、自らの防衛力と相俟って、引き続き大きな役割を果たしていくと考えます。」と述べ、さらに「日米安保条約に基づく米軍のプレゼンスは、……いわば公共財としての役割を今後も果たしていく」という。

**オバマ演説「核のない世界」**　他方、昨年（2009年4月）オバマ米大統領は、就任直後のプラハ演説において「核兵器のな

い世界」の構築を明言し、核兵器全廃を目指す国際世論の要求を加速させることになった。2009年9月24日の国連総会決議1887（2009）は、前文冒頭で「核兵器不拡散条約（「NPT」、以下同じ）の目標に従って、核兵器のない世界のための条件をつくること」を決意すると述べている。そして、これに合わせて2010年5月のNPT再検討会議に向けた準備が行われた。

　いうまでもなく、核兵器廃絶は、21世紀の国際平和と安全を確保するための最も重要な課題である。いま国際社会全体が温暖化防止のための条約づくりに必死に取り組んでいるが、それとならんで、いやそれ以上に人類の生き残りにとって緊急に必要なのは全面的核軍縮であり、そのための条約づくりである。しかるに、上述した日米の共同発表は、「核兵器のない世界」の追求を強化するとしつつ、他方で、日米安保条約による米軍の核抑止力への依存をうたっている。核抑止論は、その概念の如何を問わず、核兵器の生産・貯蔵・配備（「核による威嚇」）を前提とし、さらには抑止が破れた場合の核兵器使用を認めるものである。そして、核抑止の機能は、現実には軍事同盟条約体制の中で保障される。集団的自衛条約とも称される今日の安保条約はむしろ最後の切り札として核抑止に依存するものである。そのため、かかる条約体制が維持・強化されるかぎり、核兵器廃絶は達成困難となる。このことを核抑止論と日米安保条約体制の展開の中で検討してみたい。

## 1　核抑止論の展開——冷戦期からポスト冷戦期へ

**抑止の理論**　　核抑止と安保条約の関係をみる前提として、この半世紀における核抑止論の展開を振り返る必要がある。抑止は合理性を超えるダイナミックな過程（プロセス）であるとされる。抑止の理論は、米ソ冷戦期に展開された軍事戦略であり、とくにソ連の核兵器に対抗する米国の核戦略として採用されたものである。国連憲章による戦争違法化（ないし侵略）の下で一般的にいえば、抑止戦略は、潜在敵国または敵同盟と対峙する味方同盟国という構図の中で、敵に受け入れられない損害を与える準備（軍備）のあることを認識させ、敵がその危険を認識して、侵略行為を差し控えるようにさ

せる戦略である。冷戦期に米ソは相互に戦争を防止するために抑止の了解（understanding）とその役割を発展させた。ベトナム戦争後，米ソ間の平和共存の中で，核抑止のために相互確証破壊（MAD）能力をもつ核兵器のおおよそ均衡（パリティー）した保有が求められた。冷戦の雪解けにあたる1980年代当初の時期に，米ソ関係は，相互核抑止に基づくといわれた。ところが，ソ連の解体による冷戦の終結と米ソ（ロシア）を超えた他国への核技術および大量破壊兵器（WMD）の拡散とともに，抑止の概念はより広い多数国間次元への広がりをもつことになった。

**ポスト冷戦期の抑止政策** ポスト冷戦期の抑止に関する米政策は，1995年『ポスト冷戦抑止の本質』でその概要が示された。(3) この文書によれば，ロシアとの関係は相互確証破壊を続ける両国のために相互核抑止の伝統的特徴に従い続ける一方で，マイナーな核能力をもつ諸国に対する米抑止政策は，計り知れない報復（先制的行動さえも）の威嚇を通じて，それらの諸国が米国，その利益または同盟諸国を脅かさないよう確保しなければならない。かかる威嚇は，核技術をもたない諸国が核兵器を開発するのを差し控え，そして，普遍的禁止によりいかなる国も化学または生物学兵器を保有し続けないことを確保するために使われなければならない。イランおよび北朝鮮両国の核計画をめぐる現在の緊張は，部分的にはこの抑止政策の継続に帰せられる，としている。

**9・11後の新抑止概念** さらに，9・11後の2002年9月17日，ブッシュ大統領の「大量破壊兵器に対する国家戦略」は，米国家(4)安全保障戦略を示したものである。それは上の研究をさらに展開させ，敵対国家やテロリストが大量破壊兵器を保有すれば，米国が直面する最大の安全保障チャレンジの1つとなるとして，米抑止戦略を明確に述べている。すなわち，「テロとの戦い，われわれの本土安全保障のための戦略およびわれわれの新しい抑止概念とともに，大量破壊兵器と闘う米国のアプローチは過去との根本的変更を示す」としつつ，「これに成功するためには，……同盟関係の強化，およびかつての敵との新しいパートナーシップの確立を含め，今日の諸機会を十分利用しなければならない。」としている。そして，注目すべきことは，「大量

破壊兵器をすでにもつテロリズム支援国家にとって，大量破壊兵器は最後に依拠する兵器ではなく，……死活の利益をもつ地域におけるわれわれの友好国および同盟国に対する侵略を抑止するための軍事的に役立つ選択兵器である。」とみていることである。米国は「わが友好国および同盟国を現存のそして増大する大量破壊兵器の脅威から保護するために最優先を与えなければならない。」そのため，抑止の新方法が要求されるとし，米国本土，在外駐留米軍，および友好国と同盟国に対する大量破壊兵器の使用に，圧倒的な武力――米国の選択肢のすべてをとることを含む――で反撃する権利を引き続き留保している。そして，抑止が成功しない可能性があり，適切な場合，先制的措置を含めて，敵に対して防衛する能力をもたねばならないとしている。この新しい抑止概念には，核兵器の先制使用も含まれうる。[5]

このように，オバマ大統領のいう核兵器廃絶にいたる迄の間，ポスト冷戦後の米戦略における抑止概念は，対ロシアとそれ以外の敵対国家（ならず者国家）およびテロリストに分け，ロシアについては従来型（冷戦期）の核抑止で臨み，後者の場合には，大量破壊兵器の準備と使用に対して，核兵器を含むすべての選択手段で対抗し，しかも，敵（侵略者とみなす）の武力攻撃以前に先制使用する余地を残しているのである。他方，かかる抑止戦略において守るべきものは，米本土と在外駐留米軍，ならびに友好国と同盟国であるとされる。同盟国の定義はないが，米国と安保条約を結んでいる日本が同盟国の１つとみなされていることは疑いない。

なお，このような抑止論は，核兵器使用の国際（人道）法上の合法・違法性の議論とは別であるが，使用の合法性を前提とするとも考えられ，または，たとえ違法としても抑止が破れ，敵が大量破壊兵器で攻撃した場合，敵に対する核兵器の（先制）使用は核復仇として違法性を阻却されるという議論に導きうる。なお，この問題については，核兵器使用の合法性に関する国際司法裁判所の勧告的意見（1996年）（本書第Ⅳ章）を参照されたい。

## 2 日米安保体制の展開と核抑止論

### (1) 国連の集団的安全保障体制と集団的自衛条約の関係

**安全保障の概念**　今日，安全保障の概念は，国連憲章における武力行使禁止原則と違反国（侵略国）に対する経済・軍事的強制措置（制裁）をとるシステムを備えることにより国際平和の維持・回復を図る集団安全保障体制の確立を前提としている。それは，かかる国連の集団安全保障体制下において十分に機能しない状況下で，例外的に国連加盟国に認められた自衛権を行使することによる安全保障の概念である。国連憲章第51条は個別的および集団的自衛権行使の要件を規定するが，特定国家間の安全保障条約（集団的自衛条約）は第51条に従ってこの自衛権の行使を定めたものである。しかし，憲章はかかる安全保障条約については全く言及していない（ただし，地域的機関，地域的取極という表現（憲章第8章）を除く）。というより，かかる性質の条約は，19世紀の同盟条約を想起させる。それは，当時のヨーロッパにおけるバランス・オブ・パワー政策の下で，仮想敵国（ないし敵同盟国）を想定するものであった。そのために，敵の軍事力に対抗して同盟国の軍備拡大が図られ，かつ無差別戦争観の下で戦争は勢力拡大の方策として行われた。第一次世界大戦の勃発はその結果でもある。その反省からつくられた国際連盟規約は，かかるバランス・オブ・パワー政策下の軍事同盟体制を否定して，戦争の制限・禁止と不十分ながら集団安全保障体制を樹立したのである。

**集団的自衛条約**　したがって，国際連盟や国連のかかる集団安全保障体制は，戦争に導く軍事同盟体制の否定の上につくりあげられたものである。しかし，国連憲章は，その起草過程で集団的自衛権を認めることになり，その結果，かかる自衛権の行使を規定する軍事同盟条約つまり集団的自衛条約（北大西洋条約機構（「NATO」，以下同じ。ワルシャワ条約や日米安全保障条約）が結ばれた。この種の条約により，東西冷戦下で相互に相手陣営諸国を仮想敵国とみなして，相手国の軍備と比較しつつ軍備（核兵器を含む）を増強することになった。19世紀の無差別戦争観時代において特定国を敵と決め

つけ，バランス・オブ・パワーのために敵の軍備に対抗するため自国（および同盟国）の軍備増強に励む軍事同盟体制と同じ構図である。

**集団安全保障と軍縮**　他方，国連集団安全保障体制は，違法な武力行使国（侵略国）——それは憲章上予め特定されていない——に対する経済的・軍事的強制措置（憲章第42，43条に基づく「国連軍」の行動）をとりうるが，各加盟国に武力行使禁止とその結果各国の軍縮を求めることになる。国連加盟諸国の憲法の中でも日本国憲法が国連憲章のこの要請に最もよく応えているものである。憲法制定当時日本は国連加盟国ではなかったが，第二次世界大戦の日本の侵略行動に対する反省を踏まえたもので，同じくその反省から起草された国連憲章と繋がるものがあるのは当然といえる。

　ところで，日米安全保障体制は，対日平和条約締結と同時につくられたもので，かつ，平和条約（第5条(c)）に周到に規定されたところ——「……日本国が集団的安全保障取極を自発的に締結することができることを承認する」——に従い，平和条約の発効（1952年4月28日）により戦争の終了と完全な主権の承認（第1条）される日本がまだ連合国（米国）の（戦後）占領体制下で締結する二国間条約の形式をとった。この日米安全保障条約（以下，「旧安保条約」と略称）の前文は，次のように述べる。日本国は「平和条約の効力発生の時において固有の自衛権を行使する有効な手段をもたない。」「無責任な軍国主義——ソ連・中国・北朝鮮のこと。いずれにしても特定の仮想敵国——がまだ世界から駆逐されていないので，前記の状態にある日本国には危険がある」ので，「日本国は，その防衛のための暫定措置として，日本国に対する武力攻撃を阻止するため日本国内及びその付近にアメリカ合衆国がその軍隊を維持することを希望する。」そのため，第1条（駐留軍の使用目的）で，「アメリカ合衆国の陸軍，空軍及び海軍を日本国内及びその付近に配備する権利を，日本国は許与し，アメリカ合衆国は，これを受諾する。この軍隊は，極東における国際の平和と安全の維持に寄与し，……（内乱および騒擾の鎮圧のため）外部からの武力攻撃に対する日本国の安全に寄与するために使用することができる。」としている。条約第1条と行政協定第5条から，核兵器を積載する米艦船は日本への寄港の権利を認められていた。旧安保条約の締結は，ソ連核実験（1949年9月23日）以

来，上述のように米ソ核軍拡と核抑止戦略が形成される時期に符合する。

しかし，1954年3月米国のビキニ水爆実験後，核兵器反対の世論に押されて，日本政府は米核艦船の寄港を拒否する意向を表明した[7]。その後，米ソの核抑止戦略の展開の中で，日米安保改定交渉が行われた。米国にとっては，ソ連との間に相互確証破壊を認める核抑止論の観点から，新条約でも駐留米軍（とくに海軍）の核武装化を確保する必要があったと考えられる。

(2) 1960年安保条約と核兵器「持込み」問題

**60年安保条約の構造** 　新条約交渉では，核兵器の日本領域への「持込み」の意味について表向きには議論された形跡はない。そして，1960年日米相互協力及び安全保障条約（「60年安保条約」，以下同じ）は，次のような構造をもち，NATO などと同じように，集団的自衛条約の性格を一層明らかにしている。「各締約国は，日本の施政の下にある領域における，いずれか一方に対する武力攻撃が，自国の平和及び安全を危うくするものであることを認め，自国の憲法上の規定及び手続に従って共通の危険に対処するように行動することを宣言する。」（第5条）。「日本国の安全に寄与し，並びに極東における国際の平和及び安全の維持に寄与するため，アメリカ合衆国は，その陸軍，空軍及び海軍が日本国において施設及び区域を使用することを許される。」（第6条）。1960年1月19日の「条約第6条の実施に関する交換公文」（岸・ハーター）は，米軍の配置（deployment）と装備（equipment）における重要な変更（major changes）について，事前協議の主題とするとしている。核兵器の持込みがこの配置・装備の重大な変更に当たることはいうまでもないから，日本政府は事前協議の申し出がないかぎり，核持込みはないとしてきた。

**集団的自衛権行使としての核攻撃** 　これらの規定から明らかなように，60年安保条約は，憲章第51条の集団的自衛権行使を米国に認めることを明らかにした合意である。もっとも，日本の施政下の領域（したがって，当時施政下にない沖縄などは除外される）における武力攻撃（在日米軍基地に対する攻撃を含む）に対するものに限定されているが，日米の各々が「共通の危険に対処するように行動する」と規定していることから，かかる状況におけるアメリカの

集団的自衛権行使を義務づけるとともに，在日米軍基地については，日本の集団的自衛権行使をも義務づけている。ただ，在日米軍基地は日本領域内にあるから，この場合日本は個別的自衛権行使とみなすことができ，憲法上の制約（集団的自衛権行使は違憲となるとの従来の政府解釈）と符合させることが可能である。しかし，当時の米国の極東戦略からみて，60年安保条約の意義は，「極東」（前文に明記）における国際の平和と安全の維持に両国が共通の関心をもつことから，極東地域——ソ連，中国を含む。ただし中国の核実験は1964年であるから，1960年当時はソ連の核兵器を主に念頭においていたともいえる。——からの日本領域への武力攻撃に対する米国によるソ連（中国）への集団的自衛措置としての報復的核攻撃（あるいは先制核攻撃さえも）を正当化する根拠を与えたことにある。当時の核抑止論による核保有と日本にある米軍基地への「核持込み」——沖縄は対日平和条約第3条から米国が全権力を行使しているためそこへの核持込みは制約されない。——を集団的自衛権行使のために正当化されることになろう。60年安保条約第6条には米軍の装備の制約についての規定はない。しかし，日本の世論は，核兵器の使用のみならずその日本領域への持込みに批判的であり，そのため，前述の岸・ハーター交換公文が結ばれていたのである。

「核持込み密約」　しかし，ここで，最近明るみに出た「核持込み密約」問題がある。これは，核兵器搭載の米艦船・航空機が日本に立ち寄る（持ち込む）ことを認めた日米秘密取決めのことである。2000年に明らかになった米議会用資料「ブリーフィングブック」の日米討議記録によると，日米は「米軍機の日本飛来，米海軍艦船の日本領海並びに港湾への進入に関する現行の手続きに影響を与えるものと解釈されない」と秘密裏に合意していた。核兵器搭載の有無を問わず，改訂前の旧安保条約下で行われていた艦船の寄港などを事前協議の対象から外した形である。[8]

　なお，極東の安全保障のための在日米軍基地の存在理由，つまり核抑止戦略からみて，米国にとってこの密約は必要であったと思われる。ビキニ水爆実験以来反核運動が高揚し，1960年当時，日本における反安保闘争の最中には「核持込み」を明言できなかったからである。

### (3) 沖縄返還協定と非核3原則の表明

**非核3原則と核抑止の矛盾**　1967年12月11日,沖縄返還問題の討議の中で佐藤首相は非核3原則に言及した。1968年2月5日衆議院予算委員会で佐藤首相は「核を製造しない,持たない,持ち込みもしない,これは非核3原則である」とし,「わが国が唯一の被爆国である,そういう意味から核兵器を憎み,核兵器の絶滅を期する,こういう態度をとっておる」という理由を述べるとともに,「日本は日米安全保障条約の下米国の抑止力によりまして安全を確保する,こういう態度をとっておる。」として,60年安保条約の下での米抑止力（核抑止のこと！）による安全確保を同時に明言している。つまり,非核3原則により「核持込み」は許さないが,米国の核抑止に頼るという一見矛盾した表現であるが,これが今日まで取り続けてきた日本政府の対応である。

**沖縄返還と核の存否**　沖縄返還「後」の「核持込み」の議論が浮上する中,1969年11月23日の沖縄に関する佐藤・ニクソン共同声明は,沖縄返還が日本政府の政策と一致した方法で実施されるとした。[9] 同年12月2日,佐藤首相は第62国会開会演説で,共同コミュニケにこれが言及されないにもかかわらず,返還時における沖縄からの核兵器撤去,および本土と同じく沖縄への非核3原則の適用を宣言した。1971年6月17日に締結された沖縄協定は,第2条で,日米間に締結された条約および他の協定および関係取極は,協定発効時に琉球諸島および大東諸島に適用されるとするが,沖縄に貯蔵されていたと思われる核兵器の撤去には言及していない。

　1971年11月24日沖縄協定の承認に際して,衆議院は沖縄における非核兵器化と米軍基地の削減に関する決議を採択したが,その中で,日本政府が非核3原則を遵守し,そして,沖縄返還時に適切な手段によって,沖縄における核兵器の不存在および返還後の核兵器の持込みの不許可を明らかにする措置をとるよう宣言した。こうして,非核3原則は国会決議で国是とみなされるようになったのである。この原則は日本の首相や外相の国連演説でも表明され,いわば一方的国際約束ともいえるものとなった。[10]

## (4) 「持込み」の意味と核兵器の所在秘匿政策

**「持ち込ませず」の意味**

しかし、問題は「持ち込ませず」の意味についてであり、この日本語の意味は必ずしも明らかではなかった。反核世論を前にして、政府は「持ち込ませず」を日本領域における核兵器の貯蔵および陸揚げのみならず核兵器積載船の寄港および領海通航を禁止するものとの解釈を示した。しかし、安保条約の交渉過程での（前述した）「密約」で別の解釈がとられていた。1960年の藤山・マッカーサー口頭了解で、核兵器の「持込み（introduction）」は「核弾頭および中距離および長距離ミサイルの日本への持込みおよびかかる兵器のための基地の構築」と定義された。[11] しかし、この合意は寄港と領海通過の問題を明らかにしていない。1981年ライシャワー元駐日大使は、「核艦船の寄港は核持込みに当たらない」という1960年日米の口頭了解があったことを明らかにし、米国にとり introduction には寄港や通過は含まれないとメディアに説明した。[12] しかし、1981年5月21日、鈴木首相は、衆議院内閣委員会で次の3点をあげた。①核積載艦船の日本領海通過と寄港を含め、核の持込みは事前協議の対象となる、②非核3原則は守り、事前協議で持込みを申入れられれば拒否する、③イントロダクションに寄港、領海通過を含むことは、1960年日米交換公文や藤山・マッカーサー口頭了解ではっきりしている。

**核所在秘匿政策のねらい**

ところで、米国の核兵器所在秘匿政策は、諸外国に寄港する海軍の活動能力が、もし個別艦船に核兵器積載の有無を明らかにする必要があるなら、大いに抑制されるという懸念に基づくものであった。外国への核兵器の持込み（陸揚げ）を肯定も否定もしないこの政策は、沖縄返還の際の核兵器の存在に対する日本国内の反対（国内的理由）を懸念したものである。[13] この秘匿政策が続けられる限り、米国の同盟国の国民（公衆）のみならず、米国の公衆や議会さえ他国における核兵器の持込みについて情報を得ることができない。この経緯（密約を含む）から明らかなように、「持込み」（英語の introduction）は、核兵器積載艦船の領海通航（transit, passage）および寄港（port-call）を含まないこと（陸上への持込みは事前協議の対象となる）、しかし、沖縄返還時を契機とする「核兵器の所在秘匿政

策」により，かかる寄港・通航の存否も明らかにしないこととされた。

　この秘匿政策は，在外米軍基地での核兵器配備を明らかにすることにより仮想敵国の核攻撃を抑制しようとする核抑止戦略と矛盾するようにみえる。しかし，仮想敵国は人工衛星や基地提供国内からの情報により，その配備を承知しているとみられるから，かかる政策は核抑止を無意味化するどころかむしろ核抑止をより平穏に（基地提供国の住民の反対運動により妨げられずに）働かせるためのものであるということができる。当時米核戦力は地上の核ミサイル（大陸間弾道ミサイル）よりも原子力潜水艦からの海中発射に依拠するまでに発達していたのであり，事前協議の対象とされるべき地上核基地（陸揚げ）は必ずしも不可欠なものではなく，原子力潜水艦（および原子力空母）の領海航行および寄港（主に兵員の休養等のため）が「持込み」に当たらず禁止されていないとすれば，それで60年安保条約の下で極東における核抑止戦略を実践できると考えられたのである。

　なお，核抑止を機能させるための核兵器「持込み」の問題は，日米安保条約体制に特有のものではなく，NPTや非核兵器地帯条約など一定の軍縮関係条約においても議論されてきた。

## 3　NPT体制と核抑止論

**非核兵器国への核持込み
──「管理」の意味**　1968年NPTは非核兵器国（日本を含む）による核兵器の取得や保有を認めないが，核兵器国（米ソ英仏中の5国のみ）の非核兵器国への持込み（通過・通航）を禁止していない。NPTは，核兵器国が「核兵器その他の核爆発装置又はその管理」をいかなる者に対しても委譲しないことおよび「核兵器その他の核爆発装置の管理の取得につきいかなる非核兵器国に対しても」援助，奨励または勧誘を行わないことを約束している（第1条）。また，非核兵器国はかかる「管理をいかなる者からも直接または間接に受領しないこと」を約束している（第2条）。このような「管理」の委譲ないし受領の禁止は，核兵器国の軍事同盟を通じてなされる非核兵器国の核兵器へのアクセスを阻止することを目指したものであるが，ここ

でいう「管理」は何を意味しているのか。NPTの起草過程における米ソの思惑や議論からも分かるように、NPTのいう「管理」の意味は、少なくとも非核兵器国への核兵器の配備を含まないことは確かであるが（つまり、「配備」はNPT違反ではない）、米国のいうように核兵器国の同意なくして核兵器を発射する権利または資格ときわめて狭く解するか（つまり、同意があれば発射（使用）しうる）か、または、ソ連（当時）のいうように、核兵器国の同意があっても核兵器の保有や使用決定を行う権利も（管理に）含まれる（つまり、同意の下の非核兵器国の保有や使用決定はNPT違反である）か、については明確ではない。

**「配備」は「持込み」**　したがって、NPTは核兵器の保有または管理の非核兵器国への委譲を禁止するが、核兵器国は非核兵器国領域内に核兵器ないし装置を、その保有と権利を保持する限り、配備することができる。このように、NPT体制は当時の米ソ核戦略と両立する形で、しかも非核兵器国の領域への核兵器「持込み」を認めている。つまり、米ソ核戦略下の抑止力としての核兵器「持込み」はNPTに違反するものではない。NPTの核兵器「管理」規定はNATO核戦略の展開を念頭においたものであるが、当時、極東にも類似の問題が提起されていたのである。つまり、上述した沖縄返還時に問題となった「核抜き返還」と核密約の問題は、NPT（日本は1970年2月3日署名、1976年6月8日批准書寄託）の認める軍事同盟の下での核抑止のための核兵器の「持込み」にかかわるものであった。

しかも、冷戦期につくられたこのNPT体制はポスト冷戦期に入ってもなお維持されており、1995年には締約国会議においてNPTの無期限延長が決定された。2010年のNPT締約国会議が核兵器廃絶のための前進的措置を求めて注目されているが、上の「管理」問題を見逃してはならない。そして、NPT体制下の核戦略は軍事同盟の下で機能するものであり、それゆえ、60年安保条約は米国の仮想敵国に対する抑止戦略のために不可欠のものとなっている。

**非核兵器地帯条約と追加議定書**　なお、NPT体制の下で締結された非核兵器地帯条約、中でも1962年10月のキューバ危機（ソ連による「核持込み」の企てと米国の対応）に対する反省から結ばれた1967年ラテンアメリカ非核兵器地帯条約（トラテロルコ条約）では、NPTの禁止していない核兵器国管理

下の締約国への持込み・配備を禁止する。しかし，輸送（transport）と通過（transit）は領域国（トラテロルコ条約締約国）の主権の自由な行使に委ねられるとされた。米国はトラテロルコ条約の追加議定書Ⅱ批准時の宣言で，これに影響を受けないとした（ソ連は反対）。米大使のラテンアメリカ非核化準備委員会宛て覚書（1966年8月29日）は条約第1条案につき，「通過の自由に関する米国の政策はわれわれの国家安全保障の必要およびこの半球の重要な安全保障利益に基づいており，かつわれわれは非核地帯がこの自由を危険にさらす必要があるまたはさらさなければならないとは信じない。」と述べた。同条約追加議定書署名時（1977年5月）の米了解宣言では，同議定書の対象となる米国が国際責任を負う地域（キューバのグァンタナモ基地を含む）について，米国はその港への米核艦船の入港，そこでの修理や補給，さらに緊急時の核兵器の荷下ろしの権利をもつ（ただし，そこでの核兵器の展開や貯蔵のための荷下ろしはできない）としている。[15]

## 4 冷戦後の核抑止と安保条約体制の変容

日米安保条約体制は冷戦時の産物であり，そこでの最大の関心事は米国の核戦略の下で仮想敵国（ソ連と中国――もっとも1956年日ソ共同宣言で戦争状態は終結し，1972年日中共同声明で「不正常な状態」は終了し，1978年日中平和条約で両国は武力不行使を確認しているのだが――）に対する核抑止のための日本領域への核兵器の「持込み」であったことはすでにみた。そして，この核抑止戦略を実施するためには，60年安保条約で認められた集団的自衛権に依拠する必要があった。なぜなら，核兵器の抑止力が相手に通ずるのは，もし日本領域（米国本土ではなく）を攻撃すれば，つまり，抑止が破られれば，米国は相手国（ソ連・中国）に核攻撃する意思を知らせておかねばならず，そのためには安保体制下で米国がかかる反撃の権利をもつことを示さねばならず，それは集団的自衛権をおいてはないからである。

**仮想敵国のない安保（NATO）** ところで，冷戦後の国際社会においてこの日米安保体制はどのように位置づけられるのか。もはや冷戦を支えた

東西対立構造は払拭され，したがって仮想敵国はないはずであり，そうすれば同盟体制は不要となるはずである。ワルシャワ条約機構の解体はその意味で当然であった。一方，NATOは存続してきたが，もはやロシアを仮想敵国とするものではない（ただし，前述のように米国はロシアに対して従来型の核抑止政策をとっている）。NATOはむしろ域外（米国やヨーロッパの領域外）の地域・民族紛争（たとえばコソボ危機へのNATO空軍の爆撃）や対テロ戦争の事態（アフガニスタンにおける対タリバン掃討）に対して派兵するためのものとなり，その意味でかつての軍事同盟的性格を変質させているともいえる。つまり，かかる場合のNATOの軍事行動は，NATO諸国の集団的自衛権の行使とみなしうるかは疑問である（ただ，アフガンへの派兵の場合，NATO理事会の解釈によれば，9・11テロ攻撃を受けたNATO加盟国米国のためアルカイダの潜むアフガンに対する集団的自衛権の行使とされてきた）。したがって，NATOが今日なお核抑止戦略をとっているとしても――もっとも，NATO構成国であるドイツやベルギーでは「冷戦の遺物」である米戦術核兵器の自国領域からの撤去を求める動きが現れている――，どのような仮想敵の（核）攻撃に対する抑止なのか，さらにはたとえば（国家）領域をもたない私的テロ組織による核テロ攻撃に対する抑止ははたして可能ないし有効かといった問題が提起されている。

「仮想敵」概念の変容　　では，冷戦後，60年安保条約の想定する仮想敵とはどのような実体を指すのであろうか。それに対する核抑止（「核の傘」）は可能なのかあるいは有効なのか。実は，このような敵概念の変容（また，その対象地域のグローバル化）を念頭において，冷戦後の安保体制の維持・強化のために，とくに核抑止の実効性（つまり，抑止が破られたときの核反撃）を確保するために日米間で安保条約の「再定義」や「ガイドライン」作りが行われてきたといえるであろう。安倍政権下での集団的自衛権の検討もその一環である[16]。日米同盟の「強化」は，現実には日米対等というより米国の主導の下で進められてきた。1997年9月23日「日米防衛協力のための指針」（日米新ガイドライン）は，冷戦の終結にもかかわらず，アジア太平洋地域には潜在的な不安定性と不確実性が依然として存在している（前文）とし，「日米安保条約およびその関連取極に基づく権利及び義務並びに日米同盟関係の基本

的枠組みは変更されない」とした。そして,「日米両国政府は,日本に対する武力攻撃に際しての共同作戦計画についての検討及び周辺事態に際しての相互協力計画についての検討を含む共同作業を行う」とする。そのため,「日本に対する武力攻撃に際しての共同対処行動等は,引き続き日米防衛協力の中核的要素」であり,日本に対する武力攻撃が差し迫っている場合には,日米両国政府は,日本の防衛のために必要な準備を行う。日本に対する武力攻撃がなされた場合には,日米両国は,適切に共同して対処し,極力早期にこれを排除する。[17]

**新ガイドラインにおける核抑止** このように新ガイドラインは,安保条約と日米同盟の維持・強化をめざし,国際法・国連憲章,憲法・非核3原則を認めつつ(ただし,核の introduction の解釈問題は残っている),日本に対する武力攻撃の場合——新ガイドラインにはこの武力攻撃を行う主体つまり仮想敵への言及はないが,新たに,ゲリラ・コマンドウ攻撃等不正規型攻撃の場合があげられている。対応すべき相手(この対象者については明記されていない)に対する米国の集団的自衛権の行使により自衛隊と米軍の共同作戦,統合運用を行う。米軍は攻撃力の使用として核兵器を使用することを否定されない。つまり,ここで核抑止が作用しており,日本への攻撃により抑止が破れたとすれば,集団的自衛権行使による核兵器の使用が,新ガイドラインでも認められている。

## むすび

**オバマ政権下の核抑止政策** 最後に,オバマ新政権下でもアフガンのタリバンに対する武力行使が正当化され,かつ,上の核抑止政策も否定されていない。米国防総省報告書「4年毎の国防政策見直し」(2010年2月1日)は,同盟国との軍事協定の重要性を訴え,在日米軍基地を東南アジアから中東にかけての国際テロ組織の温床を視野に入れた前方展開のための戦略的拠点として位置づけ,中国の軍事力増強に警戒感を強めている。米国は在日米軍再編計画を中長期的な抑止力の維持と強化の視点から重視

している。つまり,「核の傘」を含む核抑止力は中核的な任務として維持している。安保(米基地)―核抑止―テロ・中東の線は堅持している。NATO諸国の態度とは逆に,日本政府は,米国が近く公表する「核戦略見直し」(NPR)で予想される核軍縮によって「核の傘」の信頼性の低下を懸念する表明を「米国の戦略体制に関する議会諮問委員会」に対して行ったという(朝日新聞2009年11月6日参照)。2010年1月30日衆議院本会議で,岡田外相は「日米同盟が日本の安全,アジア太平洋と地球規模の平和と繁栄のために果たす役割を日米両国で再確認する1年にしたい」と述べ,オバマのプラハ演説について,核保有の目的を核兵器使用の抑止に限定することに注目すると述べた。ここでも日米同盟(安保条約)―核抑止がセットになっている。[18]

**冷戦後の安保と核抑止** このような動きは,冷戦期の冒頭からのほぼ半世紀にわたる安保体制の構造的展開ないし機能的拡大を示すもので,これはポスト冷戦期に入った安保条約の無意味化の流れに抗するものとみられよう。21世紀に入ってからの日米の国内的政治状況およびとくに9・11以来の国際環境がかかる逆流を押し進めてきた。このような安保体制強化は,ポスト冷戦期に期待の高まっている全面完全核軍縮の実現および紛争の平和的解決の促進に竿さす要因ともなっている。[19]日本国憲法の目標でもある「核兵器のない世界」の実現はますます彼方に追いやられよう。

注
(1) オバマ演説より以前のキッシンジャーなどの意見表明 ("A world Free of Nuclear Weapons" by G. P. Schultz, W. J. Perry, H. A. Kissinger and S. Nunn, *The Wall Street Journal*, January 4, 2007, p.A15.) や,オバマ演説後の広島と長崎の平和宣言(2009年8月)もその1つである。
(2) 祖川武夫の表現(小田滋・石本泰雄編集委員代表『祖川武夫論文集 国際法と戦争違法化――その論理構造と歴史性』)。筆者のブックレビュー:法律時報77巻3号(2005年2月)96-102頁参照。
(3) The Neutilus Institute Strategy Project: US DOIA Documents (http://www.nautilus.org/archives/nukestrat/USA/Advisory/essentials95.html) この研究(文書)によれば,「核兵器がわれわれの抑止の最も潜在力ある道具」であり,「われわれの最後に訴える兵器である。」「核兵器の使用の威嚇を通じての抑止はわれわれのトップ軍

事戦略であり続けるだろう。」「われわれは完全かつ全面軍縮の脈絡においてのみわれわれの核兵器の完全な除去を考えるだろう。かくして，われわれは，核兵器を「つくらない（uninvent）」ことまたはそれらのいくらかの数の秘密生産を防止することは不可能であると考えるから，核兵器は予見しうる将来にわたり米国の戦略的抑止の最重要事項であるよう運命づけられている。」「ロシア以外の諸国との脈絡で，大量破壊兵器使用のための制裁は軍事的敗北ではなく，より悪い結果の威嚇でなければならない。」1994年7月11日の北朝鮮についてのクリントン大統領声明は，「彼らが核兵器を開発することは無意味である。なぜならもし彼らがそれをあえて使用するなら，それは彼らの国の終焉となろう。」と述べた。なお，次の文書も参照。U.S. Department of Defense's Deterrence Operations Joint Operating Concept, at http://www.dtic.mils/futurejointwarfare/concepts/do-joc-v20.doc.
（4） "National Strategy to Combat Weapons of Mass Destruction", President Bush, The National Security Strategy of the United Btates of America September 17, 2002.
（5） その上，米国の国家戦略の主な支柱として3つあげる。すなわち，①大量破壊兵器の使用と闘う対抗拡散，②大量破壊兵器拡散と闘う不拡散の強化，③大量破壊兵器使用に対処する結果管理，である。対抗拡散としての抑止について，今日の脅威は多様化し予測困難であるから，抑止の新しい方法が要求される，としている。
（6） この問題（とくに国連憲章における軍縮の原則）については，藤田久一『軍縮の国際法』日本評論社，1985年に詳しく説明している。
（7） 1957年2月14日岸外相は衆議院内閣委員会で，今日も将来も日本政府は核兵器の持込みを拒否すると述べた。しかし，1958年4月18日岸首相は参議院内閣委員会で，核兵器積載艦船および航空機の日本領域の「通過」（temporary transit）は行政協定第5条により許されており理論的に可能であるが，日本に「寄港」（port-calls）したことは聞いていないと答弁した。
（8） 朝日新聞2009年7月12日5面の日米密約記事参照。すでに多くの証拠（中でも米国の文書）が存在するかなどの調査報告が未だ（2010年2月末現在）出ていないので，この密約の存否およびその正確な内容についてはここで判断しない。
（9） 共同声明の説明において，愛知外相は同8項は「核抜き」の沖縄返還を明らかにしており，返還後「核隠しの可能性はありえない」と説明した。そして，事前協議制度に関する米国の立場を害することなくこの表現は緊急時または戦時に日本が核兵器の有事持込みを許すことを意味しないと述べた。『沖縄協定——その批判的検討』法律時報臨時増刊，1971年10月，338頁。なお，詳しくは，H. Fujita, *International Regulation of the Use of Nuclear Weapons,* Kansai University Press, 1988, Chapter 7, p.239ff.; United States Security Agreements and Commitments Abroad Japan and Okinawa, *Hearings before the subcommittee on United States Security Agreements and Commitments abroad of the Committee on Foreign Relations,* United States Senate, Ninety-First Congress Second Session, Part 5 (1970), p.1441-1442.
（10） 1978年第1回国連軍縮特別総会（SSDI）での園田外相の演説および1982年第2回国連軍縮特別総会（SSDII）での鈴木首相の演説。Fujita, *op.cit.,* pp.244-245.
（11） しかし，1968年4月25日に，政府はこの口頭合意の内容の文書を国会に提出した。

1975年3月26日になって,米政府は,1974年9月米議会におけるラロック証言後,日本政府の問い合わせに対してかかる合意の存在を公式に認めた。Proliferation of Nuclear Weapons, *Hearings before The Subcomittee on Military Applications of Joint Committee on Atomic Energy Congress of the United States Seventy-Third Congress Second Session*, 1974参照。

(12) 毎日新聞1981年5月18日。ライシャワーは,introduceは日本領土(soil)における核兵器の現実の配置(actual emplacement)および日本領土における兵器の貯蔵を意味するとした。しかし,米国務省スポークスマンは,米核艦船の寄港または日本領海通航についてのライシャワーの指摘を否定も肯定もしなかった。*The Japan Times*, May 20, 1981.

(13) 当時,西ドイツにおける核兵器の所在は必ずしも秘匿されていなかった。Nuclear Weapons and Foreign Policy, *Hearings before the Subcomittee on U.S. Security Agreements and Committees Abroad and the Subcommittee on Arms Control, Internaitonal Law and Organization of the Committee on Foreign Relations United States Senate*, Ninety-Third Congress Second Session, 1974, pp.35-36, 41, 235-237.

(14) 米国は1963年1月13日の国連事務総長の書簡照会すなわち「非核兵器国が核兵器を製造ないし取得することを差し控えまたは将来他国のために自国領域内に核兵器を受け入れることを拒否する特別の約束を取り決めることに同意するための条件」という照会に答えて,核拡散問題を①核兵器の製造および取得,と②核兵器の配備に分け,配備については「米国とその同盟諸国の防衛体制は,……核兵器を含み,国連憲章の認める権利——個別的および集団的自衛の権利——を維持するために存在している」と述べていた。したがって,アメリカは,核兵器国の核使用(権)のみならず,共同使用のための非核兵器国(NATO加盟国)への核配備をNPT体制の下で留保しようとした。他方,ソ連(当時)は右照会に対する回答の中で「核兵器の一層の拡散は,……(核兵器のような)大量破壊兵器を製造または配備しない」との同意によって防止できると答えた。1965年9月のソ連条約案は核兵器を「……いかなる方法でも非核兵器国またはその集団の所有または管理に委譲せず,また核兵器の所有,管理または使用に参加する権利を与えない」ことを規定した。ソ連提案の背景には,当時のNATO戦略の展開による西ドイツへの「偽装された核配備」を阻止しようとする配慮が働いていた。また,NATO多角的核戦力(MLF)による核兵器共同保有やMLF参加非核兵器国の核兵器使用決定への「参加」に反対する意思表示でもあった。ところが,1966年9月の米ソ会談後,米国がMLF構想を放棄し,他方ソ連がNATO核戦略協議への西ドイツの参加に反対しないとの了解が成り立ったと推測され,1967年米ソ合意による同一条約案は,核戦略に関する同盟国間の協議がNPTの原則に反しないことについてソ連の了解が得られたことを示した。藤田,前掲書,115頁参照。

(15) *United States Treaties and Other International Agreements* Vol.22 (1971), pp.754-761.; *Documents on Disarmament* 1966, pp.622-628.; Treaty of Tlatelolco, *Hearing before the Committee on Foreign Relations United States Senate Ninety-Fifth Congress Second Session*, (1978), pp.26, 46. なお,フォークランド(マルヴィナス)紛争(1982年)において,英艦船が対潜水艦用核兵器を積載していたという疑惑とそのことがト

ラテロルコ条約や議定書の目的に反するか否かという点について，*SIPRI Yearbook 1983*, pp.480-482.
(16) 安倍首相の私的諮問機関「安全保障の法的基盤の再構築に関する懇談会」に諮問された事項のうち次の2つが集団的自衛権にかかわるものである。①日米共同訓練等で公海上において自衛隊艦船が米軍艦船の近くで行動（補給訓練）している最中に，第三国軍艦がその米軍艦船に攻撃した場合，自衛隊の艦船および航空機が反撃を実施しうるか，②日本上空を通過して，米国に向かうかも知れない弾道ミサイルをレーダーで捕捉した場合，ミサイルに対して反撃（迎撃）できるか。これらの想定（ただし，ここでの「第三国」は特定された仮想敵に違いないであろう）に肯定的に答えようとすれば，いずれの場合にもその正当化のためには，日本による集団的自衛権行使――もっともこの想定だけからは行使要件が充たされているかどうかははっきりしない――が必要と考えられる。なお，この問題については，懇談会メンバーである村瀬信也の論文「安全保障に関する国際法と日本法――集団的自衛権と国際平和活動の文脈で（上）（下）」ジュリスト1349号（2008年），1350号（同年），および，松田竹男「集団的自衛権行使＝飽くなき対米従属の理論――安保法制懇談会などの倒錯の論理」前衛2009年6月号参照。
(17) 新ガイドラインによれば，日本に対する武力攻撃がなされた場合，(イ)日本は主体的に行動し，米国は，日本に対して適切に協力する。このような日米協力の在り方は，整合のとれた共同の作戦の実施が含まれる。(ロ)自衛隊および米軍が作戦を共同して実施する場合には，双方は，各々の陸・海・空部隊の効果的な統合運用を行う。その他の脅威への対応では，(i)自衛隊は，ゲリラ・コマンドウ攻撃等日本領域に軍事力を潜在させて行う不正規型の攻撃を排除するための作戦を主体的に実施する。(ii)自衛隊および米軍は，弾道ミサイル攻撃に対応するために密接に協力して対応する。周辺事態の協力については，「周辺事態は，日本の平和と安全に重要な影響を与える事態である。周辺事態の概念は，地理的なものではなく，事態の性質に着目したものである。」としている。
(18) 日豪政府主導の国際賢人会議「核不拡散・核軍縮に関する国際委員会」最終報告（2009年12月15日）は，行動計画として，短期（2012年まで），中期（2025年まで），長期（2025年以降）に分けているが，短期において「核保有国は核兵器の唯一の目的が核攻撃を抑止するための宣言」をあげ，中期では「すべての核保有による核先制不使用宣言」を，そして，長期では「核抑止の有用性がなくなるような国際的政治条件の構築」をあげている。つまり，核抑止の有用性を長期（2025年以降）の時点でなくすことを提言しているのであるから，それ以前の段階では核抑止の効用を認めているともいえよう。核抑止政策の下でいかにして核兵器廃絶の合意を得ることができるのかが問題である。核抑止をめぐる最近の動きについて，次の文献参照：K. A. Lieber and D. G. Press, "The Nukes We Need Preserving the American Deterrent", *Foreign Affairs*, Vol.88, No.6, Nov./Dec., 2009; C. D. Ferguson, "The Long Road to Zero Overcoming the Obstacles to a Nuclear-Free World", *Ibid.*, Vol.89, No.1, Jan./Feb. 2010.
(19) なお，最後に論ずべき点として，最近，集団的自衛条約つまり軍事同盟条約体制は

国連集団安全保障体制と対立するものではなく，むしろそれを補完するものだという主張が最近なされていることである。最近のいくつかの紛争——とくに1990年湾岸戦争および9・11後のアフガン戦争——について，安保理決議——湾岸戦争時の安保理決議660，661，678およびアブガン戦争時の安保理決議1441——が憲章第7章（第39条）の枠組み（つまり，集団安全保障）でその事態を平和に対する脅威や平和の破壊として位置づけ，憲章第51条の集団的自衛権に言及して，同盟国軍あるいは多国籍軍の軍事行動を許可してきた。そのことから，集団安全保障のために集団的自衛権に基づく軍事行動が認められたと解釈するのであろう。果たして，このような解釈が正しいかどうかは，個々の事例の性質と軍事行動の性格を検討しなければならない。なお，この問題について，森肇志「国際法における集団的自衛権の位置」ジュリスト1343号（2007年），松田竹男「安保理の暴走？(1)，(2)」法学雑誌56巻1，2号（2009年）参照。

# むすびに代えて
## 21世紀における核禁止の構図
## ：核テロと反テロ核戦争，違法から犯罪へ

　1990年代の冷戦終結以来，核兵器使用禁止の問題は，2つのむしろ相反する方向に展開しつつある。一方では，これまでみてきたような核抑止論の効かない（アメリカ等によって）「ならず者国家」と呼ばれている諸国に対して，そして，とくに「テロとの戦い」（対テロ戦争）における「使える兵器」としての核兵器（先制）使用の敷居が低くなっていること，他方では，核兵器使用を違法のみならず重大な戦争犯罪とみなそうとする国際刑事法の発展，および国際世論の中に使用禁止条約締結を求める動きが高まっていることである。

　冷戦期の核戦略理論やとくに核抑止論は冷戦後論拠を失ったともみられたが，21世紀に入って，とくに2001年の9・11大規模多発テロ事件以来，テロリズムが活発化する反面，とくにアメリカを中心とする「テロとの戦い」が表面化してきた。2001年10月にはじまる米英軍のアルカイダやタリバンに対する軍事行動（アフガン戦争）や2003年3月からの米軍のフセイン大統領「暗殺」爆撃にはじまるイラク戦争においても，反テロ戦争の性質をもつものとされた。2011年5月の紛争状態にはないパキスタン領域内でのビンラディン「暗殺」はこれを象徴している。これらの「戦い」において，テロ組織潜在場所破壊のためという名目で，クラスター爆弾やデージー・カッター，さらにイラクでは劣化ウラン弾（爆発時にウランの微粒子が体内に入り，癌や白血病の原因になるといわれる）などの「疑わしい」新兵器も使われ，必要な場合には核兵器の使用の可能性さえ否定されていない。

　さらに，米軍／北大西洋条約機構（「NATO」，以下同じ）軍の対アフガン爆撃が9・11に対する自衛の行動とされ（国連安保理決議前文に自衛権に言及したが，これが米国の行動を自衛権で正当化したものと解釈され，また米国を除くNATO諸国軍の対アフガン攻撃は集団的自衛権に基づくとみるしかない），自衛の戦争（武力行

使)の場合に，核兵器使用の可能性も否定していない。イラク戦争の場合も，イラクの大量破壊兵器（化学兵器）の製造・保有のみならず，テロリストを介しての米国や英国に対する使用（核テロ）の蓋然的な緊急性を口実に（後に，イラク領域には大量破壊兵器が存在しなかったことが検証された），米英は対イラク軍事行動をはじめたが，その際にも（イラクの大量破壊兵器使用の「威嚇」に対する？）復仇として米・英は核兵器使用を正当化することも法的には考えられる。

その法的正当化のために，テロリストはいわば「法の埒外（outlawry）」の存在であり，そして，テロ行為および反テロ戦争は国家間の武力紛争ではないから，そもそも核兵器使用禁止を定める人道法の適用はないとみなすのである。[1]

また，テロリズムおよび「テロとの戦い」という名で呼ばれる紛争は，必ずしも国際武力紛争ではなく，一般には国内武力紛争またはそれ以前の事態と分類されるものに属すると考えられる。ところで，国際司法裁判所（「ICJ」，以下同じ）の核兵器勧告的意見では，（前述のように）非国際武力紛争の場合は検討外におかれた。したがって，テロリズムないし反テロ戦争のような事態において，核兵器の使用が人道法上許容されるか禁止されるかという問題は，新たな検討を要する問題として残されているともみられる。その場合，テロ集団側が核兵器を使用する場合（いわゆる核テロ）とテロ抑圧の手段として反テロ戦争を遂行する国家当局側がテロリストに対して核兵器を使用する場合が考えられる。前者については，2005年「核によるテロリズムの行為の防止に関する国際条約」（核テロ防止条約）があるが，これは，核爆発装置等の使用（未遂も含む）を犯罪行為（第2条）とみなしている。しかし，この条約では，「いかなる意味においても，国による核兵器の使用又はその威嚇の合法性の問題を取り扱うものではなく，また，取り扱うものと解してはならない」（第4条4項）とわざわざ断わっている。しかし，この条約は果たして非政府（私的）団体であるテロ集団およびそのメンバーである個人を法的に拘束するかは疑問であろう。[2]

後者については，国際人道法上，非国際武力紛争においても，国際武力紛争に適用される害敵手段規制の原則および規則が適用されるべきであるという議論は強まっている。2010年核不拡散条約（「NPT」，以下同じ）締約国再検討会

議最終文書の「行動計画」において，「核のない世界」との関連で核兵器使用（禁止）問題が位置づけられている。すなわち，「行動5」dでは，(核兵器国は)「核兵器の使用を防止しかつ場合によってはそれらの除去に導きうる政策を検討し，核戦争の危険を減らし，かつ，核兵器の不拡散および軍縮に貢献すること」とし，「行動計画7」では，すべての国が「核兵器の使用または使用の威嚇に対して非核兵器国を保障する効果的な国際取決めの討議をただちに開始すべきこと」を求めている。また，このNPT再検討会議に提出された，人道法の番人ともいうべき赤十字国際委員会の文書は，従来の慎重な立場から一歩踏み出している。すなわち，広島・長崎原爆の破壊力を念頭におき，ICJの勧告的意見を引用しつつ，核兵器が決して使用されてはならないことの保障をすべての国に訴えた。その議論によれば，国際紛争において害敵手段としての核兵器使用が禁止されているとすれば，非国際武力紛争においてもその使用は人道法に違反すると考えることができる。かかる性質の紛争における「当事者」は一方では1国の政府（軍）であり，他方は反乱軍（テロ集団も含まれる）であるから，政府軍がこの禁止に拘束されることは明らかである。このような議論は，なお決着をみていないともいえるが，次にみるような国際刑事法の展開の中で，非国際武力紛争においても一定の行為は国際犯罪（とくに重大な戦争犯罪）とみなされうるのであり，場合によっては核兵器使用の責任者個人（政府軍側であれ反乱軍（テロ集団）側であれ）をそのかどで国際刑事裁判所の前で処罰するシステムがつくりあげられつつあるともいえよう。

　他方，冒頭に述べたもう1つの傾向，すなわち，核兵器使用の戦争犯罪化についていえば，20世紀末以来の国際社会は，重大な戦争犯罪，ジェノサイドや人道に対する罪などの国際犯罪に対して管轄権をもつ国際刑事裁判制度を確立しはじめたのである。これは，第二次世界大戦直後のアドホックな国際軍事裁判，すなわち，ニュルンベルク裁判と東京裁判以来のものであり，とくに条約（国際刑事裁判所ローマ規程）により常設の国際刑事裁判所（「ICC」，以下同じ）がハーグ（オランダ）に設立されたことは注目される。本書の第Ⅰ章で検証したように，核兵器使用（具体的に広島・長崎への原爆投下）の問題は東京裁判では弁護側の提起にもかかわらず審理されず，その法的判断は下されなかった。被

むすびに代えて　219

爆国の国内裁判所（東京地裁）がこの問題に取り組んだ唯一のものであった。

1998年ローマ規程によれば，ある種の特定兵器の使用を重大な戦争犯罪とみなし，かかる犯罪を行った者に対してICCは人的管轄権を有するのである。はたして国際武力紛争（さらには非国際武力紛争）における核兵器の使用がかかる戦争犯罪のカテゴリーに入るかどうかの問題は，ローマ規程を起草し採択した1998年ローマ外交会議において議論された。(4) 結果的には，核兵器使用を戦争犯罪行為として明示的に規定することは見送られた。

しかし，国際武力紛争における次のものの使用は，戦争犯罪とみなされたのである。すなわち，「毒物又は毒を施した兵器を使用すること」（ローマ規程第8条2(a)(xvii)），「窒息性ガス，毒性ガス又はこれらに類するガス及びこれらと類似のすべての液体，物質又は考案物を使用すること」（同(xviii)），いわゆるダムダム弾（同(xix)），不必要な苦痛を与える害敵手段（同(xx)）である。非国際武力紛争の場合に，戦争犯罪とみなされる行為（同第8条2(c)(d)）の中に，上の種類の害敵手段の使用は含まれていない。しかし，2010年ICCローマ規程検討会議において，非国際武力紛争においても，上の害敵手段（毒・ガス・ダムダム弾）の使用は戦争犯罪に入れられることになった（同第8条2(e)(xiii)，(xiv)，(xv)。なお，「不必要な苦痛を与える害敵手段」はここに列挙されていないことに注意）。

したがって，問題は，上の害敵手段の規定から，核兵器の使用の場合が，戦争犯罪とみなされる害敵手段の使用に該当するかどうかである。すでに述べた東京地方裁判所の原爆判決は，不必要な苦痛を与える害敵手段の禁止（1907年ハーグ規則第23条），および毒や施毒兵器の使用禁止（ガス議定書）からの類推により，広島・長崎への原爆投下を国際法違反と判示した。このような判断によれば，今日においてローマ規程第8条に列挙された害敵手段に相当する性質ないし加害効果をもつものとして，非国際武力紛争とみなされうるテロリズムおよび反テロ戦争において当事者（テロリスト側と政府軍側の双方）によるその使用を重大な戦争犯罪とみなし，その責任者（使用者および命令者）を場合によってはICCで処罰することも不可能ではないことになろう。

もっとも，ICC規程によれば，ローマ規程検討会議で認められた非国際武力

紛争に適用される害敵手段の使用に関する上の規定も、「暴動、独立の又は散発的な暴力行為その他これらに類する性質の行為等国内における騒乱及び緊張の事態については、適用しない」（第8条2(d)(f)）としている。このことからも、テロ行為および反テロ戦争がかかる暴動、暴力行為、騒乱ないし緊張の事態とみなされる場合には、核兵器使用はローマ規程（戦争犯罪規定）の適用外とみなされることになろう。この場合の核兵器使用をも禁止するためには、平時・戦時を問わずあらゆる事態において核兵器使用を禁止する新たな国際文書をつくることが最も適切であろう。最近の核兵器禁止条約の締結を求める世論の高まりは、この必要性にも合致している(5)。

繰り返しになるが、最後に一言付け加えれば、21世紀の国際関係の状況を踏まえ核兵器使用の全面禁止文書の（たとえば国連での）採択、さらICJの勧告的意見が最後の項で求めた完全核軍縮条約交渉の完結のためにも、広島・長崎原爆の原点からの検証が不可欠であることを改めて強調しておかねばならない。


注
（1） 「法の埒外」にあるテロリストは（国内刑法が適用されるべき）人格をもたない（したがって、人権はない）のであるから、自由に殺害（暗殺）しうるという思想である。人道法が適用される合法な戦闘員であれば、敵対行為での殺害はできるが、捕えれば捕虜の地位が与えられ、一定の（特権的）待遇が保障される。人道法が適用されない「テロリスト」（実はこの定義が問題ではある）は、捕えられてもただちに殺害を免れず、裁判にかけられても極刑となろう。かかる者に対して核兵器で殺害することも、その必要性・有効性は別として、違法とはみなされないことになろう。グァンタナモ米軍基地に収容された人々を「違法戦闘員」とみなして、放置してきたこともこの思想に由来するといえよう。この思想に対する人道法や人権の観点からの批評は十分可能であるが、ここではそれに立ち入らず、反テロ戦争はテロリストを法の埒外におくことにより、彼（彼女）らに対する核兵器使用を合法化する議論が現実になされていることを紹介したまでである。
（2） 藤田久一・平成14-15年度科学研究費補助金（基盤研究(c)(2)）研究成果報告書「テロリズムの国際法的規制」参照。
（3） Note verbale dated 6 May 2010 from the International Committee of the Red Cross to the United Nations addressed to the Secretary-General of the Conference, NPT/CONF/2010/43.

（4） 藤田久一「国際刑事裁判所規程採択の意義と限界」世界652号（1998年）。
（5） たとえば具体的な条約提案として，コスタリカが国連に提出した核兵器禁止条約案（Working paper submitted by Costa Rica and Malaysia, NPT/CONF. 2010/WP.73）がある。また，これについては，メラフ・ダータンほか（浦田賢治編訳）『地球の生き残り──「解説」モデル核兵器条約』日本評論社，2008年参照。

## 関係年表（条約・国連決議は採択・署名年月日）

| | |
|---|---|
| 1868年11月9日 | サンクト・ペテルブルク宣言 |
| 1899年7月29日 | 毒ガス禁止宣言 |
| | ダムダム弾禁止宣言 |
| 1907年10月18日 | ハーグ陸戦条約付属規則（ハーグ陸戦条規またはハーグ規則） |
| 1919年6月28日 | 国際連盟規約 |
| 1922年12月11日 | ハーグ空戦規則 |
| 1925年6月17日 | ジュネーブ毒ガス議定書 |
| 1928年8月27日 | 不戦条約 |
| 1931年9月18日 | 満州事変勃発 |
| 1932年2月2日 | 国際連盟軍縮会議開催 |
| 1937年7月7日 | 盧溝橋事件――日華事変勃発 |
| 1938年2月～43年8月 | 重慶大空襲 |
| 1941年12月8日 | パールハーバー攻撃 |
| 1945年3月10日 | 東京大空襲 |
| 1945年5月8日 | ドイツ降伏 |
| 1945年6月26日 | 国連憲章採択 |
| 1945年7月16日 | 米原爆実験成功 |
| 1945年7月26日 | 対日ポツダム宣言 |
| 8月6日 | 広島原爆投下 |
| 8月9日 | 長崎原爆投下 |
| 8月10日 | 米機の新型爆弾による攻撃に対する日本政府抗議文 |
| 8月15日 | ポツダム宣言受諾 |
| 1945年9月2日 | 降伏文書 |
| 1946年1月19日 | 極東国際軍事裁判所条例 |
| 1946年10月1日 | ニュルンベルク国際軍事裁判判決 |
| 11月3日 | 日本国憲法（公布） |
| 12月14日 | 軍縮大憲章（国連総会決議41(1)） |
| 1948年11月4～12日 | 極東国際軍事裁判（東京裁判）判決 |
| 1948年12月9日 | ジェノサイド条約 |
| 1949年8月12日 | ジュネーブ諸条約 |
| 1949年9月23日 | ソ連原爆実験成功 |
| 1950年6月25日 | 朝鮮動乱勃発 |
| 1951年9月8日 | サンフランシスコ対日平和条約 |
| 1951年9月8日 | 日米安全保障条約（旧安保条約） |
| 1952年10月3日 | 英国原爆実験成功 |
| 1954年5月21日 | ビキニ水爆実験――第五福竜丸事件 |
| 1956年 | 赤十字国際委員会（CICR）戦時一般市民の被る危険を制限するための規則案 |
| 1960年1月19日 | 日米相互協力及び安全保障条約（新安保条約） |
| 1960年2月13日 | フランス原爆実験成功 |
| 1961年11月24日 | 核兵器使用禁止国連総会決議1653（XVI） |
| 1962年10月22日 | キューバ危機 |
| 1963年12月7日 | 原爆判決（東京地裁） |
| 1964年8月2日 | トンキン湾事件―ベトナム戦争へ |
| 1964年10月16日 | 中国原爆実験成功 |

| | |
|---|---|
| 1967年2月14日 | ラテン・アメリカ核兵器禁止条約・追加議定書Ⅱ |
| 1967年12月11日 | 佐藤首相非核3原則言明 |
| 1968年7月1日 | 核兵器不拡散条約（NPT） |
| 1971年6月17日 | 沖縄返還協定 |
| 1972年4月10日 | 生物（細菌）兵器禁止条約 |
| 11月29日 | 核兵器使用の永久禁止国連総会決議2936（XXVII） |
| 12月10日 | 環境改変禁止条約 |
| 1977年12月12日 | ジュネーブ諸条約に対する追加議定書 |
| 1978年6月30日 | 第1回国連軍縮総会（SSDI）最終文書 |
| 1988年11月4日 | 日米原子力協力協定 |
| 1993年1月3日 | 化学兵器禁止条約 |
| 5月25日 | 旧ユーゴスラビア国際裁判所規程 |
| 1996年7月8日 | 核兵器使用合法性に関する国際司法裁判所勧告の意見 |
| 1997年12月15日 | テロリスト爆弾使用防止国際条約 |
| 1998年5月11日 | インド核爆発実験 |
| 1998年5月28日 | パキスタン核爆発実験 |
| 1998年7月16日 | 国際刑事裁判所（ICC）ローマ規程 |
| 1999年3月24日 | コソボ危機・NATO空爆開始 |
| 2000年5月19日 | NPT2000年再検討会議最終文書 |
| 2001年9月11日 | 9・11同時多発大規模テロ |
| 2001年10月7日 | アフガニスタン戦争・米空爆開始 |
| 2003年3月20日 | イラク戦争・フセイン暗殺爆撃 |
| 2009年4月5日 | オバマ米大統領のプラハ核兵器全廃演説 |
| 9月24日 | 「核兵器のない世界」国連総会決議1887（2009） |
| 2010年4月6日 | オバマ大統領の核戦略見直し（NPR）報告書 |
| 5月6日 | NPT締約国会議：赤十字国際委員会覚書 |
| 6月10日 | ICCローマ規程改正 |
| 2011年3月11日 | 東北・関東巨大地震・福島原発事故 |
| 5月1日 | パキスタン領域内での米軍によるビンラディン殺害 |

# 参考文献一覧

## A 著者の関係論文一覧

「大量破壊兵器と一般市民の保護(1),(2),(3)」金沢大学法文学部論集(法学篇)15号(1968年),16号(1969年),17号(1970年)

"Ratification, par le Japon, du Protocole de Genève de 1925" *Japanese Annual of International Law,* No.15, 1972

「細菌(生物)・毒素兵器禁止条約」金沢法学17巻2号(1973年)

「原爆判決の国際法的再検討(1),(2・完)」関西大学法学論集25巻2,3号(1975年)(**本書第Ⅰ章**)

「核兵器使用禁止国際条約案の意義」法学セミナー259号(1976年)

「国連軍縮総会をめぐる問題点」日本の科学者13巻5号(1978年)

「環境破壊兵器の法的規制――環境変更技術の敵対的使用禁止条約をめぐって」関西大学法学論集28巻2号(1978年)

「核兵器廃絶の法理論」法と民主主義129号(1978年)

"Reconsidération de l'affaire Shimoda - Analyse juridique du bombardement atomique de Hiroshima et Nagasaki" *Revue de droit pénal militaire et de droit de la guerre,* tome 19, nos.1/2, 1980.

「核兵器と1977年追加議定書」関西大学法学論集31巻1号(1981年)(**本書第Ⅱ章**)

「核兵器先制不使用と国際法(1),(2完)」関西大学法学論集33巻1,2号(1983年)(**本書第Ⅲ章**)

『軍縮の国際法』日本評論社,1985年

*International Regulation of the Use of Nuclear Weapons,* Kansai University Press, 1988

「自衛における核兵器の威嚇・使用――ICJ勧告的意見を読んで」軍縮問題資料200号(1997年)

"Au sujet de l'avis consultatif de la Cour internationale de Justice rendue sur la licéité des armes nucléaires" *Revue internationale de la Croix-Rouge,* no.823 (1997)

「国際刑事裁判所規程採択の意義と限界」世界652号(1998年)

"Removing the Relevance of Nuclear Weapons: A Legal Perspective on the U.N. System" J. Goldblat & M. Konuma eds., *Towards a Nuclear-Weapon Free World:* Proceedings of the Forty-Fifth Pugwash Conference on Science and World Affairs, 1995, Hiroshima, Japan, World Scientific, Roveredge, 1998.

「核兵器をめぐる法と戦略の交錯」世界法年報18号(1999年)(**本書第Ⅳ章**)

「核抑止論の展開と安保条約体制50年の軌跡」『安保改定50年 軍事同盟のない世界へ』法律時報臨時増刊(2010年)(**本書補論**)

## B 主要参考文献
### 1 広島・長崎原爆関係

外務省編纂『終戦史録』新聞月鑑社,1952年

日本学術会議原子爆弾災害調査報告書刊行委員会編『原子爆弾災害調査報告集』第1,2分冊,日本学術振興会,1953年

長崎市役所総務部調査統計課『長崎市制六十五年史後編』1959年

原水爆禁止日本協議会専門委員会編『原水爆被害白書——かくされた真実』日本評論社,1961年

朝日新聞社編『長崎医大原子爆弾救護報告』朝日新聞社,1970年

広島市役所『広島原爆戦災誌』全5巻(とくに1,5巻)1971年

西島有厚『原爆はなぜ投下されたか——日本降伏をめぐる戦略と外交』青木書店,1971年

調来助編『長崎——爆心地復元の記録』日本放送出版協会,1972年

仁科記念財団編纂『原子爆弾——広島・長崎の写真と記録』光風社書店,1973年

山手治之「判例研究「原爆訴訟判決」」立命館法学5・6号(1963年)

―――「原爆訴訟について」法学セミナー95号(1964年)

寺沢一「原爆判決の法的問題点」法律時報1964年11月号

石本泰雄「原爆判決の意味するもの」世界218号(1964年)

安井郁「原爆判決の歴史的意義——鑑定の要旨と判決の評価」1964年2月発表(同『国際法学と弁証法』法政大学出版局,1970年所収)

高野雄一「原爆判決とその問題点——広島・長崎の原爆攻撃に関する国際法と被害者の請求権」ジュリスト293号(1964年)

木村朗,ピーター・カズニック(乗松聡子訳)『広島・長崎への原爆投下再考——日米の視点』法律文化社,2010年

Atomic Bombs and the Postwar Position of the United States in the World, in *Evidence: Documents of the US National Archives Collections.* No.41.

Diary of the Secretary of War, Stimson (July 3-September 6, 1945), *Ibid.,* No.44.

Order to drop the A-bomb issued by T. H. Handy to C. Spaats (July 25, 1945), *Ibid.,* No.55.

Field Order 13 to drop A-bomb on Hiroshima (August 2, 1945), *Ibid.,* No.58.

Memorandum from L. Groves to the Chief of Staff (August 6, 1945), *Ibid.,* No.59.

Statement by the President of the United States (August 6, 1945), *Ibid.,* No.60.

Statement of the Secretary of War (August 6, 1945), *Ibid.,* No.61.

Statements by the Prime Minister and Mr.Churchill on the Atomic Bomb (August 6, 1945). *Ibid.,* No.62.

Field Order 17 to drop the A-bomb on Kokura or Nagasaki (August 8, 1945), *Ibid.,* No.63.

"Japanese Atrocities, Report of the Department of State", *Department of State Bulletin,* Sept.9, 1945.

Smyth, H. D., *Atomic Energy for Military Purposes- the official report on the development of*

*the atomic bomb* under the auspices of the U.S. Government, 1940-1945. (杉本朝雄ほか共訳『原子爆弾の完成——スマイス報告』岩波書店, 1951年)
*The Effects of Atomic Weapons*, prepared for and in corporation with the U.S. Department of Defence and the U.S. Atomic Energy Commisssion under the direction of the Los Alamos Scientific Laboratory. (篠原健一ほか訳『原子爆弾の効果』主婦之友社, 1951年)
United States Strategic Bombing Survey (= *U.S.S.B.S*), *Summary Report*, 1946.
*The Effects of the Atomic Bombs on Hiroshima and Nagasaki, British Report*, HMSO., London, 1946.
Compton, K. T., "If the Atomic Bomb Had Not Been Used", *The Atlantic Monthly*, Dec. 1946.
U.S.S.B.S., 3: *The Effects of Atomic Bombs on Hiroshima and Nagasaki*, 1946.
―――, *The Effects of Atomic Attack on the City of Hiroshima*, Urban Area Division, 1947.
―――, *The Effects of Air Attack on the City of Nagasaki*, 1947.
―――, *The Effects of Strategic Bombing on Japanese Morale*, Morale Division, 1947.
―――, *Japan's Struggle to end the War; the Effects of Strategic Bombing on Japan's War Economy* (正木千冬訳『日本戦争経済の崩壊——戦略爆撃の日本世相経済に及ぼせる諸効果』日本評論社, 1972年)
Stimson, H. L., "The Decision to use the Atomic Bomb", *Harper's Magazine*, Vol.194, No. 1161, Feb. 1947.
Zacharias, A. E. M., "The Atomic Bomb Was Not Needed", *United Nations World*, Aug. 1949.
Churchill, W., *The Second World War*, Vol.VI, Triumph and Tragedy, London, 1954.
Truman, H. S., *Memoirs, Years of Decisions*, Vol.1. New York, 1955. (堀江芳孝訳『トルーマン回顧録』恒文社, 1992年)
Pal, R., *Crimes in International Relations*, Calcutta, 1955.
Knebel, F. and Bailey, C. W., High Ground, 1960 (「もはや高地なし——原爆第1号の秘密」朝日ジャーナル1960年8月14日号)
Freed, F. and Giovannitti, L., *The Decision to drop the Bomb*(堀江芳孝訳『原爆投下決定』原書房, 1967年)
Feis, H., *Japan Subdued The Atomic Bomb and the End of the War in the Pacific*, 1961.
Groves, L. R., *Now it can be told, The story of the Manhattan Project*, 1962 (富永謙吾・実松譲共訳『私が原爆計画を指揮した——マンハッタン計画の内幕』恒文社, 1964年)
Feis, H., *The Atomic Bomb and the End of World War II*, Princeton University Press, 1966. (佐藤栄一ほか共訳『原爆と第二次世界大戦の終結』南窓社, 1974年)

## 2 核兵器使用禁止・国際法・核戦略関係

川上敬逸「序説・原子爆弾の違法性に関する研究(その1)」関西大学法学論集3巻1号

(1953年)

安井郁「原子兵器と国際法」思想362号(1954年)

──「原子兵器その他の大量破壊兵器の禁止──アジア法律学会議における報告」法学志林53巻1号(1955年)

城戸正彦「原子兵器と国際法」愛媛大学紀要・社会科学2巻3号(1956年)

入江啓四郎「原子力と国際法」原子力講座5(1958年)

平野義太郎「核兵器と国際法　原水爆禁止第4回世界大会法律家会議の決議および問題点」法学セミナー32号(1958年)

ジョゼフ・ゴールドブラット(浅田正彦訳)『軍縮条約ハンドブック』日本評論社,1999年

山田浩,吉川元編『なぜ核はなくならないのか──核兵器と国際関係』法律文化社,2000年

黒沢満『軍縮国際法』信山社,2003年

メラフ・ダータン,フェリティッシュ・ヒル,ユルゲン・シェフラン,アラン・ウェア(浦田賢治編訳)『地球の生き残り──「解説」モデル核兵器条約』日本評論社,2008年

水本和実『核は廃絶できるか──核拡散10年の動向と論調』法律文化社,2009年

阿部達也『大量破壊兵器と国際法──国家と国際監視機関の協働を通じた現代的国際法実現プロセス』東信堂,2011年

Stowell, E. C., "The Law of War and the Atomic Bomb", *American Journal of International Law (= AJIL)*, Vol.39, 1945.

Thomas, E. D. "Atomic Bombs in Internatinal Law Society", *AJIL*, Vol.39, No.4, 1945.

──, "Atomic Warfare and International Law", *Proceedings of the American Society of International Law (= ASIL)*, 1946.

Spaight, J. M. S., *The Atomic Problem*, 1948.

──, *Air Power and War Rights*, 3rd Ed., London: Longmans, Green, 1947.

Blackett, P. M. S., *Fear, War, and the Bomb, Military and Political Consequences of Atomic Energy*, 1948.(田中慎次郎訳『恐怖・戦争・爆弾──原子力の軍事的・政治的意義』法政大学出版局,1951年)

Tayler, T., "Le droit pénal international et la guerre atomique", *Revue de Droit International de Sciences Diplomatiques et Politiques, No.1, 1951*.

*Appel du CICR du 5 avril 1950 concernant les armes atomiques et les armes aveugles, Réponses des Gouvernements*, Genève, 1952.

Comité International de la Croix-Rouge (= CICR), *Projet de Règles concernant la protection des populations civiles contre les dangers de la guerre indiscriminée, Genève*, juin 1955.

McDougal, N. S., and Schlei, N. A., "The Hydrogen Bomb Tests in perspective: Lawful Measures for Security", *The Yale Law Journal*, Vol.64, No.5, 1955.

Kissinger, H. A., *Nuclear Weapons and Foreign Policy*, published for the Council of Foreign Relations, Harper and Brothers, New York, 1957.(田中武克・桃井真共訳『核兵器と外交政策』日本外政学会,1958年)

Fischer, G., *L'énergie atomique et les Etats-Unis,* Paris, L.G.D.J., 1957.
XIXe Conférence internationale de la Croix-Rouge, La Nouvelle-Delhi, oct.-nov. 1957, *Actes concernant le projet de Règles limitant les risques courus par la population civile en temps de guerre.*
CICR, *Projet de Règles limitant les risques courus par la population civile en temps de guerre,* 1958.
Schwarzenberger, G., *The Legality of Nuclear Weapons,* London: Stevens & Sons, 1958.
Singh, N., *Nuclear Weapons and International Law,* London: Stevens & Sons, 1959.
O'Biren, W. V., "Legitimate Military Necessity in Nuclear War", *World Polity II,* 1960.
Schwarzenberger, G., *Report on Self-Defence under the Charter of the United Nations and the Use of Prohibited Weapons, I.L.A. Report,* 1962.
Meyrowitz, H., "Les juristes devant l'arme nucléaire", *Revue Générale de Droit Internatonal Public (= RGDIP),* 1963, No.4.
Read, T., *A Proposal to Neutralize Nuclear Weapons,* Policy Memorandum No.22.
*Proposal for Non First Use of Nuclear Weapons: pros and cons.* Policy Memorandum No.28, Center of International Studies, Princeton University, Sept.15, 1963.
Glaser, S., *L'arme nucléaire à la lumière du droit international,* 1964.
XXe Conférence internationale de la Croix-Rouge, *Protection juridique des populations civiles contre les dangers de la guerre indiscriminée, Rapport présenté par le CICR,* 1965.
Le problème que pose l'existence des armes de destruction massive et la distinction entre les objectifs militaires et non militaires en général, Cinquième Commission. Rapport provisoire et définitif présentés par le baron von der Heydte, *Annuaire de l'Institut de Droit International,* 1967, Tome II.
*Actes de la Conférence diplomatique sur la réaffirmation et le développement du droit international humanitaire applicable dans les conflits armés,* Genève, 1974-1977. (*Official Records of the Diplomatic Conference on the Reaffirmation and Development of International Humanitarian Law applicable in Armed Conflicts (1974-1977).*)
Bindschedler, R. L., *Das Völkerrecht und die Nuklearwaffen,* Festschrift Fragistas, Thessaloniki, 1968.
Falk, R. A., "The Shimoda Case: A Legal Appraisal of the Atomic Attacks on Hiroshima and Nagasaki", *AJIL,* 1965. (in *Legal Order in a Violent World,* 1968, pp.371-413.)
United States Security Agreements and Commitments Abroad Japan and Okinawa, *Hearings before the subcommittee on United States Security Agreements and Commitments abroad of the Committee on Foreign Relations United States Senate, Ninety-First Congress Second Session,* Part 5, 1970.
Kalshoven, F., *Belligerent Reprisals,* Sijthoff, 1971.
Nuclear Weapons and Foreign Policy, *Hearigns before the Subcommittee on U.S. Security*

*Agreements and Commitments Abroad and the Subcommittee on Arms Control, International Law and Organization of the Committee on Foreign Relations United States Senate Ninety-Third Congress Second Session on U.S. Nuclear Weapons in Europe and U.S.-U.S.S.R. Strategic Doctrines and Policies*, March 7, 14, and April 4, 1974, Washington, 1974.

Proliferation of Nuclear Weapons, *Hearings before the Subcommittee on Military Applications of Joint Committee on Atomic Energy Congress of the United States Seventy-Third Congress, Second Session*, 1974.

First Use of Nuclear Weapons: Preserving Responsible Control, *Hearings before the Subcommittee on International Security and Scientific Affairs of the Committee on International Relations*, House of Representatives Ninety-Fourth Congress Second Session, March 16, 18, 23 and 25, 1976.

Treaty of Tlatelolco, *Hearing before the Committee on Foreign Relations United States Senate Ninety-Fifth Congress Second Session*, 1978.

Falk, R. A., *Nuclear Policy and World Order: Why Denuclearization*, Working Paper No.2, World Order Models Project, 1978.

Dunn, L. A., "No First Use and Nuclear Proliferation", *International Journal*, Toronto, Vol. XXXIII No.3, Summer 1978.

Pilloud, C., "Les Conventions de Genève pour la protection des victimes de la guerre, les Protocoles additionnels de 1977 et les armes nucléaires", *German Yearbook of International Law*, 1978.

Rosas, A., "International Law and the Use of Nuclear Weapons", *Essays in honour of Erik Castrén*, Helsinki, 1979.

Meyrowitz, H., "La stratégie nucléaire et le protocole additionnel I aux Conventions de Genève de 1949", *RGDIP*, Tome 83, No.4, 1979.

———. "Problèmes juridiques relatifs à l'arme à neutrons", *Annuaire Français de Droit International (= AFDI)*, 1981.

Fried, J. H. E., "International Law Prohibits The First Use of Nuclear Weapons", *Revue belge de droit international*, Vol.XVI, 1981-1982-1.

Bundy, M., Kennan, G. F., McNamara, R. S., Smith Gerard, "Nuclear Weapons and the Atlantic Alliance", *Foreign Affairs*, Spring 1982.

Bundy, M., "'No First Use' needs careful study", *The Bulletin of the Atomic Scientists*, June 1982, Vol.38 Number 6.

Kaiser, K., Leber, G., Mertes, A., Schulze, F.-J., "Nuclear Weapons and The Preservation of Peace A Response to An American Proposal for Renouncing The First Use of Nuclear Weapons", *Foreign Affairs* Summer 1982.

Goldblat, J., "Arms Control Implications of No First Use", *Disarmament Times*, Vol.V, No.9,

17 June 1982.

―――, "The Overriding Task: Averting the Nuclear Menace and Curbing the Arms Race", *International Affairs*, Moscow, July 1982.

Reisman, M. M., "Deterrence and International law", *Nuclear Weapons and Law*, Edited by Miller, S. M. and Feinrider, M. 1984.

Blackaby, F., Goldblat, J., Lodgaard, S. Eds., *No-First-Use*, Stockholm International Peace Research Institute, Taylor & Francis, London and Philadelphia, 1984.

Fischer H., *Der Einsatz von Nuklearwaffen nach Art.51 des Zusatzprotokolls zu den Genfer Konventionen von 1949, Völkerrechts zwischen humanitärem Ansprach und militär politische Notwendigkeit*, Berlin, Dunker & Humblot, 1985.

Cassese, A., *Violence and Law in the Modern Age*, Polity Press, 1988.（曽我英雄訳『戦争・テロ・拷問と国際法』敬文堂，1992年）

Empell, M., *Völkerrecht und nukleare Asbchrenkung: Die Auseinandersetzung um das I, Zusatzprotokoll zu des Genfer Konventionen von 1977 und seine Arnwendung auf Nuklear Waffen*, Frankfurt/Main, Haag u. Herchen, 1989.

*The Case against the Bomb: Marshall Islands, Samoa and Solomon Islands before the International Court of Justice in Advisory Proceedings on the Legality of the Threat or Use of Nuclear Weapons,: Questions posed by the General Assembly and the World Health Organization*, Roger S. Clark and Madeleine Sann, Eds., Rutgers University School of Law at Gamden, 1996.

Burroughs, J., *The Legality of Threat or Use of Nuclear Weapons, A guide to the historic opinion of the International Court of Justice*, Münster, Lit Verlag, 1997.

Laufranchi, M. P., Christakis, T., *La licéité de l'emploi d'armes nucléaires devant la Cour internationale de Justice, Analyses et Documents*, Paris, Economica, 1997.

Schultz, G. P., Perry, W. J., Kissinger, H. A., and Nunn, S., "A World Free of Nuclear Weapons", *Wall Street journal*, Jan. 4, 2007.

Lieber, K. A., and Press, D. G., "The Nukes We Need Preserving the American Deterrent", *Foreign Affairs*, Vol.88, No.6, Nov.-Dec., 2009.

Ferguson, C. D., "The Long Road to Zero Overcoming the Obstacles to a Nuclear-Free World", *Foreign Affairs*, Vol.89, No.1, Jan/Feb., 2010.

U.S. Department of Defense, *Nuclear Posture Review Report*, April 2010.

著者紹介

藤田 久一（ふじた ひさかず）

  1961年  京都大学法学部卒業
            東京大学教授，神戸大学教授，関西大学教授を経て
  現　在  関西大学名誉教授

主要著書・編著

『軍縮の国際法』日本評論社，1985年
International Regulation of the Use of Nuclear Weapons, Kansai University Press, 1988
『戦争犯罪とは何か』岩波書店，1995年
『現代国際法入門〔改訂版〕』（編）法律文化社，1996年
『国連法』東京大学出版会，1998年
『国際人道法〔新版再増補〕』有信堂，2003年
『軍縮条約・資料集〔第3版〕』（共編）有信堂，2009年
『国際法講義Ⅰ〔第2版〕』東京大学出版会，2010年

Horitsu Bunka Sha

2011年10月10日　初版第1刷発行

核に立ち向かう国際法
―原点からの検証―

著　者　藤田久一
発行者　田靡純子

発行所　株式会社 法律文化社
〒603-8053　京都市北区上賀茂岩ヶ垣内町71
電話 075 (791) 7131　FAX 075 (721) 8400
URL:http://www.hou-bun.com/

©2011 Hisakazu Fujita Printed in Japan
印刷：中村印刷㈱／製本：㈱藤沢製本
装幀　前田俊平
ISBN 978-4-589-03361-1

藤田久一編
# 現代国際法入門〔改訂版〕
四六判・366頁・3045円

ポスト冷戦期の国際社会が現代国際法にどのような影響を与えているかの視点にたって，新しい規則の形成や法解釈の動向をできるだけ取り入れて改訂。「国際化の時代」に国際社会における法の役割を考えるうえで格好の手引書。

山田 浩・吉川 元編
# なぜ核はなくならないのか
―核兵器と国際関係―
A5判・254頁・2940円

その存在が否定されながらも廃絶されないのはなぜか。核を取りまく国際関係のなかにその問題状況をさぐる。Ⅰ：核抑止と核不拡散体制の現状／Ⅱ：核抑止を取りまく国際関係／Ⅲ核なき国際平和を求めて／Ⅳ：21世紀の日本の選択

水本和実著
# 核は廃絶できるか
―核拡散10年の動向と論調―
A5判・258頁・2415円

核廃絶への機運が高まった2009年。しかしそれまでの10年は，核が拡散した「失われた10年」であった。核問題についての動向と論調を各年ごとに整理し，核を取り巻くダイナミズムを概観するとともに，今後の核軍縮の展開への視座を提示する。

木村 朗／ピーター・カズニック著
# 広島・長崎への原爆投下再考
―日米の視点―
A5判・218頁・2940円

広島・長崎への原爆投下を史実に基づく多数の研究成果をふまえ，あらためて批判的に再考する。日米双方から，「原爆神話」や原爆投下決定過程をあらためて分析する試みは，「核兵器のない世界」へ向けて多くの示唆を与える。

魏 栢良著
# 原子力の国際管理
―原子力商業利用の管理 Regimes ―
A5判・310頁・6510円

原子力国際管理の制度化の歴史的展開を考察するとともに，その過程に内在する陥穽を関連条文の解釈と実態の差異から明らかにする。想定外の現代的脅威に対応可能な新たな法規範や施策を理論的・実証的に追究する。

――― 法律文化社 ―――
表示価格は定価（税込価格）です